高等院校秘书学专业规划教材

创新型应用本科课程教学改革精品教材

现代秘书应用写作

XIANDAI MISHU YINGYONG XIEZUO

华洁芸　滕　晗　滕燊蕤◎著

首都经济贸易大学出版社
Capital University of Economics and Business Press
·北京·

图书在版编目（CIP）数据

现代秘书应用写作/华洁芸等著．--北京：首都经济贸易大学出版社，2019.3

ISBN 978-7-5638-2916-3

Ⅰ.①现…　Ⅱ.①华…　Ⅲ.①秘书—应用文—写作　Ⅳ.①C931.46

中国版本图书馆 CIP 数据核字（2019）第 037316 号

现代秘书应用写作

华洁芸　滕　晗　滕燊蕤　著

责任编辑　刘元春

封面设计　砚祥志远·激光照排　TEL：010-65976003

出版发行　首都经济贸易大学出版社

地　　址　北京市朝阳区红庙（邮编 100026）

电　　话　（010）65976483　65065761　65071505（传真）

网　　址　http://www.sjmcb.com

E-mail　publish@cueb.edu.cn

经　　销　全国新华书店

照　　排　北京砚祥志远激光照排技术有限公司

印　　刷　北京玺诚印务有限公司

开　　本　710 毫米×1000 毫米　1/16

字　　数　264 千字

印　　张　15

版　　次　2019 年 3 月第 1 版　2019 年 3 月第 1 次印刷

书　　号　ISBN 978-7-5638-2916-3/C·150

定　　价　38.00 元

前 言

应用文写作学是一门多元一体，综合性、实用性极强的学科，它涉及政治学、管理学、秘书学、写作学、文章学、语言学、逻辑学、哲学、法学、心理学、传播学、社会学、历史学、统计学、公共关系学、信息论、系统论、工程论等社会科学与自然科学知识。写作应用文的目的在于实用，是为办事而写，为实际需要而写，为沟通关系而写。因而，实用性是应用文写作的首要特点。

基于此，本书从最实用的角度，探讨相关写作原理及方法技巧。

在社会漫长而又曲折的发展中，实用类文章适应着不同社会的需要，格式日臻规范，体式日趋完备，文种日益固化，技法日渐成型。实用类文章的材料是翔实的、准确的、确凿无误的，遵守事实真实的原则，主要运用逻辑思维，以统计数字、图表、逻辑论证说话，诉诸读者以不可辩驳的事实和理智，往往采用稳定的、常见的甚至是通用的结构和格式，语言朴实明白，一般采用三段论法。

长期在高校从事应用文写作教学和研究的老师，其理论知识比较深厚，但写作实践相对较少。在党政机关和秘书界从事应用写作的人员，有丰富的写作实践经验，但很少有时间潜心钻研理论。

本书作者成立了项目小组，有资深应用写作学教师、长期坚持一线教学的专业负责人，有负责教学管理的大学领导、长期坚持教研课题研究的项目负责人，有 MBA 工商管理学专业出身的跨专业写作学教师、国内高校同行中的青年才俊，专业交叉、专业综合，找到了应用写作的实用性研究方向，先分后合，协同作业。不限于在高校里探幽索微，不止于在学术研讨会上坐而论道，而是直面应用写作现状，由资深应用写作学教师承担开拓、发展理论知识的重任，由应用写作学教研骨干教师双肩挑——边教授基础理论、边走出去实际参与企事业单位应用写作实践，以提高整个应用写作学研究团队的素质，大胆进行教学改革。由此总结出实用类文章写作的方法。

欧阳修说过“无它术，惟勤读书而多为之，自工。”意思是：只有勤读多练，才能提高写作能力，写好应用文。“授人以鱼，仅供一饭之需，授人以渔，则终身受用无穷。”意思是：如果只吃人家给的一点鱼，只能解决一顿饭的问题；如果学会了捕鱼的方法，则不仅自己一辈子有鱼吃，还能造福他人。“学而不知其方，则反以滋其蔽。”意思是：如果学习不懂得方法，反而会使人更加迷惑不解；有了正确的方法，就能在学习中找到路径，渡过难关，获得意想不到的收获。

本书以写作案例提供阅读方法，以制式写法提供模拟方法，以便读者更好地把应用写作知识转化为应用写作能力。全书共分八章，第一章是应用写作基础理论介绍，包括应用写作概念、功用、主体特征、预提特征及写作者能力培养等等；第二章是法定公文写作，包括公文类别、拟写，着重介绍常用行政公文如通知、通报、请示、函等文种的写作；第三章是事务文书写作，包括计划、总结、调查报告等文种的写作；第四章是会议文书写作，包括会议筹备方案、开幕闭幕词、会议记录与纪要、简报与报告等文种的写作；第五章是报告文书写作，包括述职报告、工作报告、情况报告、市场调查与预测报告等文种的写作；第六章是经济文书写作，包括经济活动分析报告、可行性研究报告、经济合同书、招标书与投标书、营销策划书等文种的写作；第七章是专用书信写作，包括感谢信、邀请信、慰问信、贺信、求职信、自荐信等文种的写作；第八章是公关礼仪文书写作，包括对外电报与贺电、名片、祝词、贺词、答谢词、欢迎词、欢送词、讲话稿等文种的写作。涉及的范围是应用文四大类中除去法务文书之外的三大类：公务文书、事务文书和经济文书。

体例上，落实到每个文章的标题写法、开头写法、正文写法、结尾写法，每部分都力求穷尽各种合理写法，举凡实例，参照性极强。每章配有相关案例，切合实际。

全书由华洁芸编写大纲并统稿，具体章节作者如下，第一、二、三、四章：华洁芸、滕晗；第五、六章：华洁芸、滕燊蕤；第七章：滕燊蕤、滕晗；第八章：滕晗、滕燊蕤、华洁芸。

本书撰写过程中，作者查阅了大量文献资料和有关网络资料，激发了全新灵感，在此谨向资料作者表达诚挚的谢意！同时感谢首都经贸大学出版社编辑老师的辛勤付出。由于作者水平有限，书中难免有不足之处，敬请专家与读者指正。

目 录

CONTENTS

第一章 应用写作概述

文章之始，源于应用。应用写作，源远流长。写作“尚实尚用”，一直是我国文章写作的优良传统。秘书作为一种职业，有其自身的工作范围，如参谋辅助、督促检查、协调宣传、调查研究等。秘书工作从总体上来说从属于领导工作，其目的就是辅助领导实施管理、提供综合服务，其最重要、最常规的任务是起草各种与其自身的职能范围相关的文稿，即秘书写作。传统秘书被称为“笔杆子”，此话虽有其偏颇性，但也有一定的道理。现代秘书仅靠一支笔已难以适应文字材料的处理，能说会写才是秘书人员的看家本领。秘书要想有效地辅助领导工作，既要“说得出”，还要“写得出”。

第一节　应用文的概念与用途

一、什么是应用文

关于“应用文”的概念，学界并无统一严格的定义，也不可能会有这样的定义，不同的学者往往有不同的归纳和概括。

应用文的产生可以追溯到3 000多年以前。我国已知的最早的文字——甲骨文，从记载的内容和形式上看，已具有应用文的雏形。例如：“戊辰卜：及今夕雨？弗及今夕雨？”和“癸卯卜：今日雨。其自西来雨？其自东来雨？其自北来雨？其自南来雨？”均类似今天的日记；“王命多羌衰甲”和“贞惟小臣令众黍”类似今天的命令；“癸丑卜，争，贞旬无祸？王占曰：有祟有梦，甲寅允有来艰，左告曰：有自益，十人又二”，则很像今天的大事记。这些甲骨文章都可视为应用文。

周时的《尚书》，其记事篇章表述精密、格式规范、措辞严谨，可以视为我国最早出现的应用文著作。秦代的制诏谕奏，汉代的表疏律令，魏晋的简牍署书，唐宋的图表册，以及明清的文翰史册，都是应用文的具体形式。这些文章典籍中，很多优秀的成品被公认为光耀千古的名作，如李斯的《谏逐客书》、司马迁的《报任安书》、诸葛亮的《出师表》、李密的《陈情表》、王安石的《答司马谏议书》，都是当时的通信体应用文，不过千字或数百字，流传至今，已成为历史和文学创作两方面的不朽名文，今天都可作为学习应用文写作的范本。

追根溯源，"应用文"这个名称在我国古代就有。清人刘熙载在《艺概·文概》中说道："辞命体，推之即可为一切应用之文。应用文有上行，有平行，有下行。重其辞乃所以重其实也。"意思是说，辞命体是古代外交使节来往时相互应对的言辞，辞命的好坏会影响两国之间的关系，所以由辞命体推而广之的应用性文章都必须重视"实"，即内容必须涉及实质性问题，不可讲空话。

随着社会政治、经济、文化的发展，人们在工作和生活中的交往越来越频繁，事情也越来越复杂，应用文作为"载道"的工具之一，其功能也日臻完善。

现代写作学认为，应用文是人们在社会生活中为处理日常公、私事务而使用的文章的统称，是人们传递信息、处理事务、交流感情的凭证和依据。因此，应用文不是一种文体的名称，它是一类文章的统称。

简单地说，"应"付生活，"用"于实务的"文"章，就是应用文。应用文是行政机关、企事业单位和个人在日常工作、生活中，为处理公私事务而常用的具有明道、交际、信守、致用功能的制设性文章。应用写作是秘书人员运用书面语言和图表符号，为制作利于管理、传递信息等有社会效用的文字和文章而进行的一种写作活动。

二、应用文的种类

应用文是一类文章的统称，包括：行政机关在行政管理过程中所形成的具有法定效力和规范体式的行政公文；机关、单位、团体和个人在处理日常事务中常使用的形式较为灵活的事务文书；经济文书、法律文书、新闻文书、外交文书等在一些特定行业和工作部门范围内使用的专用文书。

（一）按行文方向分

1. 上行文

上行文，即指导性应用文，一般用于上级对下级的行文，如命令（令）、决定、通知、指示、批示、批复等。

2. 下行文

下行文，即报告性应用文，一般用于下级对上级的行文，如请示、报告等。

3. 平行文

平行文，即周知性应用文，指平级之间交换意见、沟通情况的应用文，如函。

4. 对流文

对流文，即事务性应用文，指上下级之间互用的应用文，如讲话稿、祝颂词、合同书、新闻稿等。

(二) 按性质分

1. 法定性应用文

法定性应用文，指行政机关的公文（包括电报），是行政机关在行政管理过程中形成的具有法定效力和规范体式的文书，是依法行政和进行公务活动的重要工具。

2000 年 8 月 24 日国务院发布《国家行政机关公文处理办法》（国发〔2000〕23 号），自 2001 年 1 月 1 日开始施行，办法第九条公布行政机关的公文种类有命令（令）、决定、公告、通告、通知、通报、议案、报告、请示、批复、意见、函、会议纪要共 13 种。

2. 一般性应用文

一般性应用文，指法定公文以外的应用文。

一般性应用文又可以分为简单应用文和复杂应用文两大类。

(1) 简单应用文指结构简单、内容单一的应用文，如条据（请假条、收条、领条、欠条）、请柬、聘书、简历、电报等。

(2) 复杂应用文指篇幅较长、结构较繁、内容较多的应用文，如调查报告、策划方案、经济合同、提纲、会议记录、推荐信等。

(三) 按行业分

1. 机关应用文

机关应用文，是狭义的公文，指《国家行政机关公文处理办法》规定的 13 种公文，用于国家行政机关。

2. 行业应用文

行业应用文，是广义的文书，包括为适应各行各业具体需要而写的各类应用文，如财经应用文、银行应用文、外贸应用文等。

（四）按事务分

应用文按事务分有报告文书、经济文书、信函文书、会议文书、社交文书等。

三、应用文的用途

秘书的应用写作力求有用，因其有用才写其文，但这样的写作要撇开名利，如一味地为名为利，急功近利，写成的文章既不好，也无价值。

（一）应用文的特别之处

文字不外乎三类：一是日常应用的普通应用文字，二是文学创作的文字，三是各种科学研究的文字。

日常应用的普通应用文，需要基础的写作本领，对世事、人情的丰富理解也是不可或缺的，正所谓“世事洞明皆学问，人情练达即文章”。应用写作的目的是解决实际问题，讲究通俗易懂，与追求精神享受的文学创作讲究高远有明显的区别。我们认为，高远有高远的意义，通俗有通俗的妙用。较之于文学作品与科研文章，应用文写作的功用性很明显。

1. 应用写作与文学创作的文体区别

（1）性质上是实用与审美的区别。应用写作与文学创作的一个很大的区别，就在于应用文有明确的实用性，文章内容往往出于某种事务性的需要，将所要传达的信息以书面形式表达，追求文章的实用性和功效性，缺乏实用价值的文章不能称为应用文。而文学创作源于作家对自然、宇宙、人生和社会的体悟。

（2）主题上是鲜明与朦胧的区别。以事务性交际与传播信息为目的的应用文写作，在表达内容上坚决杜绝多义性，拒绝隐喻和象征，排斥朦胧、模糊，特别要求写作内容明确无疑，文章内容肯定什么、否定什么都必须明白显露地在文中表达出来，鲜明而准确的表达是应用文写作的基本要求。而文学创作偏于表达思想感情与文化意蕴等，其表述可以有朦胧的效果。

（3）格式上是规范与创造的区别。应用文使用的人多，使用的范围广、频率高，为了提高办事效率，就需要规范化。应用文的写作具有一定的规格、范式，不能随意改变和创造。而文学创作最根本的特性是创造，形式上不拘一格，没有任何套路和格式。

(4) 表达上是说明议论与描写的区别。应用文写作中的叙述，与文学作品有较大的区别。文学作品中的叙述，要求具体、详尽，而且往往与描写结合在一起，能给读者具体的感受。而应用文写作要求简明扼要，绝对真实。

2. 应用写作与文学创作的功用区别

(1) 为办事而写——相对于欣赏而言。人们在现实社会里，无论从事何种工作，都离不开应用文。秘书为领导迎来送往，要准备欢迎词、欢送词，还要准备各种会议的祝词、答谢词等；一般工作人员要写邀请函、感谢信，要进行工作、学习方面的汇报；从事商务活动的人员，要懂得写市场调查报告、市场预测报告、产品说明书、经济活动分析报告，要会拟经济合同。这些写作只为办事，与文学创作的审美欣赏功能几无交集。

(2) 为实际需要而写——相对于解闷而言。应用文是传递信息、组织生产、推广成果、发展科学等过程中的重要工具。个人生活中小到编写手机短信和求职简历，以及消费投诉，大到劳资纠纷、官司诉讼等，哪一样都离不开应用文写作。这与心灵放飞、精神遨游的写作需要截然不同，应用写作一定是为公为私必须要写的，有应付生活的被动，而不是无聊发泄或纯粹的意境营造。

(3) 为沟通关系而写——相对于抒情而言。应用文是人们在社会交往、思想交流中使用的重要工具，如日记书信、微博邮件，都是用来交代事务的载体，能够适度宣泄放松情绪。刘半农在《应用文之教授》一文中把应用文和文学作品做了一个生动而深刻的对比，他说："应用文是青菜黄米的家常便饭，文学文是个肥鱼大肉；应用文是无事三十里的随便走路，文学文是运动场上出风头的一英里赛跑。"前者虽然平凡，却是生活中不可缺少的。

(二) 应用写作的实际功用

1. 指导与管理功用

应用文从产生之日起，就成为社会、国家管理的表现工具。特别是公务应用文中的下行文，大都具有行政指定与行政管理的作用。公文是国家或执政党方针、政策具体化的书面形式，如"命令""决定"对下级直接具有权威性的领导与管理作用，一经签发，下级机关必须认真执行，这就直接在选择上起着指导甚至是领导和管理的作用。

2. 规范与准绳功用

俗话说"国有国法，家有家规"，"没有规矩，不成方圆"。许多应用文是法律文书或是依照相关法规制度制定的规章制度。它们一经权力机关依照法定程序通过并颁布施行，就具有法律约束作用。它们所涉及的相关部门、单位和个人都要自觉遵守和执行，一旦违反有关规定，便要受到不同程度的处罚。只有这样，社会正常秩序才能得到有效的维护，人们的工作、学习和生活才能正常运作。这类应用文对于人们该干什么，不能干什么，在什么时间、什么服务、什么问题上干到什么程度，都有明确而具体的规定，有的还具体制定了奖惩办法。

3. 沟通与知照功用

应用文有着重要的联系、交流作用。应用文是沟通上下的渠道、联系左右的桥梁，它把国家的上下左右联系在一起，使之形成一个有力的统一整体，形成共识，协调步伐，推动各项工作有序、顺利地进行。政府部门之间、党派之间、国家与国际组织之间，都是通过应用文进行交流、沟通，达到互相了解、理解、信任，从而实现相互合作、共同发展的目的的。在经济全球化、信息网络化的今天，应用文发挥着更重要的沟通与知照作用。

4. 依据与凭证功用

应用写作的凭据功用表现为两个方面：一方面是管理事务、处理问题的依据，如上级写作文书使下级有据可依，契约类文书是双方行使权利与履行义务的凭据；另一方面，应用写作文本作为档案保存，有着重要的史料价值，是某个历史时期的工作生活凭证，是研究历史的依据。

5. 传播与教育功用

一个社会的快速发展，离不开民众对先进文化的追求和文明觉悟的提高。应用文在宣传执政党的路线、方针和政策，传播先进文化思想方面，具有不可替代的作用。通过新闻传播等方式，民众加深了对执政党的路线、方针、政策的理解，提高了思想认识水平，增强了贯彻执行的自觉性，从而做到明辨是非，统一认识，排除干扰，自觉做好各项工作。例如，在当前经济条件下，企业利用应用文的传播教育功能，通过广告等形式开展商品或服务的促销活动，普及消费知识，同时通过传播社会文明公德，提高企业自身公众形象，推动社会文明进步。

6. 建功立业的功用

文章是“经国之大业”，自孔子把以应用文为主要内容的《尚书》列为“六经”之一以后，在我国历代贤才中，不少人把应用写作作为出仕、晋升、为国出力、为人谋利的基石和阶梯。屈原、晁错、陈琳、阮瑀、魏徵、韩愈、苏轼、王安石、陆贽、范仲淹、左宗棠、康有为等，都是这基石、阶梯上引人注目的俊杰。这些人写出的应用文，多名篇佳作，流传至今。通过应用文发现人才，通过应用文建功立业，从古至今都如此。

7. 应聘就业的功用

当今大学生可以借助应用文写作找到理想工作。有人把英语能力、计算机能力和应用文写作能力列为当代大学生必须具备的三种能力，由国家教育委员会基础教育司和中共中央宣传部出版局共同主编的《中华腾飞的百道难题》一书中说，“我国大学毕业生不会写文章是司空见惯的事”，又说“不会写表扬信、感谢信、申请书、启事，甚至不会写请假条的事在高等学府中屡见不鲜”。应用文写作已走向各行各业，走向社会，走向民众。所以，大学生要具备常用应用文的写作能力。在文章体例中，应用文种与人们的关系最密切、最直接，使用的频率最高、范围最广。其适用范围涵盖非常广，各行各业的人们都是应用文种的写作者。社会各个领域发展的速度越快，各种信息量就越大，用人单位对员工撰写应用文的能力就越重视。能否得心应手地撰写应用文，已成为衡量一个人工作能力高低的重要标准之一。

例如，大学生参加公务员考试，必考一些应用文写作知识。申论是国家公务员考试的一个科目，它和《行政职业能力测验》一起组成公务员考试的笔试部分。申论写作要求对给定资料进行详细的阅读理解、综合分析，在此基础上概括出资料的内容要点，提出解决问题的对策或方案，最后加以详细论证。参加公务员考试，考生除应会写议论文外，还要多涉猎一些应用文常见的文种，如讲话稿、演讲稿、调查报告等，以适应多变的申论写作形势。

第二节 应用文的特点及其写作的基本特征

一、应用文的特点

应用文是人们在生活、学习、工作中为处理实际事务而写作的有着实用性特点并形成惯用格式的文章。

（一）价值的实用性

实用性强是应用文的本质属性。应用文在内容上十分重视实用性。它是用来办事、解决实际问题的，因而具有很强的实用性。这个特点体现在以下三个方面。

1. 主旨单一、集中、明确

主旨是文章的中心意思、是作者的意图、主张或看法在文章中的体现。

单一是说一篇文章中只能有一个中心，只能围绕着一个主题把问题说清楚，而不能把关系不大甚至不相关的问题写到一篇文章中去，造成写出的文章多中心、多主题。

集中是说一篇应用文只能有一个中心，而这个中心应该是全文的统帅，应对文章内容有制约作用，全文要不蔓不枝，紧扣这个中心。

明确是说文章的中心意思，作者的意图和主张是什么，要使读者一看便知，而不必费心揣摩。在这里要注意，文艺作品所讲究的曲折与含蓄，恰恰为应用型文章所排斥。

每篇应用文都要围绕着一个主题展开。主题越是具体专一，应用文就越容易写好。宗旨是一篇文章解决一个问题。

2. 时效性强

应用文在传递信息、解决实际问题方面要想取得好的效果，必须注意时间、效率，讲究时效性。

一般来说，应用文往往是在特定的时间处理特定的问题，需要尽快地传递相关信息，因此时效性很强。不及时发文，拖拖拉拉，或时过境迁再亡羊补牢，就会失去其实用性，说不上价值了。

3. 针对性强

应用写作应根据不同的领域、不同的具体业务、不同的行文目的，选用不同的文种。

国家行政机关选择《国家行政机关公文处理办法》规定的文种写作应用文，上级对下级发文指示、指导，下级对上级汇报、请示，平级之间互通有无用函，什么事务用什么文，就事论事，写作者大体受命而写，阅读者都是与其利益相关者；企事业单位之间文书来往，也由具体事务决定，经济事务选择经济文书，订立合同只在当事人之间就某一标的规定权利与义务，与标的之外事务无关，针对性极强。

（二）建构的模式性

建构的模式性是指应用文有相对固定的格式，这是应用文的文本属性。应用文有其惯用的外观体式和主体风格。有不少体式是社会长期约定俗成的，也有一些体式由国家统一规定，如公文。一般来说，公文的结构模式由作者选定文种后，大体不外乎四个部分。

一是标题，第一行居中，文种必须出现，如《×××合同》《关于×××的通知》。

二是抬头，填写接受文书的单位，使用同一层面权限的接收单位名称，如“×××省、×××直辖市”“×××部（委）”。

三是正文，这是应用文的主体，可以分为若干段来书写。

四是落款，一般包含发文单位和发布时间。

其他种类应用文的四个部分，也有规定制式。

应用文的建构模式，主要体现在两个方面，下面举例来看。

1. 布局、写法大体相同，符合相对稳定的格式

公文中的“指示”，是要求受文者干什么的，通常结构安排是“为什么”→“干什么”→“怎么干”→“希望和要求”四段式。

公文中的“请示”，正文为“请示起因、请示事项和请示结尾”三段，而且把“请示起因”确定为行文重点。

法律文书结构一般为“断→事→析”三段，即第一段写根据事实得出诉讼请求和结论，第二段写引起法律纠纷的事实，第三段写以某种法律条文为依据，对所述事实进行透彻分析。

2. 文面要求大体统一

这种统一，有的是约定俗成的，如书信、条据、日记。例如，公文标题语大多运用“关于……”的介宾短语，报告的结尾多用“特此报告”，复函的引语常用“……来函收悉”，等等。有的是法定而成的，如公务文书、法律文书。不同的行文者沿用约定俗成或法定的格式、内容和用语，有助于提高行文速度，也有利于受文者阅读理解，提高办事效率。

（三）内容的真实性

真实性强是应用文区别于文学作品的特性。“真实”是应用文的生命，一切应用文都要求具有真实性。对于这一点，各类应用文种的要求不同。应用文反映的情况、问题，叙述的事实是客观存在的，发布、传达上级指示精神是确有的，不能经过任何艺术加工，也不能凭写作者个人好恶放大或删减，或者注入写作者主观理解去发挥。

（四）写作与阅读者的特定性

特定对象是应用文权威性的保证。这是应用写作针对性的体现。应用文的传播范围往往是特定的，它的受众往往是确定的，一般不允许受众进行多

角度的理解。这也要求应用写作者在行文时语言表达要准确，文意要单一，表意要明晰，不能像文艺写作那样追求含蓄、模糊、朦胧。比如“主席令”，一般人不得使用该文种写作发布。

（五）表述的简约性

应用文作为一种实用性文体，语言上与其他文体相比较，主要表现出朴实、多元、明确、简练、生动等特征。

1. 简练的语体风格

“简”本来是战国至魏晋时代的书写材料，是削制成的狭长竹片或木片。由于这种书写材料制作困难，所以要求作者必须言简意赅，尽量争取以较少的文字，表达较多的意思。“练”指把丝麻或布帛煮得柔软洁白，这里是要求文字写得明白。

应用文写得简练是高速传递信息的需要，是节省时间、提高办事效率的需要，也是朴实、明确特征在“文字量”上的体现。应用文写作中要反复锤炼语言，毫不可惜地删去那些可有可无的字、词、句、段。为达到语言简练可多使用单音节词，酌情使用一些文言词语，合理使用简称。

应用文都是由法定的机关或者组织制发的，并代表着他们的意图，很多情况下在特定的范围内具有法定的权威性和约束力。为了得体地体现这一点，在长期的写作实践中形成了应用文特有的庄重、严肃、简约的语体风格。简约的风格可以增强文章的时效性，准确地传达发文者的信息和意图。庄重严肃的态度更可以增强文章的权威性，从而提高办事效率。因而，写作应用文时，要用平实的语言秉笔直书，有话则长无话则短，力求做到准确、鲜明、生动。一般要避免使用生僻晦涩和华而不实的辞藻，力避含蓄婉转的表达以及空洞无物、无关痛痒的罗列。

2. 朴实的语言特征

应用文是一种处理公私事务的工具，是用来说明事实、解决实际问题的，侧重于“以事告人”，所以语言要求朴实无华、开门见山、简洁明白、深入浅出。例如，在述职报告中就写“该干什么、干了什么、干得怎么样”，直接陈述，不展开论述，不夸张，不掩饰，更不能虚构。大多数应用文不宜用比喻、比拟、借代、夸张等修辞手法。文字表达则多说明，少议论、少记叙，多直笔，无曲笔。文学创作讲“文贵曲”，而应用文有很强的政策性、实用性，要求语言明确，使人一看就懂，便于执行、答复或办理，不能模棱两可，不能有再创造的余地。明确特征要求，不用或少用比喻，不用或少用具有描写性和感性色彩的词语。

叶圣陶先生在谈公文写作时说："公文必须写得一清二楚、十分明确，句稳词妥，通体通顺，让人家不折不扣地了解你说的是什么。"例如，我国的《现金管理条例》第一条是："为了改善现金管理，促进商品生产和流通，加强对社会经济活动的监督制定本条例。"直截了当地写明为什么制定此条例。

朴实特征还表现在多用庄重典雅的书面语，少用或不用口语词、方言词、土俗俚语、歇后语。例如，某财务大检查通知中写道："费用错误列支的，务必纠正。今年的要纠正，去年的也不要放过。今后不论超产奖还是什么乱七八糟的这个奖那个奖，统统都得在利润中支付。"这段文字里的"不要放过""乱七八糟的这个奖那个奖""统统"等词语口头表述尚可，但不宜用于应用文中。

3. 多元的表达方式

应用文除了用文字表述外，还可以用数据、表格、图形来说明事理，可谓"语出多门"。特别是财经类应用文须大量采用数据、表格、统计图形。

综上所述，应用文的表述方式，仍然遵从文体表达的所有方式，只是各有侧重。具体写作时应注意以下几点。

（1）用叙述，要明确叙述六要素，把时间、地点、任务、事件、原因、结果做出交代，如果要素残缺不全，则会叙述不清。

①人称用第一、第三人称。"我"与"我们"往往囿于作者见闻使用；"他"与"他们"表达的内容不受时空限制，角度更自由。

②使用方式用顺叙、倒叙、插叙、平行叙（或称分叙）。

③要求做到简明扼要、绝对真实，就事论事、不求面面俱到、无须描绘铺陈。

（2）用议论，议论三要素兼具，论点、论证、论据各有侧重。

①用于调查报告、简报、通报、嘉奖令、总结等文种。

②使用方式上，只叙述、说明，不逻辑推理，无须完整议论。夹叙夹议、点到为止，不做深入论证。

③议论方法有直接论证、间接论证。直接论证采用真实典型的实例、实践的结果证明论点，或引用方针政策条文、将前后数据进行对比证明论点。间接论证一般先假设一个与自己论点相排斥的观点，证明这个观点的不成立，从反面证明自己的观点成立。

（3）用说明，常见的说明方法有举事例、分类别、列数据、做比较、画图表、下定义、做诠释、打比方、摹状貌、引资料等，写说明文要根据说明对象的特点及写作目的，选用最佳方法。

①举事例：举出实际事例来说明事物，使所要说明的事物具体化，运用举事例的说明方法说明事物或事理，一要注意例子的代表性，二要注意例子的适量性。

②分类别：将被说明的对象，按照一定的标准划分成不同的类别，一类一类地加以说明，分类别是将复杂的事物说清楚的重要方法。运用分类别方法要注意分类的标准，一次分类只能用同一个标准，以免产生重叠交叉的现象，同时要注意穷尽所有类别，不可遗漏。

③列数据：采用列数据的方法，引用的数字，一定要准确无误，不准确的数字绝对不能用，即使是估计的数字，也要有可靠的根据，并力求近似。

④做比较：说明某些抽象的或者是人们比较陌生的事物，可以用具体的或者大家已经熟悉的事物和它比较，可以是同类相比，也可以是异类相比，可以对事物进行“横比”，也可以对事物进行“纵比”。

⑤画图表：为了把复杂的事物说清楚，还可以采用图表法，来弥补单用文字表达的不足，对有些事物解说更直接、更具体。

⑥下定义：用简明的语言对某一概念的本质特征作规定性的说明，可以根据说明的目的需要，从不同的角度考虑。

⑦做诠释：从一个侧面，就事物的某一个特点做些解释，诠释法常采用“某某是什么”的语言形式，一般来说，“是”字两边的话能够互换就是定义，不能互换就是诠释。

⑧打比方：利用两种不同事物之间的相似之处做比较，以突出事物的性状特点，增强说明的形象性和生动性。

⑨摹状貌：为了使被说明对象更形象、具体，可以进行状貌摹写。

⑩引资料：为了使说明的内容更充实具体，可以引用资料加以说明，引用资料的范围很广，可以是经典著作、名家名言、公式定律、典故谚语等。

4. 独特的专用语言

常见的应用写作语言有以下几类。

（1）开头用语：用于说明发文缘由，包括意义、根据，或介绍背景材料及情况等。

如：为、为了，根据、按照、遵照、依照，鉴于、关于、由于，目前、当前，兹（指现在）、兹有、兹将、兹介绍、兹派、兹聘。

（2）承启用语：用于连接开头与主体文部分，起承上启下作用的惯用语。

如：根据……决定，根据……特通告如下，依据……公告如下；为了……现决定，为……通报如下，现就……问题请示如下；现将……（情况）

报告如下，现就……问题提出如下意见，经……批准（同意）将有关事项通知如下；拟采取如下措施；经……研究，答复如下。

（3）引述用语：用于批复或复函时引述来文作为依据的用语。

如：悉（知道）、收悉、电悉、文悉、敬悉、欣悉。

（4）批转用语：用于批转、转发、印发通知时的用语。

如：批示、阅批、审批、批转、转发、印发。

（5）称谓用语：对各机关称谓的简称。

如：我（部）、贵（局）、你（省）、本（部门）、该（处）。

（6）经办用语：表明工作处理过程或情况。

如：经、业经、兹经、未经，拟、拟办、拟订，施行、暂行、试行、可行、执行、参照执行、贯彻执行、研究执行，审定、审议、审发、审批，会议听取了、会议讨论了、会议认为、会议指出、会议强调指出、会议通过了、会议决定、会议希望、会议号召、会议要求、会议恳切呼吁。

（7）表态用语：用于表态的语言。

如：不同意、原则同意、同意，不可、可办、照办，批准、原则批准。

（8）结尾用语：语气庄重、言简意明、直来直去、明白显露。

①用于请示。如：当否，请批示；如无不妥，请批转各地执行；妥否，请批复。

②用于函。如：请研究函复；盼复；请与复函；不知尊意如何，盼函告；望协助办理，并尽快见复。

③用于报告。如：请指正、请审阅。

④用于批复、复函。如：此复、特此专复、特函复。

⑤用于知照性公文。如：特此公告。

二、应用文写作的基本特征

应用文写作具有以下四个重要特征。

（一）起草应用文的被动性和受命性

从创作动机来看，应用文写作有很强的被动性的特点。应用文的撰写是为了满足公务活动处理的需要，是因事或受命成文。起草应用文不是取决于个人的意图和兴趣，而是由于实际公务活动处理的需要或者是领导的公务安排。例如：年终，上级机关要求报送工作总结和下一年度的工作计划；十九大召开，明确提出了今后全党全国人民共同奋斗的目标，为了向民众传达会议精神，部署学习要求，就需要起草学习贯彻十九大的通知；单位计划更新办公设备却经费不足，就需要向上级政府报送请示或向财政主管部门报送求批函；等等。

应用文写作的这一特点，要求写作者在写作过程中换位思考，主动地站在所代言的组织的角度和立场上积极思考问题，提出观点和主张。应用写作者既要对实际工作有清晰的了解和准确的判断，又要对宏观政策透彻理解并贯彻落实；既要能够突出工作重点把握关键问题，又要能够做到胸怀全局统筹合理安排；既要善于准确把握领导者个人语言特点和思维习惯，又要兼顾上级要求和写作规范。只有积极地换位思考，才能够准确地把握应用文写作的规律和特点，写出高质量的应用文来。

应用文体写作中，立意主体和表达主体则常常是分离的、双重的。前者不是文章的制作人，而是制文机关或者他人。后者也不能抛却立意主体的授意，按照自己的意趣进行自由写作，而是要遵从前者的愿望将其授意主旨具体化展开，进行文章制作。这也就是说，组织、领导或者他人出题目，秘书人员来执笔赋形。

当然，我们也应该看到秘书作为主管人员的特殊助手，在文章的立意方面也不是绝对不容许发表意见。只是在接受起草任务后，不要脱离领导授意而去越职行事、擅作主张，优秀的秘书往往能够把受命性和主动性统一起来，把自己发现的新情况、新问题及时向领导汇报，供其参考，从而达到最佳的行文、工作效果。

（二）内容表达的权威性和约束力

从内容表达上看，应用文写作具有较强的权威性和约束力。应用文是随着阶级、国家、文字的产生而产生的，是行政管理的一种有效手段，担负着国家管理和社会管理的重任。应用文写作必须严格遵照、贯彻、落实党和国家的路线、方针和政策，讲求政治性，体现权威性、严肃性、庄重性，对民众有很强的约束力，民众必须遵照应用文的要求办理和执行相关事务。应用文写作强调对象化的思维方式，写作者的思维要服从于客体对象的需要，把握对象的特征，根据对象的实际情况去组织应用文的内容，从而达到办事的目的。这就要求从事应用文写作的人员要认真学习党的路线、方针、政策，学习上级的指示精神，并结合本地区、本部门实际有效加以落实。

（三）表现形式的程式化和模式化

从表现形式上看，应用文写作的程式化特点比较明显，逻辑性强，结构严谨，写作比较枯燥。有人说，应用文就是“八股”，这是误解。应用文体式和格式上的一致性、标准化特点是应用文写作的规范要求，绝不是“八股”。应用文区别于其他文体的一个鲜明特点就是应用文具有固定的和惯用的体式和格式。

从应用文格式处理上看，应用文格式具有规范化和标准化的特点，国家质量技术监督局发布了《国家行政机关应用文格式》国家标准。另外，《国家行政机关公文处理办法》和《党的机关公文处理条例》分别对行政公文和党务公文做出了规定，从文种、行文规则、应用文用纸、应用文办理等方面提出了明确的要求。

从应用文正文的写作看，应用文的开头、主体、结尾具有惯用的方式，有各部分的习惯用语，各个文种主体部分的结构安排方式也有通常惯用的写作方法。例如，“通知”的写作，开头先写通知因由，再写通知事项，结尾使用习惯用语；“请示”的写作，要写明请示理由、请示事项以及结尾；“计划”的写作，在主体部分要写明目标、措施及其实施步骤。

应用文模式化和程式化的表现形式是适应应用文实用性的要求而形成的。应用文简洁明了，有利于民众了解其主要意图，不致产生理解上的歧义，有利于公务处理，在实际应用文处理中具有重要的意义。

在写作实践中，秘书必须严格按照具体文种的格式要求来操作，决不能标新立异，原因如下。

（1）应用文体特别注重权威性和时效性，必须能够使读者在相对较短的时间内获得文章传达的基本信息，而相对固定的格式便于读者对信息的获取。

（2）应用文体往往是在人们生活的各个不同领域内通行的，而标准化、规范化、制度化正有利于这种通行活动达到最佳的实际效果。

（3）应用文体既要使用便利，又要严格执行，这就需要它有庄重的文面、严谨的形式、显豁的主旨。为了达到这些目的和要求，在长期的实践中，应用文体就形成了严格而规范的格式。

（四）写作要求的快速性和限时性

从写作过程上看，应用文的制发是为了解决实际工作中的问题，无论是向上级报送文件，还是向下级布置工作，通常都有完成的时限要求。应用文的写作时限与工作问题的解决紧密相连。应用写作大都有着现实制约，有十分严格的时间限制。拟写公文、文书不能等等、看看、放放、想想。有时候会遇到紧急情况须立即向上级反映，或者急需向下传达事项，或者忙于某种事先安排好的会议、庆典、商谈等事务，或者为临时决定的讲话、汇报、请示、批复等准备材料，往往要求在几天甚至几小时内完成应用写作。

刘义庆《世说新语》中记载，大司马桓温北征途中，参军（秘书）袁虎被责免官。后来恰巧桓温需要露布（布告）文稿，就唤袁虎倚马拟写。桓温口述，袁虎手不辍笔，俄得七纸，殊为可观。当时大才子王瑜在旁，对袁虎才华大加赞赏，一时传为佳话。

所以，应用写作这种写作过程严格的时限性往往要求秘书具有敏捷的才思和高超的写作能力。应用文写作的快速性和限时性，同样锻炼了写作者思维敏捷、迅速成文的写作才能和良好的工作能力。

总之，应用写作要求写作者具有较强的综合知识和较丰富的实践经验。它要求写作者既要有较高的政治理论水平和政策水平，还要有较好的写作基础和逻辑思维能力；既要有较丰富的工作经验和业务工作知识，还要有较强的学习力和扎实的工作态度。否则，很难驾驭好应用文，写出高质量的文章来。

三、秘书写作主体特征

（一）立意主体的虚拟性——对立而统一

秘书应用写作过程中，操作主体的双重性即立意主体和表达主体处于分离状态，但秘书作为文章的执笔人，最终还必须在实际的写作操作中把这种分离状态统一起来。秘书必须将外来授意性的立意内化为自己的意识，才能够更好地对这个立意进行赋形表达。应用写作要认识到立意主体的虚拟性，并能将这种双重的操作主体融合为一。

（二）表达主体的限度性——换位而无我

虽然优秀的应用写作者能够将这种立意和表达的双重操作主体融合为一，但毕竟这个立意主体是虚拟的外来意识，作为表达主体的秘书人员，有着自我的生存意志、个性趣味、审美价值，必定会对那个虚拟主体进行有意无意地排斥。而应用写作的性质又要求写作主体完全统一，并且要绝对服从立意主体的意志，因此，秘书要压制自我意识，淡化主观好恶。在这里，自我的发挥余地是一个限度性的表达空间。

（三）写作情感的间接性——内化而外显

秘书应用写作的主体情感，不是一种自发的生成，而是一种嫁接式的再造，是众多外界因素刺激同化的结果。秘书对于某次写作内容的背景、原因、作用、意义的认识，对文书所涉及的人物、事件的理解，对自我职业的角色定位等，都可以转化为写作情感。另外，写作主体代表领导、政府、组织发言，总会带有某种倾向性，而在表述观点、说明情况、分析问题的过程中，这种倾向性就会呈现给受众一种情感的流动。

（四）创造个性的隐匿性——受限而自由

应用写作的性质和文体特点制约着写作者创造个性的发挥。写作主旨的他受性、写作格式的规范化、情感参与的间接性，无不是个性发挥的限制因素。但是，应用写作就仿佛是戴着镣铐在跳舞，舞台之内、方寸之间，自由发挥。在秘书应用写作中，主体的创造个性往往是隐匿的，很容易让人忽略。写作者应该看到这一点，在写作中积极发挥自我的创造个性。例如，在认识问题、表述观点的角度选择，在组织材料、安排结构的谋篇布局等方面，写作者都可以因势利导、随体赋形、发挥个性。

第三节　应用写作的基本要求与能力培养

一、应用写作的基本要求

（一）写作目的明确

应用文是为实现特定目的服务的，因此其写作动因与目的十分明确。

目的明确是指行文的主旨要明确。“主”是基本、中心；“旨”是主张、宗旨。应用文的主旨，就是一篇应用文在提出问题、分析问题、解决问题的过程中所表达出来的基本内容与中心观点，是作者具体行文目的的体现。写一篇应用文，不但自己要明确行文的目的与中心，明确为什么要写这一篇应用文，主要反映什么内容；而且要让读者能迅捷而准确地明了你行文的意图，了解你的观点、要求，了解你提出的主要问题，了解该文所涉及的事务与关系。不能让读者不明不白，无法了解问题的主次轻重，甚至对发文者的意图、观点产生误解。应用写作目的明确，具体包括如下几个方面。

（1）作者对发文的目的、意图要有清醒的认识。

（2）作者对行文的中心、内容的基本方面、问题的主次轻重做到心中有数。

（3）作者在行文时要做到“立主旨，去枝蔓”，在确定主旨、中心以后，应紧紧围绕中心、主旨来选择有关的材料，组织有关的内容。

（二）语言表达规范

应用文主要使用规范的现代汉语，适当采用一些古语词汇，文章的语言要庄重、简洁、严密，这一点和文学作品有鲜明的差异。

应用文语言要规范，主要应注意以下几点。

1. 要符合作者身份

应用文写作者在叙事论理、遣词造句时，要注意应用文收发双方的社会地位，要能正确体现出收发双方之间的关系。《文心雕龙·书记》称“祢衡代书，亲疏得宜”，这里的“亲疏得宜”就是指正确体现收发双方间一定的关系。例如，公文中的传送用语“上报”“呈报”用于上行，“印发”“颁发”用于下行。这是与作者在社会关系中的特定位置相符合的，要做到上行下效、令行禁止。

2. 要注意特定的场合

应用写作要注意特定的场合。例如，贺喜时不说丧气话，严肃的场合不说俏皮话等。又如，写请柬，用于商店开张、会议开幕的可以写“敬请光临指导”，而用于结婚宴请的则不宜用“指导”之类字眼。

3. 要注意分别对象

写作要坚持“辞达而已矣”，要采用对方乐于接受、易于接受的言语。受文面较广的应用文，要照顾人群的文化程度、专业水平，就低不就高，力求使所有人理解和接受。尽量多用平易通俗的词语，而不要使用难懂的词语；对不熟悉某一专业的人，就不宜过多使用专业术语。

4. 要注意语言色彩

《文心雕龙·诏策》里说：“故授官选贤，则义柄重离之辉；优文封策，则气含风雨之润；敕戒恒诰，则笔吐星汉之华；治戎燮伐，则声有洊雷之威；眚灾肆赦，则文有春露之滋；明罚敕法，则辞有秋霜之烈：此诏策之大略也。”此处说的便是语言色彩与行文目的、内容性质的要求相符合的问题。例如，颁布政令的要庄重严肃，通报错误的要说理严正、义正词严，申请要求的要平和委婉，报喜祝捷的要热烈欢快，等等。

5. 要符合应用文语体要求

应用文主要使用事务语体，而事务语体最大的特点是“平实”，即通俗易懂，质朴实在。要杜绝堆砌辞藻、生造词语、半文不白、古奥难懂，避免肆意夸大其词、空洞无物、废话套话连篇，不用逻辑混乱、语义不明、晦涩难懂的语句。

6. 要体现所用语体的个性

写作应用文，说什么、不说什么、怎样说、何时说等，都要认真考虑。

（三）格式稳定

大多数应用文已经形成了稳定的通用格式，这体现了其规范性和严肃性，撰写者在拟文时必须遵守格式的要求。

1. 一般文章的格式

就一般的文章写作而言，格式大致包括以下三个方面。

（1）行款格式，主要指文字的书写排印的规定，标点符号的书写规定，标题、署名等位置的规定等。

（2）内容表达的书面形式，如分条列项式、篇段合一式、分部切块式、表格式等。

（3）正文的组织结构方式，包括行文顺序、开头结尾的安排等。

2. 应用文的格式

除遵照一般文章的格式外，应用文的格式，还有一个重要的方面，即“结构要素”方面。所谓结构要素，指的是构成一种应用文体的各个部分和项目，它不同于内容要素。内容要素是就正文部分的内容来说的，而结构要素则是对于全文的结构来说的。相对于内容要素来说，结构要素具有一定的直观性与外部性。一篇应用文的内容要素是否完备，往往一眼看不出来，必须结合处理事务的现实需要，深入文章的内部，通过对正文的内容作认真分析才能了解。一篇应用文的结构要素是否完备，一般可以从文章的外部形式上把握，往往可以一目了然。

应用文的结构要素，可以分为“一般结构要素”与“特殊结构要素”两类。

（1）一般结构要素是一种应用文体中的所有篇章都必须具备的。例如，公文中的“标题”“发文字号”“主送机关名称”“正文”“印章”“发文时间”等，这是每一篇公文都要具备的部分。

（2）特殊结构要素不是应用文体中的所有篇章都必须具备的，而是其中某些或某一篇章为了满足某种特殊的需要所特别具备的。如公文，除了上述那些“一般结构要素”外，秘密公文要标明秘密等级，紧急公文要标明缓急程度，有附件的公文要在正文之后注明附件名称与顺序，上报国务院的公文应注明签发人，会议通过的文件要在标题之下、正文之前注明会议名称与通过日期。这秘密等级、缓急程度、附件标注、签发人姓名、会议名称与通过日期等，便是公文的“特殊结构要素”。

（四）时间要素明确

应用文所针对的事务一般是在一定时期内存在的，因此执行时间、有效期和成文日期等时间要素非常明确。要考虑时代性、及时性和应用事务的时间有效性。

1. 时代性

应用写作古已有之，没有万古不变的主体意志，也没有跨越时空的放之四海而皆准的指令，因此，应用写作要顺应时代要求。当下新时代的新整体、新思路、新方法，在应用文中应该有所体现，任何时代的应用文都不可能孤立于时代之外。

2. 及时性

应用写作讲究时效，社会发展快速，一时一事的应用文，必须及时反映各行各业发展，踩在发展节拍上。俗话说，过了这个村，就没有这个店了。应用写作要快速，事后诸葛亮于事无补，不产生实际价值。

3. 应用事务的时间有效性

应用文必须对表述内容做明确的时间界定，何时实行、何时生效、执行时段等都要交代清楚。如通知开会，不能只讲开始时间，而要交代会期长短、起止时间，这是有序社会的基本要求；又如合同条款，必须注明生效时段、废止时间等，以明确当事双方的权利和义务。

二、应用写作的能力培养

应用写作是一种集体化、程式化的创作，往往要调动指挥者、撰写者多方面的能力知识，诸如政策观念、思想水平、法律知识、业务知识、写作修养以及公文文书具体写作要求等，同时要考虑具体受众的实际情况进行灵活处理和变通。因此，养成高超的秘书实用写作能力并不是一件易事。

（一）领会授意意图的能力

在工作中能够很好地领会领导的意图，即审时度势，是一个优秀秘书人员的基本要求。只有对时势做出正确的审度，才能够使得工作实施取得较好的效果。所谓“时势”，就是指主体当下所处的具体的时空环境和时代气氛。“时”就是时空、时代、时局；“势”就是从客观事物的现象当中隐现出来的某种态势、趋向。所谓“写作时势”，就是指写作者在授意和命笔之时，自身所处的时空环境和时代气氛。应用写作具有很强的灵活性，它往往是用来处理某些具体问题的，时空变换、气氛变异，处理问题的方式、方法就要相应地发生变化，这就要求秘书人员有良好的写作时势审度能力。

首先，要准确领会和整体把握立意主体的授意。立意主体的授意形式往往是多样的，秘书写作人员应该有敏锐的观察和思维能力。同时，要善于洞察国家、社会、组织的总体态势和具体情境，做到准确领会和整体把握立意主体的授意，形成正确有效的文章主题。

其次，要准确领会和整体把握主题形成的因果背景。一篇文章的主题必须消化在文章材料中，才能达到较好的接受效果。也就是说，用作者把握和领会到的有关文章主题形成材料背景去支撑和物化主题。因此，把握绝对动态相对静态的因果背景以及影响措施，对于文章的有效性是至关重要的，这要求写作主体从立意主体的时势性需求和社会（国家、组织、系统）的时势性要求两个方面进行审度，注意平时对于相关资料和现象的收集、观察、加工、提炼、归结。

（二）辞章建构能力

辞章建构能力即应用文的文本写作能力。写作者运用这种能力把信息变成文字、符号、图表、数字等形式，并借助纸张进行思想或情感的表达，以实现沟通、交往和合作的目的。这是一项综合性很强的能力，要求秘书人员既要有较高的政策理论水平，又要有深厚的文化底蕴，还要掌握丰富的现实数据信息，并具有分析问题、判断问题时合乎主流方向的能力，而这些能力都需借助良好的辞章建构能力表达出来。

为什么应用写作者须具备辞章建构能力呢？原因如下。

（1）没有较高的政策理论水平，就吃不透国家的大政方针，写出来就会偏离法纪规范。

（2）没有深厚的文化底蕴，就看不透客观世界的本质，写出来的文章只能停留在事物表象，没有深刻思想，如果语言驾驭能力也不强，文章必定表达不清，缺少才情，没有思想，流于浅表。

（3）不能掌握丰富的现实资料，就会理论脱离实际，文章写出来就会无的放矢，毫无针对性。纸上谈兵是不能解决实际问题的。

（4）没有把握主流方向的能力，就会在是非判断、价值观念、审美要求等主要方面失之偏颇，写出来的文章必然倾向错误、是非不明、审美低俗。

良好的辞章建构能力是借以展示上述能力的载体，无论政策、理论水平有多高，思想有多深刻，数据有多丰富，观点多么正确，离开良好的辞章建构都无法表达。因此，应用写作者必须培养辞章建构能力。

（三）人格角色转换能力

秘书应用写作实践中有一个人格角色转换问题，即自我人格转换为立意主体人格和自我角色转换为操作主体角色。虽然自我人格和立意主体人格是矛盾冲突的，但还是要服从立意主体意识，这是应用写作立意主体的人格核心，不过不同的立意主体有着不同的落实、表现人格核心的方式、倾向。因此，秘书写作人员在自觉地观察、揣摩立意主体的个性、修为和工作方式、方法的同时，应该积极地积淀人格转换意识，加强自我工作的责任感、崇高感。

面对不同授意主体的不同授意，写作人员只有成功进行角色转换，才能准确把握、深刻领会文章主题，也才能够使用合适的口吻、气势、语感进行文章命笔。

（四）范式模仿能力

根据应用文写作的特点，应用文写作人员学习和掌握各个文种的不同特点和要求，能够更快地掌握应用文写作规律，提高公务处理效率。根据既有规定的模式套写，即“照猫画虎”，进行仿写与摹写是提高应用文写作能力的一条捷径。

除此以外，应用写作的能力可以具体到基础语言写作能力、调查研究能力、理论研究能力、兴趣培养能力、寻找规律能力、自我激励能力、任务驱动能力、换位模拟能力等能力的综合提高，要在学习中做有心人，逐步培养自己的各种能力。

第二章
法定公文写法

第一节　现代“公文”类别及格式

一、公文的概念

公文是指国务院办公厅印发的《国家行政机关公文处理办法》中规定的13种行政公文和中共中央办公厅印发的《中国共产党机关公文处理条例》中规定的14种党的主要公文，是专指国家行政机关和党的机关在政务和党务管理过程中所形成的具有法定效力和规范体式的文书。它是传达、贯彻党的方针、政策，发布行政法规和规章，施行行政措施，请示和答复问题，指导、布置和商洽工作，报告情况，交流经验的重要工具。

二、公文的种类

现代秘书写作所涉文种类别繁多，最常用的有以下四类。

（一）国家统一规范的机关法定公文

根据国务院办公厅2000年8月24日发布的《国家行政机关公文处理办法》规定，我国行政机关现行公文有13种，分别是：命令（令）、决定、公告、通告、通知、通报、议案、报告、请示、批复、意见、函和会议纪要。

（二）机关法定公文之外较常用的事务文书

此类文书包括计划、总结、调查报告、综述、简报、会议记录、章程、启事、海报、条据、讲话稿、演讲稿、述职报告等。

（三）日常信函文书

此类文书包括介绍信、证明信、邀请信、感谢信、慰问信、求职信、申请书、倡议书、建议书、涉外书信等。

（四）经济文书

此类文书包括经济合同、市场预测报告、经济活动分析报告、商品说明书、广告文案、招标书、投标书等。

三、国家行政机关法定公文的格式

（一）《国家行政机关公文处理办法》的规定

公文一般由秘密等级和保密期限、紧急程度、发文机关标识、发文字号、签发人、标题、主送机关、正文、附件说明、成文日期、印章、附注、附件、主题词、抄送机关、印发机关和印发日期等部分组成。

（1）涉及国家秘密的公文应当标明密级和保密期限，其中“绝密”“机密”级公文还应当标明份数序号。

（2）紧急公文应当根据紧急程度分别标明“特急”“加急”，其中电报应当分别标明“特提”“特急”“加急”“平急”。

（3）发文机关标识应当使用发文机关全称或者规范化简称。联合行文的，主办机关排列在前。

（4）发文字号应当包括机关代字、年份、序号。联合行文的，只标明主办机关发文字号。

（5）上行文应当注明签发人、会签人姓名，其中“请示”应当在附注处注明联系人的姓名和电话。

（6）公文标题应当准确简要地概括公文的主要内容并标明公文种类，一般应当标明发文机关。公文标题中除法规、规章名称加书名号外，一般不用标点符号。

（7）主送机关指公文的主要受理机关，应当使用全称或者规范化简称、统称。

（8）公文如有附件，应当注明附件顺序和名称。

（9）公文除“会议纪要”和以电报形式发出的以外，应当加盖印章。联合上报的公文，由主办机关加盖印章；联合下发的公文，发文机关都应当加盖印章。

(10) 成文日期以负责人签发的日期为准。联合行文的，以最后签发机关负责人的签发日期为准。电报以发出日期为准。

(11) 公文如有附注（需要说明的其他事项），应当加括号标注。

(12) 公文应当标注主题词。上行文按照上级机关的要求标注主题词。

(13) 抄送机关指除主送机关外需要执行或知晓公文的其他机关，应当使用全称或者规范化简称、统称。

(14) 文字从左至右横写、横排。在民族自治地方，可以并用汉字和通用的少数民族文字（按其习惯书写、排版）。

(15) 公文中各组成部分的标识规则，参照《国家行政机关公文格式》等国家标准执行。

(16) 公文用纸一般采用国际标准 A4 型（210mm×297mm），左侧装订。张贴的公文用纸大小，根据实际需要确定。

（二）根据办法规定，公文写作格式可以进行分解

组成公文的各要素划分为眉首、主体、版记三部分。置于公文首页红色线以上各要素统称眉首；置于红色线以下、主题词以上各要素统称正文；置于主题词以下各要素统称版记。

1. 公文眉首格式

眉首又叫文头，由发文机关标识、公文份数序号、秘密等级和保密期限、紧急程度、发文字号、签发人、红色反线组成。

(1) 发文机关标识：发文机关标识应当使用发文机关全称或者规范化简称后面加“文件”组成；发文机关标识上边沿至版心上边沿为25mm；对于上报的公文（请示、报告等），发文机关标识上边沿至版心上边沿为80mm。发文机关标识推荐使用小标宋体字，用红色标识。字号由发文机关以醒目美观为原则酌定，但是最大不能等于或大于22mm×15mm。联合行文时应使主办机关名称在前，“文件”两字置于发文机关名称右侧，上下居中排布。

(2) 公文份数序号：公文份数序号是将同一文稿印刷若干份时每份公文的顺序编号。用阿拉伯数码顶格标识在版心左上角第1行，顶格写。

(3) 秘密等级和保密期限：公文如需标识秘密等级，用3号黑体字，顶格标识在版心右上角第一行，两字之间空一字；如需同时标识秘密等级和保密期限，秘密等级和保密期限之间用“★”隔开。

(4) 紧急程度：公文如需标识紧急程度，用3号黑体字，顶格标识在版心右上角第1行，两字之间空1字；如需同时标识秘密等级与紧急程度，秘密等级顶格标识在版心右上角第1行，紧急程度顶格标识在版心右上角第2行。

（5）发文字号：发文字号由发文机关代字、年份和序号组成。发文机关标识下空2行，用3号仿宋字，居中排布；年份、序号用阿拉伯数码标识；年份应标全称，用方括号“〔〕”括入；序号不编虚位（即1不编为001），不加“第”字。

（6）签发人：上报的公文需标识签发人姓名，平行排列于发文字号右侧，发文字号居左空1字，签发人姓名居右空1字；签发人（3号仿宋体）后标全角冒号，冒号后用3号楷体字标识签发人姓名。如有多个签发人，主办单位签发人姓名置于第1行，其他签发人姓名从第2行起在主办单位签发人姓名之下按发文机关顺序依次顺排，下移红色反线，应使发文字号与最后一个签发人姓名处在同一行并使红反线与其距离为4mm。

（7）红色反线：标于发文字号下4mm处，隔开眉首和主体，与版心同宽。

2. 公文主体格式

公文主体格式包括：标题、主送机关、正文、附件说明、成文日期、印章、特殊情况说明、附注、附件等。(此处只说明以下几项)

（1）标题：完整的标题包括发文机关名称、发文事由和文种三部分，简称三要素。公文标题居于红色反线下空2行，用2号小标宋体字，可分一行或多行居中排布；回行时，要做到词意完整，排列对称，间距恰当。

（2）主送机关：标题下空1行，左侧顶格用3号仿宋体字标识主送机关，回行时仍顶格；最后一个主送机关名称后标全角冒号。如主送机关名称过多而使公文首页不能显示正文时，应将主送机关名称移至版记中的主题词之下、抄送之上，标识方法同抄送。

（3）正文：公文正文居于主送机关名称下一行，每自然段左空2字，回行顶格。数字、年份不能回行。

（4）成文时间：成文时间用汉字将年、月、日标全；“零”写为“0”，成文时间右空4字；加盖印章应上距正文2mm~4mm。

（5）印章。

①单一发文印章：机关制发的公文在落款处不署发文机关的名称，只标识成文时间。成文时间右空4字；加盖印章应上距正文2mm~4mm，端正、居中下压成文时间，印章用红色。当印章下弧无文字时，采用下套方式，即仅

以下弧压在成文时间上。当印章下弧有文字时，采用中套方式，即印章中心线压在成文日期上。

②联合行文印章：当联合行文需加盖两个印章时，应将成文时间拉开，左右各空 7 字；主办机关印章在前；两个印章均压成文时间，印章用红色，只能采用同种加盖印章方式，以保证印章排列整齐。两个印章间互不相交或相切，相距不超过 3mm。

③当联合行文需加盖 3 个以上印章时，为防止出现空白印章，应将各发文机关名称（可用简称）排在发文时间和正文之间。主办机关印章在前，每排最多 3 个印章，两端不得超过版心；最后一排如余一个或两个印章，均居中排布；印章之间互不相交或相切，在最后一排印章之下右空 2 字标识成文时间。

（6）特殊情况说明：当公文排版后所剩空白处不能容下印章位置时，应采取调整行距、字距的措施加以解决，务使印章与正文同处一面，不得采取标识“此页无正文”的方法解决。

（7）附注：公文如有附注，用 3 号仿宋体字，居左空 2 字加圆括号标识在成文时间下一行。

（8）附件：公文如有附件，在正文下空 1 行左空 2 字用 3 号仿宋字标识“附件”，后标全角冒号和名称。附件如有序号使用阿拉伯数码（如“附件：1. ××××”），附件名称后不加标点符号。附件应与公文正文一起装订，并在附件左上角第 1 行顶格标识“附件”，有序号时标识序号；附件的序号和名称前后标识应一致。如附件与公文正文不能一起装订，就在附件左上角第 1 行顶格标识公文的发文字号并在其后标识附件（或带序号）。

3. 公文版记（文尾）格式

版记包括主题词、抄送机关、印发机关和印发日期、反线等组成。

（1）主题词：“主题词”用 3 号黑体字，居左顶格标识，后标全角冒号；词目用 3 号小标宋体字；词目之间空一字。

（2）抄送机关：公文如有抄送机关，在主题词下 1 行；左右各空 1 字，用 3 号仿宋体字标识“抄送”，后标全角冒号；抄送机关间用逗号隔开，回行时与冒号后的抄送机关对齐；在最后一个抄送机关后标句号。如主送机关移至主题词之下，标识方法同抄送机关。

（3）印发机关和印发日期：位于抄送机关之下（无抄送机关的，在主题词之下）占 1 行位置；用 3 号仿宋体字。印发机关居左空 1 字，印发日期居右空 1 字。印发日期以公文付印的日期为准，用阿拉伯数码标识。

（4）反线：版记中各要素之下均加一条黑色反线，长度同版心宽。

版记应置于公文最后一面（封四），版记的最后一个要素置于版心最后一行。

第二节　现代秘书公文的拟写

一、国家行政机关公文写作基本框架

（一）命令（令）

1. 概念要求

命令和令是用于依照有关法律公布行政法规和规章，宣布施行重大强制性行政措施，嘉奖有关单位及人员的文种。此类文件所用范围有限，权威性高，而内容简单，往往只是用“某某法规现已经在某级政府常务会议上通过，现予以颁布”等语句表述，写作难度较低。

2. 写作基本框架

（1）命令的缘由—内容—要求。

（2）下令的原因或目的—规定或措施—希望或要求。

（二）决定

1. 概念要求

决定是用于对重要事项或重大行动做出安排、奖惩有关单位及人员、变更或者撤销下级机关不适当的决定事项的文种。如《中共中央、国务院关于全面加强人口和计划生育工作统筹解决人口问题的决定》，对人口和计划生育工作、解决人口问题做出安排。

2. 写作基本框架

（1）是什么决定—为什么—怎么办。

（2）决定的背景—重要性和必要性—工作举措。

（3）决定的目的—理由—安排。

（三）公告

1. 概念要求

公告是用于向国内外宣布重要事项或者法定事项的文种。由于指明是向全社会或全世界公告事项，此文种一般只包括标题、正文、发文机关、成文

时间四部分，有时加“特此公告”字样，不须写出收文机关或公告对象的称谓，结构相对简单。

2. 写作基本框架

（1）公告什么—为什么—怎么办。

（2）公告的背景—目的或意义—内容—号召。

（四）通告

1. 概念要求

通告是用于公布各有关方面应当遵守或者周知的事项的文种。通告的发布有时小于公告，如仅限对国内某一类群体通告事项，一般也无须写出通告对象的称谓，有时需加导语和结语，如“为做好安全监管工作，维护公共安全，特此通告，望周知”等。

2. 写作基本框架

（1）为什么通告—怎么办。

（2）通告目的—要求。

（3）通告事由—措施。

（五）通知

1. 概念要求

通知是把需要知悉和遵照执行的事项、情况、要求等，告知、晓示特定对象的公文文种，适用于批转下级机关的公文，转发上级机关和不相隶属机关的公文，传达要求下级机关办理和需要有关单位周知或者执行的事项，任免人员。

2. 写作基本框架

告知对象—告知事项—原因理由—落实要求。

（六）通报

1. 概念要求

通报是用于表彰先进、批评错误、传达重要精神或者情况的文种。其主要作用在于：学习其他地区、单位、个人的经验，推动工作发展；吸取教训，防止类似问题的发生；了解情况，促进工作顺利开展。

2. 通报分类

通报按用途分为三种：表彰性通报、批评性通报、情况通报。通报的主体分为四部分：事由、分析判断、决定与措施、要求。

3. 写作基本框架

通报事情缘由—处理情况—经验教训总结—落实或预防要求。

（七）议案

1. 概念要求

议案是用于各级人民政府按照法律程序向同级人民代表大会或人民代表大会常务委员会提请审议事项的文种。此类文件为政府向立法机关提交审议事项专用。

2. 写作基本框架

提请审议的事项—理由—期望和要求。

（八）报告

1. 概念要求

报告是用于向上级机关汇报工作、反映情况、答复询问的文种。

2. 报告分类

报告按用途可分为四种：工作报告、情况报告、答复报告、报送文件的报告。机关常用的报告是情况报告和工作报告。

3. 写作基本框架

（1）陈述基本情况—指明存在的问题—提出解决的对策。

（2）报告的是什么—为什么—怎么办。

（3）报告事项的背景与内涵—重要性与必要性—重要举措。

（4）报告的目的—理由—打算。

（九）请示

1. 概念要求

请示是适用于向上级机关请求指示、批准的公文类型。

2. 请示分类

请示按内容、用途可以分为三种：求示性请示、求准性请示、求转性请示。

3. 写作基本框架

（1）请示理由—事项—要求。

（2）请示的是什么—为什么—怎么办。

（3）请示的背景—目的—措施。

（十）批复

1. 概念要求

批复是用于答复下级机关请示事项的文书。在实践中也有许多行文关系不当、错用文种的例子，主要表现在同级机关之间、上级政府所属部门与下级政府之间，本为同级关系，应用“函”而用了“批复”。

2. 写作基本框架

（1）批复什么—为什么—怎么办。

（2）批复的背景理由—答复指示—工作要求。

（十一）意见

1. 概念要求

意见是用于对重要问题提出见解和处理办法的文种，其内容主体为对策。作为上行文，可用于向上级机关报请批转或转发有关事项；作为下行文，可用于领导机关或某些重要问题提出处理的方针、原则和措施、办法。以下行文即提出解决问题的对策及措施的情况居多。意见的标题由发文机关、事由和文种组成。意见正文的基本结构由引言、主体和结尾三部分组成。

2. 写作基本框架

（1）意见是什么—为什么—怎么办。

（2）是什么意见—为什么—怎么办—怎么样（要达到什么要求）。

（3）批复的背景与目的（重要性、必要性）—工作举措—工作要求。

（4）批复的背景与现状—必要性或原因理由—工作要求。

（5）批复的结果—理由—安排—要求。

（十二）函

1. 概念要求

函是用于不相隶属机关之间相互商洽工作、询问和答复问题，请求批准和答复审批事项的文种。其突出特点是多为平行文，用于同级机关之间、不同系统的单位之间公文往来。函，本质是一种书信，既有书信的一般特点，又要遵循公文的格式和规范性要求。

2. 写作基本框架

（1）交流什么—为什么—怎么办。

（2）交流的背景—理由—要求。

（十三）会议纪要

1. 概念要求

会议纪要是用于记载、传达会议情况和议定事项的文种。纪要中记载安排部署工作，解决和处理问题的思路、方案、措施的内容，属于对策范畴。会议记录往往属于原始记录，对内容未加提炼加工，而会议纪要则须主旨突出、层次清楚，体式更加严格规范。

2. 写作基本框架

（1）什么会议—什么事—怎么办。

（2）决议的背景—理由—措施—要求。

二、常用行政机关公文的拟写

（一）通知的拟写

在国家行政机关、人民团体、企事业单位的公务活动中，通知起着承上启下、联系内外的“传达”和“领导”作用。它的适用范围十分广泛，不受机关或组织性质、级别的限制。与其他指令性公文相比较，显得灵活简便。掌握其写作方法，具有一定的实用价值。

1. 通知的概念与类型

通知是“适用于批转下级机关的公文，转发上级机关和不相隶属机关的公文，传达要求下级机关办理和需要有关单位周知或者执行的事项，任免人员”的公文。

通知的类型有指示性通知、转发性通知、发布性通知、任免聘用的通知、会议通知、告知性通知。

2. 通知的内容要素

通知一般由标题、主送机关、正文、签署、附件等部分组成。

（1）标题：作为公文通知的标题，一般应写明发文机关、事由和文种。

（2）主送机关：主送机关即被通知的单位或个人，在正文前顶格书写，后跟冒号，以示引领下文。

（3）正文：颁布或转发性通知结构简单，其余通知一般由三部分组成。

①事由。这是通知的开头，应写明制发通知的缘由、目的、依据或情况。

②事项。正文应写出通知的内容，即要求受文机关承办、执行和应予以知晓的事项。这些内容如较复杂，可分条列项写出。

③结尾。常用“特此通知”“专此通知”之类的习惯用语结尾。

（4）签署。在正文右下方写明发文机关的名称和日期，若发文机关在标题中已出现，签署则可省略。

（5）附件。告知性通知及批示性通知常带有附件。

3. 通知的写作技巧

①事项具体，②行文实际，③措辞严密，④用语得体。

4. 通知的写作格式

通知包括标题、称呼、正文、落款。

（1）标题：写在第一行正中。可只写“通知”二字，如果事情重要或紧急，也可写“重要通知”或“紧急通知”，以引起注意。有的在“通知”前面写上发通知的单位名称，还有的写上通知的主要内容。

（2）称呼：写被通知者的姓名或职称或单位名称，在第二行顶格写。（有时，因通知事项简短，内容单一，书写时略去称呼，直起正文。）

（3）正文：另起一行，空两格写正文。正文因内容而异。开会的通知要写清开会的时间、地点、参加会议的对象以及开什么会，还要写清要求。布置工作的通知，要写清所通知事件的目的、意义以及具体要求和做法。

（4）落款：分两行写在正文右下方，一行署名，一行写日期。

写通知一般采用条款式行文，可以简明扼要，使被通知者能一目了然，便于遵照执行。

5. 不同种类通知的写作

（1）指示性通知的拟写。指示性通知用于向所属下级布置工作，阐明工作活动的指导原则和方法；还用于传达上级的决定和指示，布置需要执行或办理的工作事项，等等。

指示性通知的正文由三部分组成：通知的依据（原因、目的、意义）、主体部分、结尾部分。

①通知的依据：要用简明的语言说明为什么发布此通知，然后用一句过渡语，如：“现通知如下”“特作如下通知”等转入主体部分。

②主体部分：通知的具体事项。指示性通知主体部分比较复杂，应分条或分段叙述，使人一目了然。

③结尾部分：一般写执行要求，如：“以上通知，望认真执行”。有时则用一般号召性文字提出希望和要求，有的通知也可没有结尾部分。

[例文一：指示性通知]

国务院关于调整证券交易印花税中央与地方分享比例的通知

国发（××××）××号

各省、自治区、直辖市人民政府，国务院各部委、各直属机构：

改革开放以来，我国证券交易市场有了很大发展，证券交易规模不断扩大，证券交易印花税也有了较大幅度的增长。为进一步规范证券交易市场，妥善处理中央与地方的合配比例，增强中央宏观调控能力，国务院决定，自1997年1月1日起，将证券交易印花税分享比例由现行的中央与地方各50%，调整为中央80%、地方20%。有关地区和部门要从全局出发，继续做好证券交易印花税的征收管理工作，进一步促进我国证券市场的健康发展。

中华人民共和国国务院

××××年××月××日

（2）转发性通知的拟写。将上级、同级或不相隶属单位的来文发给下级单位，用转发性通知。转发性通知正文的写法也比较简短。常用“现将×××转发给你们，望遵照执行。”这一模式。有时在此基础上，还根据本单位、本系统、本地区的实际情况，提出具体要求，或做补充规定。

转发性通知的特点在“转”字上，不能加批语。

[例文二：转发性通知]

×××省人民政府办公厅转发《国务院办公厅关于禁止非法买卖人民币的通知》的通知

×××政办发〔××××〕××号

各市、县（区）人民政府，省人民政府各工作部门、各直属机构：

现将《国务院办公厅关于禁止非法买卖人民币的通知》（国办发明电〔××××〕××号）转发给你们，请认真遵照执行。

国务院办公厅关于禁止非法买卖人民币的通知

各省、自治区、直辖市人民政府，国务院各部委、各直属机构：

目前，非法倒买倒卖人民币的问题比较严重，影响了人民币的正常流通，破坏了人民币的信誉。为加强对人民币的管理，打击非法买卖人民币的行为，根据《中华人民共和国中国人民银行法》有关规定，经国务院批准，特作如下通知。

一、禁止非法买卖流通人民币（包括纪念币，下同）；经营已退出流通的人民币，必须经中国人民银行批准。

…………

五、对在中国境内非法买卖外国货币的，比照上述规定办理。

国务院办公厅

××××年××月××日

（3）发布性通知的拟写。发布性通知是用于告知受文单位，某一规章已经某会议讨论通过或经某上级批准，现予发布或印发，并要求下级遵照执行。重要的规章用“颁发”或“发布”，一般的用“印发”。这类通知所发布（印发）的法规性文书，一般都是发文单位本身制定的。发布性通知的正文也比较简短，一般只需写明发布根据以及发布的是什么文书，提出执行要求即可。有时也可简要阐述发布此文书的目的、意义，或提出贯彻执行的具体意见。

[例文三：发布性通知]

国务院办公厅关于印发中国足球改革发展总体方案的通知

国办发〔××××〕××号

各省、自治区、直辖市人民政府，国务院各部委、各直属机构：

《中国足球改革发展总体方案》已经党中央、国务院同意，现印发给你们，请认真贯彻执行。

国务院办公厅

××××年××月××日

中国足球改革发展总体方案（略）

（4）告知性通知的拟写。告知性通知是上级要求下级办理或告知下级需要知道的一般事项，如：报送有关材料，启用或废止公章，出版刊物的订购，变更地址及电话号码，等等。事务性通知的正文往往采用篇段合一的形式，只把通知的是什么事情说清楚即可，没有必要进行议论、评价或阐发意义，也不提执行要求。

告知性通知内容与结构主要由标题、主送机关、主要内容、发文机关署名、成文时间五个部分组成。

①标题：一是由发文机关、事由和文种名称构成；二是由事由和文种名称构成。

②主送机关：是负有公文处理责任的受文机关，是公文的主要受理机关。

③主要内容：发文缘由、应知事项和落实要求，通常是分别写入告知性通知的开头、主体和结尾的几项内容。只写发文缘由和事项或只写事项，也是告知性通知常用的写法。“特此通知”“以上事项望周知”等，是告知性通知常用的结语。

④发文机关署名：落款部分要签署发文机关名称。

⑤成文时间：落款要写明年、月、日。

[例文四：告知性通知]

×××关于×××监督管理委员会列入×××直属事业单位序列的通知

各县、市、区人民政府，各市直部门：

根据×××监督管理委员会的职责、任务和开展工作的需要，×××决定该委员会为××××直属事业单位。

×××市人民政府（印章）

××××年××月××日

（5）会议通知的拟写。各单位在召开会议时，会前要告知与会者开会的时间、地点、携带材料等，这时要用会议通知。除了一些小型或紧急会议就近口头或电话通知外，一般都要使用书面会议通知。会议通知的正文一般由召开会议的背景（目的、意义）和会议注意事项两部分构成。

①召开会议的背景。这部分主要写明为什么开会，一般文字比较简短，不要长篇大论。

②会议注意事项。这是指会议的时间、地点、与会人员、日程安排、报到日期，有时还具体地提出准备的材料及与会者赴会所乘车、船、飞机班次等。

[例文五：会议通知]

×××公司每周例会通知

公司各部门：

为了规范公司会议管理、提高会议质量、促进工作开展、加强部门间的沟通与交流，现将公司每周例会管理通知如下。

一、会议形式：周例会。

二、会议时间：每周五下午2：00。

三、会议地点：公司办公室。

四、参会人员：现参会人员暂定为（略）。

五、会议要求：

①参会人员须在周五下午2：00准时参加会议；

②会议期间需关掉手机或将手机音量调至静音，不得看报纸、杂志或做与会议不相干的事情。

六、奖惩规定：无故不参加周例会者公司将给予200元/次的罚款处罚。

以上要求请参会人员务必自觉遵守，谢谢大家的配合与支持。

特此通知

×××公司

××××年××月××日

（6）任免通知的拟写。任免通知是上级需要向下级传达对有关人员的任免事项时使用的通知。任免通知的正文要写明任免根据、日期、被任免人员的姓名与职务。

[例文六：任职通知]

中共×××省国土资源厅党组关于×××同志任职的通知

中共×××市国土资源局委员会：

经研究决定：

×××同志任盐城市国土资源局副调研员。

中共×××省国土资源厅党组

××××年××月××日

江苏省国土资源厅

（二）通报的拟写

通报是一种内容比较详细的周知性文体。它与通知不同，一般来说，通知是告知他人干什么和怎样干，而通报是通过典型事实教育群众。通报与通告也不同，通告是让一定范围的人们知道应该知道的事情，知道什么事情允许做，什么事情不允许做，而且它是公开张贴或发表的文件，而通报是通过典型事例教育群众的内部文件，这就要求通报的内容比较详细。

通报正文的结构通常由开头、主体和结尾等部分组成。开头说明通报缘由，主体说明通报决定，结尾提出通报的希望和要求。

1. 通报的写法

通报在结构上大体是由标题、受文单位、正文、落款四部分组成。

（1）标题：通报的标题写作情况和通知、通告一致，可以有多种情况。

（2）受文单位：一般通报有受文单位；少数普及性通报，可以不写受文单位。

（3）正文：正文一般由四部分组成。

①引言部分，主要是概括通报的内容、性质、作用和要求，说明通报缘由。如批评性通报的引言可以写："现将×××通报发给你们，望从中吸取教训，引以为戒。"表扬性通报的引言可以写："特对×××通报表扬，望各单位组织学习。"

②事实部分：表扬性通报写先进事迹，批评性通报写错误事实，说明通报决定。既要把主要事实写出来，又要写得精练概括。

③分析处理部分：对先进事迹的先进性或错误事实的本质，进行恰如其分的分析，有的还要分析出先进事迹的经验或犯错误的原因，并且提出处理意见，如表扬性通报可以写出给予精神或物质奖励的决定，批评性通报可以写出处分决定。

④号召或要求部分：提出根据通报的精神要求人们去如何做，或者号召为实现什么目标奋斗，提出通报的希望和要求。

有的通报正文部分不写引言，开门见山直接叙述事实，这也是可以的。

（4）落款：写上发文机关名称及发文日期。

2. 通报的种类

（1）表扬性通报。

①开头部分：一般概述事件情况，说明通报缘由。

②主体部分：通过对先进事迹的客观分析，在阐明所述事件的性质和意义的基础上，写明通报决定。

③结尾部分：明确提出希望和要求，号召大家向先进学习。

（2）批评性通报。

①开头部分：写出事实。

②主体部分：在分析评论的基础上写出通报决定。

③结尾部分：提出希望和要求，让大家吸取教训，引以为戒。

（3）情况通报。

情况通报主要起着沟通情况的作用，包括两项内容：一是通报有关情况，二是分析并得出结论。

[例文七：批评性通报]

关于×××同志上课迟到的通报

各处、室、组：

我校青年教师×××同志，××××年××月××日上午第一节课迟到，使×班的×××课耽误20分钟。据查，×××的迟到是因为他前天晚上打牌过度，第二天晚醒所致。

×××同志身为教师，对工作对学生不负责任，其迟到造成的后果严重，影响很坏。

经学校研究决定，除批评教育，给予适当的行政处分外，并通报全校。希望全校教师从×××同志的错误中吸取教训。同时希望全体教师热爱教育事业、热爱学生，为人师表、严守纪律，杜绝类似事情的发生。

×××学校

××××年××月××日

(三) 请示的拟写

请示是“适用于向上级请求指示、批准”的公文。请示属于上行文。凡是本机关无权、无力决定和解决的事项可以向上级请示，而上级则应及时回复。请示是应用写作实践中的一种常用文体。请示可分为三种：请求指示的请示、请求批准的请示、请求批转的请示。

1. 请示的必备条件

请示必须具备以下三个条件。

(1) 必须是下级请示的问题。

(2) 必须是自己无权做出决定和处理的。

(3) 目的必须是向上级请求批准。

2. 请示的分类

根据请示的不同内容和写作意图分为以下三类。

(1) 请求指示的请示。此类请示一般是政策性请示，是下级机关需要上级机关对原有政策规定做出明确解释，对变通处理的问题做出审查认定，对如何处理突发事件或新情况、新问题做出明确指示等的请示。

（2）请求批准的请示。此类请示是下级机关针对某些具体事宜向上级机关请求批准的请示，主要目的是解决某些实际困难和具体问题。

（3）请求批转的请示。下级机关就某一涉及面广的事项提出处理意见和办法，需各有关方面协同办理，但按规定又不能指令平级机关或不相隶属部门办理，需上级机关审定后批转执行，这样的请示就属此类。

3. 请示的特点

（1）一文一事。为了便于领导批复，请示行文必须一文一事。这就是说，每则请示只能要求上级批复一个事项，解决一个问题。

（2）请批对应。一请示，一批复。没有请示就没有批复。请示所涉及的问题一般较紧迫，没有批复，下级机关就无法工作。因此，下级机关应及时就有关问题向上级机关请示，上级机关应及时批复。

（3）事前行文。请示应在问题发生或处理前行文，不可先斩后奏。

4. 请示的写作要求

请示的正文，主要由请示的原因、内容、要求三部分组成，请示时应将理由陈述充分，提出的解决方案应具体，切实可行。

注意请示与报告的区别，切忌用报告代请示行文。

请求的内容若涉及其他部门或地区，在正常情况下应事先进行协商，必要时还可联合行文，如有关方面意见不一致，应如实在请示中反映出来。

请求拨款的，应附预算表；请求批准规章制度的，应附规章制度的内容；请示处理问题的，本单位应先明确表态。

正式印发请示送上级机关时，应在文头注明签发人姓名。

5. 请示的结构拟写

请示一般由标题、主送机关、正文、落款和附注五部分组成。其各部分的格式、内容和写法要求如下。

（1）标题。请示的标题一般有两种构成形式：一种是由发文机关名称、事由和文种构成，如《×××县人民政府关于×××的请示》；另一种是由事由和文种构成，如《关于开展春节拥军优属工作的请示》。

（2）主送机关。请示的主送机关是指负责受理和答复该文件的直属的上级机关。每件请示只能写一个主送机关，不能多头请示。

（3）正文。其结构一般由开头、主体和结语三部分组成。其内容由三部分组成：请示事由或起因、请示事项、请求。

①开头：主要交代请示的缘由或起因。它是请示提出的依据，这一部分可以反映情况，但要注意不是为了汇报，而是为所请示的事项说明理由。

它是请示事项能否成立的前提条件，也是上级机关批复的根据。讲原因要客观、具体，讲理由要合理、充分，方便上级机关及时决断，进行针对性的批复。

②主体：主要说明请求事项。它是向上级机关提出的具体请求，也是陈述缘由的目的所在，是请示的核心内容，主要写明需要上级帮助解决的问题。为了有利于审批，还可以进一步提出解决问题的办法、措施、意见与建议。这部分内容要单一，只宜请求一件事。另外，请示事项要写具体、明确，条项要清楚，以便上级机关给予明确批复。

③结语：即请求，是在请示的结尾提出要求的话语，是请示的终结与强化。一般紧接请示事项后面，另起一段书写。根据请示目的的不同，请求常用的语句是："以上请示如无不妥，请批准""当否，请批示""特此请示，请予审批""以上请示如无不妥，请批转各地、各部门执行"等。

（4）落款：一般包括署名和成文时间两个项目内容。标题写明发文机关的，这里可不再署名，但需加盖单位公章。

（5）附注：使用"请示"这一文种时，应出具附注。写法是在成文时间下一行居左空 2 字，加圆括号注明发文机关联系人的姓名和电话号码。

[例文八：申请增加工资的请示]

尊敬的公司领导：

公司自成立以来，奋力拼搏，稳健发展，目前已经逐渐成为集地产开发及建设于一体的企业。为贯彻"以人为本"的管理理念，充分调动广大员工的工作积极性，针对现有个别员工工资偏低，导致公司招聘不到合适的人员，影响公司项目开发及进度的情况，特申请对我公司部分员工的工资进行一定调整。

一、调整的原因

（1）公司初期制定的部分项目部员工工资，针对的是招聘和培养应届生，但由于项目事务较多，无法实现培养目的，所以招聘的都是有一定工作经验的人员，这样就使得工作能力与薪资待遇明显不符。

（2）地产建筑公司近五年来工资标准一直上涨，一般市面上物价也一直在上涨，而我公司部分员工试用期工资仅 1 500 元，转正后工资为 1 800 元，与行业内工资待遇差距甚远。

（3）过低的工资标准，严重地影响到员工队伍的稳定。

(4) 我公司目前的项目运作重心在管理上，下一步我公司将自行施工。

(5) 我公司项目部人员为一人一岗，没有多余专职岗位，每人负责事项特殊。

二、调整的原则

(1) 兼顾企业、员工二者利益的原则。

(2) 充分体现人尽其才、按劳取酬的原则。

(3) 优化设岗、以能定岗、以岗定责、以岗定薪的原则。

(4) 便于操作和执行的原则。

三、调整的方法和标准

(1) 资料员工资目前市场价为 5 000~7 000 元 (5 年以上经验)，实习生待遇应该为1 800~2 500 元，我们需要的人才工作年限不低于 2 年，工资标准应该为 2 500~3 500 元。

(2) 造价员工资目前市场价为 5 000~8 000 元 (5 年以上经验)，实习生待遇应该为1 800~2 500 元，我们需要的人才工作年限不低于 2 年以上，工资标准应该为 3 000~4 000元。

这部分员工为公司的核心技术骨干，能全面掌握经济技术签证，如我公司不能保证市场工资待遇，该类人员在试用期满后会流失，这样对公司来说影响巨大。

工程部为了更好、更高效地完成公司领导下达的各项任务，为了避免优质员工跳槽，特此申请调整，请公司领导给予批准！

申请部门：工程部

(资料来源：https：//www. liuxue86. com/a/3366587. html，有删改)

(四) 决定的拟写

按照《国家行政机关公文处理办法》的规定，决定是适用于对重要事项做出决定和部署、奖惩有关单位及人员、变更或者撤销下级机关不适当的决定事项的公文。

1. 决定的特点

决定具有权威性、指导性、稳定性、长远性的特点。

2. 决定的分类

按照具体用途和内容的不同，可将决定分为以下四类。

(1) 法规性决定，用于发布权力机关制定、修订或试行的法律文件以及由政府部门制定的行政法规，如《×××市人民政府关于修改〈市商品交易市场管理规定〉的决定》。

（2）指挥性决定，用于对某个问题、某种事项、某种行动进行决策性的指挥部署，如《×××市政府关于加快大运河文化产业带开发的决定》。

（3）奖惩性决定，用于表彰或处分有关的单位或个人，如《关于表彰2009年度先进集体和先进个人的决定》。

（4）变更性决定，用于变更机构人事安排或撤销下级机关不适当的决定事项，如《国务院关于撤销×××同志×××省省长职务的决定》。

3. 决定的写作格式

（1）标题：决定的标题由发文机关（或通过决定的会议名称）、事由、文种三部分组成，也有的只写明发文事由和文种。有些决定在标题下有题注，标明通过或发布时间。如果是会议通过的决定，还应在标题的下方居中以括号注明批准、通过该决定的会议名称和通过的日期。

（2）主送机关：决定的主送机关为应该知照的单位或群体。普发性的决定没有主送机关。

（3）正文：一般包括决定依据、决定事项和执行要求三部分组成。（此处未介绍执行要求）

①决定依据要写明发布决定的背景、根据、目的或意义。行文要求简短明确。依据要恰当充分，令人信服。

②决定事项是全文的主体内容，主要包括开展工作的有关政策原则、执行的事项及有关规定要求等。行文要眉目清楚，用语要确切明了。

（4）落款：标明发文机关和成文日期。

4. 决定的写法

决定的写法，因决定种类的不同而有所不同。

（1）用于指挥工作的决定，这部分要写明工作任务、措施、方案、要求等，内容复杂时要用小标题或条款显示出层次来；用于批准事项的决定，这部分要表达出批准意见，如有必要，还可以对批准此事项的根据和意义进行阐述。

对重要事项或者重大行动做出安排的指挥性决定，正文通常由决定缘由和决定事项两部分构成。决定缘由是指对某项工作或重大行动做出安排的依据。

（2）用于表彰或惩戒的决定，这部分要写明表彰决定和项目，或处分决定和处罚方法。

表彰决定的内容比较单纯，主要是做出表彰决定的依据和决定事项，即使有号召或者鼓动性的结尾，也很简短。在写法上往往开门见山，直接陈述，篇段合一，语句简练、明快。

处分决定要首先把错误的事实说明，并进行分析定型，然后写处分决定，最后提出希望和要求。

无论是哪一类的决定，决定事项都要写得准确具体，可行性强。

5. 写作决定的注意事项

（1）文种使用要正确。决定的内容要和“决定”文种相符，避免把“决定”与“命令”等公文文种相混淆，写作之前要用心体会，正确区分。

（2）原因要简短明确。决定是制约性非常强的公文，要求下级机关无条件执行。因此，行文时，对于做出决定的原因应写得简短明确，不可长篇大论，以示决定的强制性。

（3）事项要具体可行。决定既然要求下级机关无条件执行，那么决定的事项就应该写得具体明确，具有一定的可行性，以利于下级机关遵照执行。

[例文九：国务院关于取消一批行政许可事项的决定]

国发〔××××〕××号

各省、自治区、直辖市人民政府，国务院各部委、各直属机构：

经研究论证，国务院决定取消×××项国务院部门实施的行政许可事项和×××项中央指定地方实施的行政许可事项。另有×××项依据有关法律设定的行政许可事项，国务院将依照法定程序提请全国人民代表大会常务委员会修订相关法律规定。

以上公布取消的行政许可事项，其中市场已具备自我调节能力的事项改革后，相关部门的管理职能要重点转向制定行业标准规范，加强事中事后监管，惩处违法违规行为，维护市场秩序；由同一部门对相同内容进行重复审批的事项改革后，相关部门在削减重复审批、合并办事环节的同时，要进一步强化保留审批事项的准入把关作用，发挥认证管理的积极作用，落实监管责任，防止出现监管盲区；由不同部门多道审批改为负主要责任的部门一道审批的事项改革后，不再实施审批的部门负责制定有关行业标准规范，负责审批的部门按标准规范审核把关，遇到特殊疑难问题通过内部征求意见解决，部门间要优化工作流程，压缩审批时限，便利企业办事。改革涉及的部门要制定完善事中事后监管细则，自本决定发布之日起××个工作日内将向社会公布并加强宣传、确保落实。各地区、各部门要抓紧做好衔接工作，认真落实事中事后监管责任，坚决维护公平公正的市场秩序。

附件：1. 国务院决定取消的国务院部门行政许可事项目录（共计40项）

2. 国务院决定取消的中央指定地方实施的行政许可事项目录（共计12项）

国务院

××××年××月××日

（五）公文函的拟写

函即信，公函即公务信件。它是上下级和平行机关或不相隶属机关之间在商洽和联系工作、询问和答复问题时所使用的文体。函的特点是不受公文规定的严格限制，如不用正式文件头，也可不编文件号，有时还可不拟标题，因此用起来极为简便。

1. 函的格式

公函由首部、正文和尾部三部分组成。其各部分的格式、内容和写法要求如下。

（1）首部。主要包括标题、主送机关两个项目内容。

①标题：公函的标题一般有两种形式，一种是由发文机关名称、事由和文种构成，另一种是由事由和文种构成。

②主送机关：即受文并办理来函事项的机关单位，于文首顶格写明全称或者规范化简称，其后用冒号。

（2）正文。其结构一般由开头、主体、结尾、结语等部分组成。

①开头：主要说明发函的缘由。一般要求概括交代发函的目的、根据、原因等内容，然后用“现将有关问题说明如下”或“现将有关事项函复如下”等过渡语转入下文。复函的缘由部分，一般首先引叙来文的标题、发文字号，然后再交代根据，以说明发文的缘由。

②主体：这是函的核心内容部分，主要说明致函事项。函的事项部分内容单一，一函一事，行文要直陈其事。无论是商洽工作、询问和答复问题，还是向有关主管部门请求批准事项等，都要用简洁得体的语言把需要告诉对方的问题、意见叙写清楚。如果属于复函，还要注意答复事项的针对性和明确性。

③结尾：一般用礼貌性语言向对方提出希望，或请对方协助解决某一问题，或请对方及时复函，或请对方提出意见或请主管部门批准等。

④结语：通常应根据函询、函告、函商或函复的事项，选择运用不同的结束语。如“特此函询（商）”“请即复函”“特此函告”“特此函复”等。有的函也可以不用结束语，如属便函，可以像普通信件一样，使用“此致”“敬礼”。

（3）尾部。即结尾落款，一般包括署名和成文时间两项内容。

①署名：机关单位名称。

②成文时间：写明年、月、日，并加盖公章。

2. 函的分类

函可以从不同角度分类。

（1）按性质分，可以分为公函和便函两种。公函用于机关单位正式的公务活动往来；便函则用于日常事务性工作的处理。便函不属于正式公文，没有公文格式要求，甚至可以不要标题，不用发文字号，只需要在尾部署上机关单位名称、成文时间并加盖公章即可。

（2）按发文目的分，可以分为发函和复函两种。发函即主动提出了公事事项所发出的函。复函则是为回复对方所发出的函。

（3）从内容和用途上分，可以分为商洽事宜函、通知事宜函、催办事宜函、邀请函、请示答复事宜函、转办函、催办函、报送材料函等。

3. 函的写法

函的正文通常由起因、事项、结尾三个部分组成。

（1）起因。主动发函的起因主要写明发函的原因；复函的起因是告诉对方来函已收到，常见的写法是：“你单位××××年××月××日来函收到”。

（2）事项。主动发函的事项部分主要写明商洽、询问的具体事项；复函的事项部分是答复对方提出的问题。

（3）结尾。主动发函的结尾往往提出要求对方答复的请求，如“盼复”“望函复”等；复函往往用“专此函复”“此复”等作结尾用语。

4. 函的用法

（1）下级机关向上级机关询问一般事宜，或上级机关答复或催办下级机关有关事宜。

（2）平行机关或不相隶属机关之间商洽有关事宜。

（3）用函来通知一般事项，在通知开一般性的会议、要求下级机关报送某项材料或统计某些数字等时，也常用公函。

（4）向上级机关请示较小事宜也常用函。

[例文十：商洽事宜函]

中国科学院×××研究所关于建立全面协作关系的函

×××大学：

近年来，我所与你校双方在一些科学研究项目上互相支持，取得了一定的成绩，打下了良好的基础。为了巩固成果，建议我们双方今后能进一步在学术思想、科学研究、人员培训、仪器设备等方面建立全面的交流协作关系，特提出如下意见。

一、定期举行所、校之间学术讨论与学术交流。(略)

二、根据所、校各自的科研发展方向和特点，对双方共同感兴趣的课题进行协作。(略)

三、根据所、校各自人员配备情况，校方在可能的条件下对所方研究生、科研人员的培训给予帮助。(略)

四、双方科研教学所需要高、精、尖仪器设备，在可能的条件下，提供给对方利用。(略)

五、加强图书资料和情报的交流。

以上各项，如蒙同意，建议互派科研主管人员就有关内容进一步磋商，达成协议，以利工作。特此函达，务希研究见复。

中国科学院×××研究所（盖章）

××××年××月××日

第三章 事务文书写作

第一节　常用事务文书概述

一、事务文书的概念

事务文书是机关、企事业单位、社会团体或个人在处理日常事务时用来沟通信息、安排工作、总结得失、探求问题、指导工作的应用文书，是应用写作的重要组成部分。它包括计划、总结、调查报告、简报、述职报告、规章制度等，还包括启示、海报、申请书等。

由于这类管理类文体处理的日常事务亦为公务，所以事务文书属于广义的公文范畴。

二、事务文书的特点

（1）指导性。事务公文有很强的指导性质，虽没有法定公文的权威性，但有指导、解决、推动作用。

（2）规范性。事务公文有比较固定的惯用格式。体式、格式、样式、要素都有一定的规则，相对稳定，不能随意更改。

（3）灵活性。事务公文相对法定公文而言，体式灵活，表达方式多样，有的则可描写，随文就事。

（4）时效性。事务公文没有法定公文那样紧迫，但也要求在限定的时间内完成，紧跟时代与工作的脚步。

三、事务文书的作用

（一）宣传教育作用

事务文书通过分析形势、申明政策，或者介绍经验、表彰先进及揭露时弊、抨击丑恶，可以起到宣传教育群众，让群众统一认识，提高群众政策水平和工作热情的作用。

（二）沟通联系作用

事务文书是沟通机关、企事业单位的桥梁和纽带，是最具证明性的支撑材料、存证或证明。各部门之间既有横向的联系，也有纵向的联系。从纵向的联系来讲，在管理者与被管理者之间，上下级之间，都存在着指导与被指导的关系，因此，它具有指导工作的作用。

（三）积累资料作用

有些工作的进行，需要人们积累有关资料，如计划、总结、调查报告、简报等文种，事务文书可以集中、详尽地反映情况，说明问题，起到为人们提供所需资料的作用。

（四）规范指导作用

事务文书具有明显的自律性。例如，计划一旦生效就得执行。

四、事务文书的写作要求

事务文书的写作要求如下。

（1）写作目的要明确：因事选文，因事务文，因事行文，注重工作的针对性。

（2）运用材料要真实：不可虚构，不可夸大或缩小，一是一，二是二。

（3）写作态度要诚实：对情况的认知往往建立在态度上，写作的态度往往就是工作的态度。

第二节　计划的写作

一、计划的概念

计划是国家机关、社会团体和企事业单位或个人在未来一定时期内为实现特定目标而预先做出的书面安排、部署或设计。它包括制订计划的目的、依据，计划的内容，完成计划的步骤、时间、措施等项目。

二、计划的别称

通常所说的规划、要点、方案、安排、打算、设想等，都属于计划。规划、要点、方案等均为安排工作性质，用于对全局或单项工作进行预想性的安排部署。几种别称的主要区别在于安排的对象、时间范围不同，其重要性和安排范围是递减式的。

（1）规划：是具有全局性的、较长时期的长远设想。

（2）方案：是从目的、要求以及方式、方法到工作。

（3）安排：是对短期内工作进行具体布置的计划。

（4）设想：是初步草案性的计划。

（5）打算：是短期内工作要点式的计划。

（6）要点：是列出工作主要目标的计划。

三、计划的作用

《礼记·中庸》中说道："凡事预则立，不预则废。"刘向在《说苑·谈丛》中也说道："谋先事则昌，事先谋则亡。"说的是办任何事情如果有个预先的安排，则容易成功；如果只顾去做，没有一套可行的事前计划，则会失败。

任何一个单位或个人为了做好工作，都要制订适合自身情况的可行性计划，使工作沿预想的设计向前推进。计划的使用非常普遍，在工作目标的实现中具有突出的作用。具体来说，有以下四方面的作用。

（一）上情下达

上级机关把制订的全局性计划下达给下级所属机关，有利于上级机关宏观调控，也有利于下级机关与上级保持一致。

（二）下情上达

下级机关把自己的工作计划汇报给上级领导，以求得到上级领导的帮助和指导，减少工作的盲目性和困难性。

（三）内部协调

组织内部互相通气，共同制订单位内部的工作计划，全体成员可以步调整齐，目标一致，协同完成单位各项工作。

（四）自我激励

个人树立高远理想，制订人生规划，有利于实现人生目标。计划可以激励自我在一定的时限内完成一定的阶段性目标，克服惰性和盲目性，一步一个脚印地向前发展。

四、计划的分类

计划是一类文章的统称，它有很多种别称，如纲要、规划、方案、安排、要点、意见、设想等。其中，规划、设想考虑的时间较长，前者具体，后者粗糙；安排、方案考虑的时间较短，前者重在具体实施过程，后者重在具体做法和方式；纲要是大范围的总体构想，要点是浓缩的概要计划，意见是指示性计划。

从不同角度划分，计划种类各异，具体如下。

（1）按范围分，有综合计划和专题计划。

（2）按内容分，有工作计划、生产计划、营销计划等。

（3）按执行主体分，有国家计划、部门计划、公司计划、个人计划等。

（4）按时间长短分，有长期计划和短期计划。

（5）按性质分，有指令性计划和指导性计划。

（6）按格式分，有条文式计划、表格式计划、条文表格兼有式计划和文件式计划。

五、计划的特点

（一）预定性

预定性是计划的主要特点。

计划是对未来一定时期内工作的构想，是尚未实现的期望。在事先形成的书面的预想中，设想的成分很多，往往不同于实际发生的情况。因此，计划要留有余地，便于事中修改补充。

（二）目标性

目标性是计划的核心特点。

任何计划都要有明确目标，对未来要完成什么任务，达到什么目标，取得什么效果，怎样去完成，完成任务的时限，都有明确的要求和具体界定。离开目标的确立，计划便失去存在的意义。

（三）实践性

实践性是计划的可行性特点。

计划确立的目标，即做什么、怎样做和何时做，是为人们的行动指明方向的，要避免盲目性和随意性，所有目标要一目了然，要让人可以依“计”行事。因此，计划的目标是量化的，措施是具体的，方法是可操作的，涉及的人力、物力、方法、管理等内容是详尽具体的。

（四）科学性

科学性是计划依据的合理性。

无论目标多么明确、细化、到位，计划的设计都须考虑实施者的实际情况，要量力而行，从合乎实际的谋略和打算设计，不能脱离实际，更不能超出实施者承受能力而好高骛远。

六、计划写作的五个环节

从确立目标到做出书面计划，往往需要经历五个环节。

（一）熟悉政策

计划制订者需要熟知相关的方针、政策。从领导科学的角度而言，计划是主体在一定时期内的发展目标。确立的目标，必须符合国家的大政方针。比如，对于独立学院的未来发展方向，基于《民办教育促进法》已从法律上规定了民办院校与公办院校的同等权利，民办独立学院可以确定有利于良性循环的长远发展规划，在政策范围内全面发展。如果不熟悉或不了解相关政策，则工作中会缩手缩脚，该干什么，可干什么，都不甚明了，更谈不上确立发展目标了。

（二）分析现状

为使制订的计划切实可行，制订者需分析自我的实际状况，既了解自己，也了解外部环境，主观上正视自身优缺点和长短处，分析实施计划的有利和不利因素，客观上与同行做比较，从横向地位与横向行业态势上弄清自身基本条件，做到知己知彼。

（三）确定目标

在知己知彼的基础上，明确“做什么”，量化预期的目标，可以把一个整体目标具体分割为由低到高的若干小目标，每个小目标都处于“跳一跳，摘到桃”的高度，阶梯式上升，由小目标向总目标迈进，最后实现终极目标。

明确“做到什么程度”，即明确预期目标的质量要求。

明确“何时做完”，要落实到每级小目标完成的时限和总目标完成的总时限。

（四）构想安排

构想安排即“怎样做”的问题。要明确完成预期目标的具体措施与各步骤的操作方法，一般要考虑人力、物力、财力、组织、管理等方面，落实到细节，包括每个人在各个时段的职责，每种设备、工具在各个阶段的归属与使用以及各个时段财力的分配、管理的同步实施，等等。

（五）动笔写作

以合乎规范的格式和简单明了的文字将以上内容清晰地表达出来。可以让目标参与者共同讨论，集思广益，拾遗补漏，由执笔者定稿。

七、计划的样式

（一）表格式

表格式在生产计划中运用较多，大多将生产的目的、指标、措施、任务、进度等内容填入表格即可，一目了然，十分清楚。

（二）条文式

条文式分条列项阐述计划的目标、任务、指标、措施等，多采用序数或小标题，往往层次分明、眉目清晰。

（三）文件式

文件式用文字依次叙述，把计划的目的、任务、指示、时限等形成文字后再来加以说明。

八、计划的写作格式

计划一般由标题、正文、文尾三部分组成。

（一）标题

计划的标题构成有特定的要素，大体有以下五种写法。

1. “内容” + “文体名称” 构成

例如：《磁化节能燃烧技术研究计划》。

2. “时限” + “内容” + “文体名称” 构成

例如：《2018 年招生计划》。

《2017 年第二学期教研活动安排》。

《“十三五”全民健身纲要》。

3. “计划者” + “内容” + “文体名称” 构成

例如：《×××学院招生计划》。

《文法系毕业生实习安排》。

《江苏省高致病性禽流感应急预案》。

4. “计划者” + “时限” + “内容” + “文体名称” 构成

例如：《×××学院十年远景规划》。

《文法系 2018 年寒假学生社会实践活动安排》。

《×××大学 2018 年后勤工作计划》。

5. 双行标题构成

例如：《接受党的洗礼——×××学院第五期党训班培训计划》。

《面向新时代——教育部教育振兴行动计划》。

（二）正文

1. 计划正文的三要素、五个部分

计划正文的内容包含三要素：目标、措施、步骤。落实在目的和依据方面，写明为什么做、依据什么做、能不能做；落实在目标和任务方面，写明做什么、做到什么程度；落实在措施和步骤方面，写明怎样做、什么时候完成；最后写明执行要求、希望、号召。

计划一般按照五个部分依次写明，具体包括制订计划的指导思想、基本情况分析、目标、措施、实施步骤和要求。

（1）指导思想，概写“制订计划”的根据与理由，这是制订计划的立足点。

（2）基本情况分析，阐明“为什么要做”，分析出计划指向的必要性，说明制订计划时的现实情况和之前的优缺点。

（3）目标，写清“做什么”以及“做到什么程度”。首先交代“总体目标”，然后围绕目标任务，把需要进行的工作、生活、学习等项目分别交代清楚，做到分清主次，突出重点，明白具体，简洁易懂。

（4）措施，解决“怎样做”的问题。要写清实施计划的具体做法、人员分配、各部门所司职责等。

（5）实施步骤与要求，明确“何时段做什么，做到怎样”。

2. 计划正文写作的样式

正文写作的样式一般有以下四种。

（1）标题式。每一内容定一小标题，标示重点。可以用文字依次叙述，即把计划的目的、任务、指示、时限等形成文字后再来加以说明。

（2）条文式。分条列写，条理清晰。可以分条列项阐述计划的目标、任务、指标、措施等，多采用序数或小标题，这样往往层次分明、眉目清晰。

（3）表格式。列表，利于一目了然。这种样式在生产计划中运用较多，大多将生产的目的、指标、措施、任务、进度等内容填入表格即可。

（4）综合式。可以既列小标题，又分条列写，还可适当加入表格。

（三）文尾

计划的文尾包括计划制订者的署名和签署日期两方面，位置在正文的右下方。如在标题中已写明制订者的名称，则只需签署日期；如计划另有附件，应予注明。上报或下达时要加盖公章。

[例文十一：公司财务部下半年工作计划]

时光飞逝，转瞬间已进入××××年××月份，回顾上半年，财务部全体人员对待工作兢兢业业，较为圆满地完成了公司赋予的各项任务。根据上半年工作完成情况，现对××××年度下半年的工作做出如下计划。

一、加强会计核算工作。目前财务部会计核算是在初步实现会计电算化的基础上进行的，已基本建立电算化为主、手工账为辅，电算化手工账相互印证的核算管理模式，较好地处理了手工核算中的计账不规范和大量重复劳动产生的错记、漏计、错算、重复等错误。下一步将继续加大财务基础工作建设，从票据粘贴、凭证装订、账证登录、报表出具等工作抓起，认真审核原始票据，细化账务处理流程，内控与内审结合，每月进行自查、自检，做到账目清楚，账证、账实、账表、账账相符，使财务基础工作更加规范化。

为做好以上工作，要求全体财务人员在工作中认真学习，不断总结经验及教训，把财务核算工作做得更精细化，能够全面、细致、及时为公司及相关部门提供翔实信息，并要从单一的会计核算向前端的财务筹划、过程中的财务监督、事后的财务分析转移，为公司领导层决策提供可靠依据。

二、增强财务监督职能。在工作中，严格按照国家相关会计法规及公司财务管理制度的规定，对违法违规的活动予以制止，预防财务风险。在报销方面，加强内部监督，严格遵照相关财务管理制度执行，对不符合规定的单据一律予以退回，努力开源节流，使有限的经费发挥最大的作用。

三、科学合理安排调度资金，充分发挥资金利用效率。

第一，加强并规范现金管理，做好日常核算，按照财务制度，办理现金收付和银行结算业务，强化资金使用的计划性、效率性和安全性，结合实际，重点加强对房地产项目投资的分析与管理，尽可能地规避因政策变化带来的资金风险。

第二，加强与各开户行的合作，搭建安全、快捷的资金结算网络；通过内部管理控制，合理筹措、统筹安排运用资金。库存现金管理方面，除满足集团公司日常开支外，要继续和各开户行协调，解决大额现金支取难的问题，保障各个项目在下半年秋收季节的大量现金需求。

第三，加强对公司金钱需求及回笼情况的分析，主动与公司生产经营部门进行信息交流，掌握公司生产经营过程中存在的资金缺口，加大资金筹措力度，提高项目融资贷款能力。为此，下半年的工作中一方面要克服困难，做好老贷款的还旧续新；另一方面要与银行方面保持主动沟通，争取更多条件优惠的贷款，降低融资费用。个人贷款方面，要及时支付到期本金及利息，维护公司信用，为进一步融资创造优良的平台。

四、加强与银行、税务等有关部门的合作，主动研究税收政策，合法避税增加效益。在下半年的工作中，全体财务人员应加强税收政策法规的研究，加强与税务部门对各项工作的联系和协调，需特别关注的是省直地税上至局长下至专管员全部履新，税务方面的交流与沟通要重新开展。

五、组织全体人员主动参加各种形式的在岗培训。财务部既是一个职能管理部门，同时又是一个信息部门，要求能够随时为公司的决策提供准确的参考信息和决策依据。在本职工作方面，全体财务人员兢兢业业，基本满足公司需求，但对比公司快速发展，还存在人员业务素质明显偏低、财务管理认识较为淡薄、执行公司高层决策不力、综合协调能力亟待提高等一系列问题。因此，全面深入地学习财务知识，开阔视野，改进工作方法，增强财务管理认识等对财务全体人员十分必要。综上，下半年将通过每周部门工作例会、平时专题探讨、中财讯会计人员培训等内外结合的方式对财务人员进行在岗培训。进一步完善财务人员知识结构，培养一专多能、德才兼备、富有创新和进取精神的复合型财会人才。

六、加强与公司其他部门之间的沟通，资源共享，主动参与公司的各项政策、经营方案的制订，做好参谋工作。

下半年，为完成集团公司本年度指标任务，财务部的工作任重而道远。为此，需要在以下几个方面继续做好本职工作。

第一，做好下半年集团公司及四个子公司营业税、所得税的纳税申报及汇算清缴工作，合理降低各项税务风险。

第二，领导带头、全员参与，坚信办法总比困难多，通过各种途径加大收集材料发票力度，搞好集团公司成本核算，做好第四季度税务稽查的准备工作。这既是财务部下半年的工作重点，也是工作难点。

第三，在上半年的对账工作基础上，将继续分施工项目、分负责人，按照日期分别统计公司开具的每一张发票及甲方支付的每一笔款项，遵循先内部、后甲方的对账原则，分别与项目经理、建设单位核对工程款往来账项，重点关注甲方代扣代缴、甲方供材及实物抵扣工程款等问题，争取每对一次账都有结果形成并存档，切实维护公司及项目经理的经济利益。

第四，加强公司投标保证金管理，建立投标保证金统计档案，对每一笔投标保证金的收取、支付、退回都详细登记，做到有案可查，变混乱为清晰、变被动为主动。

最后，我部门全体人员将紧紧跟随公司的发展步伐，坚持过程化控制、准确性核算的工作方法和态度，为公司全面完成下半年的指标任务而努力。

第三节　总结的写作

一、总结的概念

总结是对过去工作的回顾、分析、评价，并做出结论，引出规律性认识，以指导和推动今后工作和学习的事务文书。它既包括取得的成绩和经验，也包括存在的问题和教训。它通过对工作过程的系统回顾，对工作得失的全面分析，将工作中感性的认识上升到理性的认识，将零星的认识变成有条理的认识，也就是力求对工作实践做出本质的概括，从中找出带有规律性的东西，以便发扬优点，克服缺点，把以后的工作做得更好。其内容上可以侧重对情况的客观介绍，即以叙为主；也可以侧重经验、做法、教训的总结，即以论为主。

二、总结的作用

（一）提高执行者水平

总结是提高认识水平和工作能力的一种重要方法，通过总结，可以发掘出规律性的经验或教训，扬长避短，更好地发挥主动性、积极性，克服被动性、盲目性，在工作中少走弯路或不走弯路，使执行者提高工作质量和工作效率。

（二）推动面上的工作

总结的作用不只囿于执行者自身工作范围，它对同种类型工作的单位或个人也能起到交流经验、避免失误、互相促进的作用。

三、总结的分类

总结从不同角度可以分出很多种类，具体如下。

（一）按时限分

按时限分，有年度总结、季度总结、月度总结、阶段总结。

（二）按作者分

按作者分，有单位总结和个人总结。

（三）按内容分

按内容分，有全面总结和专题总结。前者也叫综合性总结，是对工作的全面系统总结，内容较丰富，篇幅较长；后者是对某项工作的集中总结，内容单一，篇幅较短。

（四）按性质分

按性质分，有综合性总结和专题性总结。

（五）按功能分

按功能分，有汇报性总结和经验性总结。

四、总结的特点

（一）回顾性

总结是对过去工作的分析和定性，主要是从中看出自我的成绩以供借鉴，找出自身的不足引以为戒。

（二）自述性

总结以第一人称叙述，一般不写别人的事。

（三）平实性

写总结态度要平实，对以往的表现不虚夸、不过谦、有一说一、实事求是，同时，写作的文风要平实、朴实，内容不空洞。

（四）理论性

总结不单是事实的记叙，它是就事论理，要从事实的基础上概括出规律性，将感性认识上升到理性认识的高度，写作中要进行适度分析，体现一定的理论水平。

五、总结的写作格式

总结的结构大体包括三部分：前沿、主体、结尾。前言用于介绍基本情况，或交代主旨并作基本评价；主体写工作内容、做法、成绩或经验，问题、教训或体会；结尾用于归纳呼应主题，指出努力方向，提出改进意见或表示决心信心，等等。

总结有固定的行文格式，其格式一般由标题、正文、文尾三部分组成，各部分的具体写法如下。

（一）标题

标题是总结的“眉目”，要简明、确切，一般有以下五种写法。

1. 单位名称+时限+内容+总结构成

例如：《×××学院 2017 年毕业生就业指导工作总结》。

《×××集团 2017 年×××小区商住房销售情况总结》。

《×××学院 2017 年年度工作总结》。

2. 内容+总结构成

例如：《赴美进修总结》。

《学生工作总结》。

《招生情况总结》。

3. 提示内容式

例如：《我们是怎样加强人生观教育的》。

《我是这样迎考的》。

4. 提示主题式

例如：《收获与启迪》。

《狠抓教风建设，确保教学质量》。

《胜不骄，败不馁》。

5. 双行标题式

例如：《吾将上下而求索——在考研路上攻读》。

《强化素质教育，培养合格人才——×××学院教政工作总结》。

（二）正文

1. 总结正文的五个部分

正文是总结的主干部分。从内容上说，要写清做法、体会（做了什么），成绩、经验（做得怎样），问题、教训（分析评价），以及努力方向、打算。具体包括以下五个部分。

（1）基本情况概述。这是正文的开头，又称导言、前言。写作时要简要介绍过去工作的基本情况、过程、结果，为了说明问题，可以引用一些真实数据，加深读者的总体印象。语言表达上，要求概括、浓缩，篇幅要短，并使用过渡性语言，如“现做如下总结”“现将有关情况总结如下”“我们的主要做法和体会是”“其中的经验和教训是”等，由此转入正文主体。

（2）具体成绩。这是总结的重点内容之一。要详尽、具体地回顾全局工作，从工作中采取的措施、方法、步骤等诸多方面对已取得的成绩进行肯定，全面完整地作出交代，并突出重点，突出创新性质的成绩。

（3）存在问题。这也是总结的重点内容之一。主要交代过去工作中受主客观条件限制而存在的不足，要求实事求是，如实写明，这部分内容往往是今后工作的努力方向，要将造成不足的实际困难交代清楚。这部分文字要简洁概括，篇幅不宜过长，以免冲淡主题。

（4）经验教训。这是总结写作的又一重点，是总结者认识的提高、思想的升华。要对上述具体成绩和存在问题进行综合归纳，并上升到理论高度，从中提炼出规律性的经验或教训，以供今后工作借鉴。

（5）今后设想。应就如何发扬优点，改正缺点，提出合理的设想，以利在今后工作中扬长避短，顺利发展。

2. 总结正文的结构形式

就结构形式来说，正文部分常用条文式、小标题式或贯通式，具体如下。

（1）条文式：把总结的内容分为几部分，然后分条列写。

（2）小标题式：把总结的内容分为几部分，把各部分内容概括提炼，拟出小标题，分别叙写。

(3) 贯通式：按总结正文的五个部分依次叙写，只用分段表示层次，一气呵成，写完全部正文。

(三) 文尾

文尾是总结的结尾部分，包括总结者署名和签署日期两方面，位置在正文右下方。如标题中已写明单位名称，则只要签署日期即可。

六、计划与总结的区别

计划与总结的区别体现在以下几个方面。

(1) 计划事前制订，总结在事中或事后进行。

(2) 计划是“一般将来时”，总结是“一般过去时”。

(3) 计划是工作蓝图，总结是对计划实践的检验。

(4) 计划要阐明“做什么、怎样做、做到什么程度”，总结要阐明“做了什么、做了多少、做得怎样”。

[例文十二：个人工作总结]

参加工作以来，在领导和同志们的帮助下，我认真学习、刻苦钻研，积极为养殖户服务，各方面都取得了一定的进步，得到领导和同志们的一致好评。现总结如下。

一、不断提高思想修养水平。参加工作以来，我没有放松自己思想修养的提高，通过读书、看报、看新闻等形式认真学习领会党的新思想、新精神，高标准严格要求自己，团结集体、认真工作，实事求是地完成上级交给的任务，政治思想水平不断提升。

二、努力提高专业技术理论水平。根据工作中的实际情况做到立足现状，着眼长远，通过书籍、网络等渠道，认真学习钻研×××业务知识及相关的法律法规，专业技术知识水平不断提高，先后完成了《×××》《×××》等论文。

三、注重理论联系实际，切实提高操作水平。曾多次协助并积极参与×××活动，通过观察、请教和自己动手等方式，切实有效地提高了自己专业技能的实际操作水平。

虽然通过前段时间的工作，我完成了从一名学生到一名社会人的过渡，取得了一定进步，但在思想上和工作中仍有许多不足之处，今后我会一如既往、刻苦学习，争取取得更大的进步，为×××事业发展做出更大贡献。

××××年××月××日

[例文十三：年度工作总结]

××××年是非常重要的一年，在这一年，我在思想上、工作上、生活上都有了非常大的改变，对于这些变化，既有令人兴奋的一面，也有令人沮丧的一面，但总的来讲，这一年还算是比较充实的一年。具体如下。

一、思想进步巨大，学习仍待加强（思无邪）

1. 不断反思，提高认识

“君子博学而日参省乎己，则知明而行无过矣”（《荀子·劝学》）。认识的提高是一个不断反省的过程，不断反省可以指导下一步的行动，如此反复可以将自己的认识不断提升、深化，进而达到“自明诚”的阶段。我在××××年经历了一些事情，思想上、认识上都有了很大的深华与提高，克服了怯懦、担忧、畏惧等负面情绪，在完善自我方面有了很大的进步。

2. 树立准则，臻于成熟

“三十而立，四十而不惑”（《论语·为政》）。立，指懂礼，确立自己做人的原则和信条；不惑，指对礼不疑惑，坚持自己的原则和信条。经过××××年一年的学习、工作及生活，我对自己基本做人的原则不断优化，信条不断改进，在主观意志上也在努力由“立”向“不惑”转变，进而期望自己的心智更加成熟，品格更加完善。

3. 坚持学习，强化能力

“学而时习之，不亦说乎”（《论语·学而》）。学到的东西经常复习不是件很快乐的事吗？马克思认为，学习的目的一是认识世界，二是改造世界。先不论改造世界，单论认识世界就是一件有意义的事情，我在××××年学习上投入的时间比上一年多，具体学习内容有：约翰·赫尔《期权、期货及其他衍生产品》、滋维·博迪《投资学》、李国义《金融学导论》（重新阅读）、弗兰克·J. 法博齐《金融市场与金融机构》，另外还学习《易经》《道德经》《大学》《中庸》《论语》《孟子》等传统经典，通过学习这些书籍，我对经济、社会、人文的理解和认识有了比较大的提高，在今后的工作中能够以较高的立场来观察、认识、处理、解决存在的问题。

二、工作努力积极，任事还需担当（笃而行）

1. 本职工作用心，扩面任务使力

孔夫子说：“君子欲讷于言而敏于行。”君子说话要谨慎，行动要敏捷。

在××××年的工作中，我做好全年单位开户缴存登记××户××人，新增人员缴存登记××户××人，核定基数和比例××户，每月扩面工作的统计与报送等日常工作，完成“六权治本”、法制宣传等年度专门任务，同时，积极联系县市区管理部，沟通督促缴存事宜；在12月份积极上门落实缴存事宜×次，为扩面工作事业尽了自己的绵薄之力。

2. 协助工作尽力，查询信息耐心

朱子说：“知之愈明，则行之愈笃；行之愈笃，则知之益明。”××××年阶段性提取工作开始后，业务上工作忙不过来，本着方便群众、服务群众、为群众办事的方针，我协助计划财务科为到访群众查询住房公积金缴存信息×人次；县级贷款业务开展后，我协助市区管理部完成贷款资料审核×份；同时，协助综合科接收、管理、分发办公用品。通过这些工作，我学到了许多，掌握了许多，也进步了许多。

3. 交付工作上心，文字起草下力

《周易》坤卦第三爻中说，含章可贞，或从王事，无成有终。××××年××月中旬，薛主任就任我中心主任后，部分文书工作交付于我。我完成各种总结、汇报材料×份，简报×份的起草与撰写，协助修改文稿×份。在此过程中加班加点是常有的事，通过与薛主任一起若干次的修改、斟酌，我发觉自己在许多方面仍然存在很大的不足。孔子说：“见贤思齐焉，见不贤而内自省也。”在工作中，我学到了不少，认识了不少，也改变了不少。

三、继续学习完善，读书尚要广博（博学之，审问之，慎思之，明辨之，笃行之）

1. 坚持学习，拓展认识

孔子说：“不患人之不己知，患不知人也。”继续加强读书，多读书，不怕别人不了解自己，就怕自己不了解别人，要努力提高自己的思维层次，拓展自己的认识水平。

2. 勇于任事，提高能力

孔子说：“知者不惑，仁者不忧，勇者不惧。”要努力加强自身修养，达到知、仁、勇的境界，遇事不惑、不忧、不惧，中庸待之。

3. 勤于思考，完善自我

孔子说：“学而不思则罔，思而不学则殆。”在今后的工作、生活中要勤于思考，经过不断思考，明辨是非，有不足则改之，无则笃行。

第四节　调查报告的写作

一、调查报告的概念

调查报告是有计划、有目的地对客观事实进行深入细致的实地调查，经过认真分析研究后撰写的反映客观事物、揭示其本质规律的书面报告。调查报告的基本内容是反映问题现状，陈述事件经过，分析问题或事件、做法的影响、危害、作用、意义，总结经验教训，提出对策建议，有时也称“考察报告”“调查汇报”“调查”“情况调查”等。

二、调查报告的作用

（一）揭露真相

调查报告可以反映情况、介绍经验、揭露问题，能让人们明白主要事件的真相。

（二）宣传教化

调查报告可以对人们普遍关心的热点、难点、焦点问题起到社会宣传、扬正抑邪作用。

（三）决策依据

调查报告可以进一步总结经验，树立典型，让上级领导了解实情，掌握群众的意见和建议，为领导决策提供依据。

三、调查报告的特点

（一）真实性

调查报告是对客观事实进行调查研究后的结果，其价值在于真实，用事实说话是调查报告的本质特点，所涉及的内容必须以确凿的事实为依据，不允许弄虚作假，不允许夸张粉饰。

（二）社会性

调查报告得出的结论具有普遍意义，涉及的问题往往是能引起社会广泛关注的焦点问题，揭示的规律性认识面向全社会，往往对面上的工作有普遍的指导作用。

（三）材料性

常言道，七分调查三分报告。调查报告的所有事实都以材料陈述的方式展示出来，需要写作者深入进行实地调查，获取第一手资料，而不能为提高到某个理论高度闭门造车，想象虚构。材料属于主导地位，理论从材料中来，要形成正确的理性认识，材料越多越好。

（四）针对性

调查报告往往从全局出发选择问题，带有明确的目的性，有的放矢地进行调查分析研究，以发现、研究人们最关注的问题。

四、调查报告的分类

（一）情况调查报告

情况调查报告对社会上各行各业的基本情况进行调查分析、研究以引起相关方面的注意，为社会总体决策提供依据。这类调查报告，一般侧重介绍产生某种情况的来龙去脉，并作适当分析。

（二）经验调查报告

经验调查报告反映的是先进单位的成功经验或某件事实成功的做法，这类调查报告意在推广经验，以点带面。

（三）揭黑调查报告

揭黑调查报告反映现实中存在的各种问题、弊端，对被遮掩的黑幕进行披露，以明辨是非，正人视听。这类调查报告带有不调和性，批判力度强，理论上有一定的穿透力，要紧密结合国家的大政方针，正确进行界定。

（四）推新调查报告

推新调查报告反映现实中新人、新事、新情况，揭露其中的发展规律。

（五）探究调查报告

探究调查报告对有研究价值的问题展开调查，提出相应的思考，引起社会关注。

五、调查报告的写作格式

调查报告的写作已形成基本相同的模式，大体包括以下四个部分。

（一）标题

标题没有固定格式，一般可供拟写的方法有以下四种。

1. 用结论作为标题

例如：《大学校园绝非自由王国》。

《房价虚高阻止购房者脚步》。

2. 用问题作为标题

例如：《虚假广告何时休》。

《金川河堤开裂的原因》。

3. 用调查对象作为标题

例如：《北京国内游客调查》。

《杭帮菜在南京》。

4. 双行标题法

例如：《还我碧水蓝天——关于×××市河流污染情况的调查》。

《减轻农民负担——一个依然沉重的话题》。

（二）引言

引言，又称导言、前言，主要介绍基本情况，以便给读者整体印象，同时对整个报告提纲挈领。如调查一个单位，要先介绍该单位的基本情况，包括人数、人员结构、规模、历史和现状；假如是调查某一事件，就应交代为什么要调查，调查经过及其结果等。引言写法多种多样，常见的有四种。

（1）开宗明义，阐述调查的意义。

（2）提出问题，陈述调查结论。

（3）交代背景，介绍调查对象。

（4）简洁说明，写出调查经过。

（三）主体

主体包括调查材料和分析得出的结论，主体是调查报告的主干。

主体一般有以下五种写法。

（1）纵式结构，即按事实发生的时间顺序来写。这种结构方式能使全文条理清晰，事件的来龙去脉一目了然。

（2）横式结构，即将事实所涉及的所有材料按内容不同分成几个部分，从不同角度、不同方面逐一来写。这种结构方式眉目清楚，能使读者把握事件的性质和特点。

（3）纵横式结构，即将（1）（2）两种方式结合起来写，这种结构方式运用于复杂事件的把握。

（4）比较式结构，即将事实的正反两面拿来对比，进行一分为二的分析，得出比较全面的结论。

（5）剖析式结构，即按调查者对事实性质的认识程度，由表及里层层剖析，在事实的基础上抵达实质。

（四）结尾

结尾是全文的归纳和概括，由材料得来的结论在这里体现，其常见的写法有以下四种。

（1）归纳全文，深化主旨。

（2）提出解决问题的办法，或有代表性的建议。

（3）期望未来，指明今后方向。

（4）补充说明，呼应引言。

有的调查报告，不专写结尾，如主体部分已做概括，最后不必再画蛇添足。

[例文十四：关于大学生共享单车使用情况的调查报告]

摘要：共享单车是近几年的热议话题。它的出现在一定程度上改变了人们的出行方式。在校园中的成功推广也使得共享单车全面地出现在大学生的生活中，但在市场出现饱和状态后，共享单车潜在的问题也逐渐显露出来。

调查时间：2017 年 11 月 26 日—11 月 28 日。

调查目的：了解大学生对共享单车的使用情况以及在使用过程中发现的问题，并以此做出总结。

调查对象：在校的大学生。

一、问卷题目设计思路

共享单车逐渐出现在大学生的视野和生活当中，为了更好地了解大学生对于共享单车的需求以及使用率，为此做出此次调查。

二、问卷发放及回收情况

此次调查共发放了42份问卷，其中有效问卷共有40份，为了调查结果的有效性和准确性，本次调查采取的是随机问卷模式，以保证样本的客观性和真实性。

三、调查数据结果分析

调查结果有以下几点。

（一）多数大学生使用共享单车

调查结果显示，73.8%的大学生表示使用过共享单车，26.2%的大学生没有使用过。从这两个数据可以看出，大学生对共享单车的需求是比较大的。

（二）便捷性成为首要因素

40.6%的人选择使用共享单车的理由是其比较方便，21.9%的大学生则认为环保是选择要素，此外觉得共享单车性价比高以及好奇想要尝试的大学生分别为18.8%和15.6%。由此可以看出，方便性对于大学生使用共享单车的重要程度相对其他因素是较高的。

（三）摩拜、ofo单车更受青睐

在按喜好程度对共享单车进行排序时，大部分大学生都比较偏向摩拜单车和ofo小黄车，其次则是小鸣单车，而小蓝单车以及优拜单车却稍逊色。这说明摩拜单车和ofo小黄车在大学生心中占有较大比重。

（四）外出游玩和运动锻炼更受欢迎

根据数据结果显示，大多数学生倾向于在出去游玩和运动锻炼时使用共享单车，紧追其后的则是在离目的地较近以及上下学的情况下使用，只有少部分人偏向于其他情况使用。由此可以得知，大学生对于共享单车的使用主要是在闲暇时间。

（五）部分人表示不使用

据数据显示，在不使用理由中，28%的大学生表示不使用的理由是要交押金，24%的人则是因为网络状态差以及其他的一些原因，还有12%的学生则因为开锁流程太过烦琐以及不会骑车。

（六）广告宣传是第一途径

在了解途径这一方面，广告宣传是大多数大学生认识共享单车的首要途径，其次才是经过朋友介绍、路上看到和新闻媒体的报道。由此可以看出，广告宣传是当下最受大学生欢迎的一种方式。

（七）低碳环保是最大优势

根据调查，对于共享单车的优势，大学生认为低碳环保是最大的，而缓解交通压力和便捷性则排在第二位，但安全性能方面却只得到少部分人的认可。从这里可以看出，大学生对于共享单车优势的认知是比较清晰的。

（八）共享单车问题显著存在

在共享单车目前存在的问题中，大学生反映的最大问题是共享单车乱停乱放，其次则是车辆闲置和单车损坏无人修理，骑车违反交通规则以及押金退还拖延也在其中占了很大比重，甚至还存在其他一些问题。这些问题可以反映出共享单车在经历热潮后渐渐显现出的一些缺陷，并且亟待解决。

四、结论及建议

通过这次对大学生共享单车使用情况的调查，得出以下几点结论：①共享单车的出现适应大学生的生活方式，极大部分大学生对于共享单车的使用存在一定的需求，尤其在外出游玩和锻炼方面；②品牌效应对大学生选择共享单车有一定的影响，摩拜单车和 ofo 单车是众多品牌中最受大学生欢迎的，其中广告宣传的影响因素占较大比重；③共享单车在使用过程中存在很多问题。

虽然共享单车是出行便捷的交通工具，但随着单车市场趋向饱和状态，其潜在的问题也逐渐显现出来。为此有以下几点建议。

一是出台管理共享单车的细则。

二是在大学校园中进行宣传，给大学生普及文明使用单车的知识。

三是供应商要根据大学生的实际需求来投放单车数量，避免投放过多或过少的问题。

第四章 会议文书写作

会议文书是各类社会组织在其职权范围内制定的公开发布并反复适用，用以规范行为、具有普遍约束力的文件。从秘书工作来看，会议文书包括会议筹备方案、开会通知、会议议程、会议记录和会议纪要等。

第一节　会议筹备方案

会议筹备方案是指会前筹划方案，写作会议筹备方案是事先统筹安排会议整个流程以便会议有序进行的必要工作。会前筹划涉及许多方面的工作，必须一一在筹备方案中体现，以其作为会议进行的依据。

一、会前筹划工作

（一）会议准备

会议准备工作包括：确定会议室地点；背板制作，涉及名称、规格、颜色；外部条幅制作，涉及形式、数量；主席台设置，须按领导参会名单安排；会议台桌牌设置，涉及桌牌形式、规格、人名；会议台摆桌设置，涉及人数、麦克数量、鲜花；会议室座次安排，须印制全体参会人员座位图，确保对号入座，并装入文件袋；会议室用水安排；礼仪人员数量、任务（如发奖等）安排；贵宾席设置；会议报告用多媒体设置，确定是否使用；到会领导接送，须通知时间地点、安排用车；具体负责人安排；等等。

（二）活动日程

安排活动日程，须确定的内容有：早餐时间；上午会议时间、内容、主讲人、主持人；中餐时间；下午会议时间、内容、主讲人、主持人；晚餐时间；餐后活动安排；休息时间；返程票订购、发放；各环节用车及具体安排；参观活动的分组及活动时间、内容；离会时间；周边环境：交通介绍，宾馆位置及联系电话；编制人；等等。

（三）材料准备

材料准备是指材料的收集、印刷和分装。准备的材料包括：主要文件；参阅文件；领导讲话、致辞；活动安排资料；各种证件（参会人员佩带代表证，工作人员佩带工作证，记者佩带记者证，并装入文件袋）；领导、新闻媒体材料（完整性）；零星材料（确定处理方式）。此外，材料准备工作还涉及指定负责人的安排。

（四）专家安排

专家安排工作包括：专家人数、随行人员及安排；迎接；住宿；报告顺序（多名时）；支付讲课费、交通费；交通安排（包括机票订购）；活动安排（非报告期间）；分组交流安排；专家就餐安排；会后送行；具体负责人；等等。

（五）代表安排

代表安排工作涉及：会议规模；会议通知（起草、打印、签字、盖章、邮寄等）；通知要素（时间、地点、内容、人员、要求、路线、回执）；报到（报到程序提示牌、提交相关材料、领取资料、餐券、活动及相关物品、填写通讯录等）；纪念品发放；住宿安排；返程事宜；临时通知用品；交通安排；指定负责人。

（六）活动安排

活动安排工作包括：音响准备，即专业人员提前对会场音响效果、灯光进行全面测试，确保灯光、音响、投影仪设备正常；提出会议纪律要求；考虑会议内容，即考虑开幕式与领导致辞、专家报告、研讨活动、现场展示、会议总结；安排会议各环节主持人。

（七）参观展示

参观展示工作须写明：分会场数量；日期、内容；参观人员的编组；往返交通方式及发车时间；讲解人员：随车讲解员、参观点讲解员；单位工作介绍；单位引导人员；单位提供的材料、纪念品及发放；总协调人和各点负责人。

（八）宣传报道

宣传报道工作须写明：新闻媒体安排（接送，相关资料的提供，细节采访地点、人员安排）；单位媒体安排；主办单位录音录像资料存档；会议简报的撰写与发放；负责人安排。

（九）用餐安排

用餐安排须写明：用餐人数；用餐编组（地区式、课题式、自定式）；专家用餐人数；备用数量（人员增减）；专家餐后休息处；负责人。

（十）宾馆业务

宾馆业务须写明：接待能力；会议相关设施；食宿收费标准；就餐方式；自助、桌餐；菜单模式与基本标准；会议室标准；付费结账事宜；结算方式；安全责任条款；食品卫生责任条款；热水供应；娱乐活动；人员接送；会议期间是否允许外营业；出现超员情况的应对方式；宾馆门前悬挂祝贺、欢迎条幅；专家、重要领导特殊住宿要求（小型交流，写作，休息条件等）；负责人。

（十一）经费预算

经费预算须写明：餐饮费、住宿费、资料费、会场布置费、交通费、活动费、专家费用（食宿费、交通费、讲课费、活动费）、会务补助费、通信费、不可预见费、管理人员、房间内水果、洗漱用品标准、印制入住卡（放置床头柜上），并注明姓名、性别、职务及各项事务直接负责人。

二、注意事项

依据会议规模大小和会议程序，可以适当减除一些没有涉及的项目，其余项目用说明方式一一列示即可。涉及的项目内容注意以下要求。

（一）会议主题和内容

会议必须有主题和会议内容，有目的、有组织、有领导的才叫会议。

主题一定要明确。

（二）会议地点的选择——供领导参考决定

1. 列出可供选择的清单

必须制作一个会议场所清单表，清单表上需注明会议要求的所有重要条件。清单设计得合理，注明酒店能提供服务的项目，将方便各个场所的比较和选择。

2. 选择合适的场地

选择合适的会议场地，必须综合考虑当地可提供的会议资源状况及该会议的程序、预计的与会人数、与会人员的背景情况，以及最重要的会议目的、预期目标和与会者的喜好等因素。

3. 会议类型与场地的搭配

举办培训活动的最佳环境是能提供专门工作人员和专门设施的成人教育场所，如公司的专业培训中心或旅游胜地的培训点。

研究和开发会议需要有利于沉思默想、灵感涌现的环境，如培训中心或其他宁静场所。

重大的奖励、表彰型会议一定要环境优美，才与会议对杰出人员予以嘉奖的主题相契合。

对于交易会和新产品展示会，需要选择有展厅的场所，还要求到达会场及所在城市的交通必须便利。

4. 会议地点情况

报价方接受和同意会议明细表中各项事宜，报价方应是候选名单中较好的一个，对报价方拟订的会议服务条款基本接受。

可以亲临现场实地考察，也可以提供“备选”地点。

（三）会议人员的确定

根据会议的目的和内容，合理地确定与会人员的范围。会议人员确定要遵循“多一个错误，少一个也是错误”的原则。多方参与的会议在拟定会议名单时要写清与会人员的身份、地位以及各种禁忌。

（四）会议邀请

会议通知要提前，以恰当的方式通知与会人员，如书信通知、发邀请函等，时间紧急可通过邮箱、微信通知，或直接拨打电话通知。

（五）会期和会议礼仪安排

要对会期和会议所需的礼仪服务做出安排。

[例文十五：政府会议筹备方案]

××市××区第×届人民代表大会第×次会议筹备工作方案（草案）

（提请××××年××月××日区第×届人大常委会第×次会议通过）

一、指导思想

区第×届人大第×次会议的指导思想是：以邓小平理论、“三个代表”重要思想、科学发展观和习近平总书记系列重要讲话精神为指导，深入贯彻落实党的十八大和十八届三中、四中、五中、六中全会精神，坚持党的领导、人民当家作主、依法治区有机统一，坚持党的领导与依法行权有机统一、服务发展与服务民生有机统一、依法监督与积极支持有机统一、程序监督与实体监督有机统一，紧紧围绕区第五次党代会和区委经济工作会议精神，积极履行宪法和法律赋予的各项职责，务实作为，奋发进取，为加快××区“三融共进、五化同步”，打造长沙市西引擎、西高地，营造良好民主法治环境。

二、会议议程、地点、日期

（一）议程：建议区第×届人大第×次会议的议程为以下二项。

1. 听取和审议区财政局关于××市××区××××年预算执行情况及××××年预算草案的报告；

审查和批准××市××区××××年预算执行情况及××××年预算草案的报告。

2. 其他。

（二）地点：建议区第×届人大第×次会议在区机关会议中心召开。各代表团报到和讨论室设在区机关大院内1、2、3、5、7、9、12栋的会议室。就餐地点安排在×××酒店。

（三）日期：建议区第×届人大第×次会议于××××年××月××日—××日（星期三、四）召开，会期两天［会议日程安排（草案）见附件一］。

三、大会主席团、秘书长、主席团常务主席的组成人员

（一）建议大会主席团组成人员为（主席团成员和秘书长建议名单见附件二）：

1. 区委书记，区第×届人大代表中的区委副书记、常委；

2. 区第×届人大常委会组成人员；

3. 区政协主席；

4. 各代表团团长。

（二）建议主席团常务主席由区委书记，区第×届人大代表中的区委副书记、常委，区人大常委会正、副主任组成（主席团常务主席建议名单见附件三）。

（三）建议大会秘书长由×××同志兼任。

四、大会列席人员范围

建议列席本次会议的人员为（列席人员建议名单见附件四）：

1. 区人民政府副区长；
2. ×××山风景名胜区管理局局长；
3. 区人民法院院长；
4. 区人民检察院检察长；
5. ×××街道党工委书记。

五、大会特邀人员范围

建议特邀出席本次会议的人员为（特邀人员建议名单见附件五）：

1. 非区第×届人大代表的区委副书记、常委；
2. 区政协副主席；
3. ×××科技产业园管委会书记。

六、邀请在主席台就座和会场前排就座人员范围

（一）建议邀请在主席台就座人员为（邀请在主席台就座人员建议名单见附件六）：非区第×届人大代表的区委副书记、常委。

（二）建议在会场前排就座人员为：

1. 区人民政府副区长；
2. 区政协副主席；
3. 区人民法院院长；
4. 区人民检察院检察长；
5. 代表、列席人员、特邀人员中未在主席台就座的副县级以上领导。

七、会议规模和代表团的组成

出席本次会议的区人大代表××人、列席人员××人和特邀人员××人，建议按××个代表小组组成××个代表团，代表团设正、副团长，团长由各代表小组组长或副组长担任。

八、大会工作机构

大会设立秘书处作为会议的办事机构。建议设副秘书长4人，分别由区委办公室常务副主任×××、区委组织部副部长×××、区人大常委会办公室主任

×××、区人民政府办公室主任×××担任。秘书处下设文秘、议案、后勤、宣传、保卫、督查6个组，拟抽调工作人员若干人（工作人员分组情况见附件七、八、九）。

九、大会预备会议

根据《地方组织法》相关规定，预备会议由区第×届人大常委会主持。预备会议的议程为：选举大会主席团成员和秘书长，通过大会议程。

十、大会经费预算

本次大会经费总预算为××万元（经费预算见附件十），由区财政核拨。

（资料来源：http：//www. yuelu. gov. cn/grd/cwhgb/dsj）

第二节　开幕词、闭幕词

一、开幕词

（一）开幕词的概念、特点

开幕词是党政机关、社会团体、企事业单位的领导人，在会议开幕时所作的讲话，通常要阐明会议的指导思想、性质宗旨、重要意义、任务要求和议程安排，向与会者提出开好会议的中心任务和要求。开幕词通常起着定调的作用，具有宣告性、揭示性和指导性等特点，对引导会议或活动朝着既定的正确方向顺利进行，保证会议或活动的圆满成功，有着重要的意义。

（二）开幕词的写作格式

1. 标题、署名及日期

开幕词的标题，有三种写法。

（1）大会名称+文种组成。

例如：《中国共产党第十九次全国代表大会开幕词》。

《×××学校第×届田径运动会开幕词》。

（2）致词人姓名+大会名称+文种组成。

例如：《×××同志在×××大会上的开幕词》。

（3）文种名称上有所变通。

例如：《在×××会议开幕式上的致辞》。

《中国人民站起来了》。

致开幕词的领导的名字和致辞日期分两行写在标题下方正中位置，致辞日期要加圆括号。若致词领导的名字已在标题中出现，则不必在标题下另署名，只写日期即可。

2. 正文

正文可分为开头、主体、结尾三部分。

（1）开头。开头包括称谓和引言两项内容。

①称谓是对与会者的统称。称谓要顶格写，并且注意后加冒号。通常不同会议采用不同的称谓。

代表大会开幕词的称谓是“各位代表”或“同志们”，显得严肃庄重。

运动会、交易会、外事会议的称谓是“各位来宾、各位朋友”或“女士们，先生们”，显得客气礼貌。

党的会议的称谓是“同志们”。

国际会议的称谓是“各位嘉宾，女士们，先生们”。

②引言就是用一段文字宣布会议开幕，说明会议的背景及意义，并表示一定的祝愿，有时还要简单交代一下会议的筹备工作或说明与会人员情况及出席会议的领导、嘉宾等。

宣布大会开幕，最简单的说法是“×××大会现在开幕”。也可以用变通的说法做灵活的处理，如：“今天，×××会在这里隆重开幕，大家齐聚一堂，共商……问题，具有十分重要的意义。”

对大会表示祝贺，对来宾表示欢迎，大致说法是：“我代表×××对大会表示衷心的祝贺！对与会的各位代表和来宾表示热烈的欢迎！”

对大会的规模和参加大会人员的身份进行介绍，大致说法是：“参加这次大会的代表有×人，他们分别来自……”

有些开幕词也可以没有这项内容。

（2）主体。主体是开幕词的核心部分，一般要写明以下几点。

①会议的性质及重要性。

②会议的目的及中心人物。

③会议的主要议程及要求。

④会议的奋斗目标及深远影响等。

上述内容可视情况删减，调整顺序。其具体涉及：会议是在什么情况下召开的，会议要诀、议哪些问题，要达到什么目标，等等。议程明确的会议，可以将议程分条列写，或对会议将要讨论的主要问题进行简单阐述，向与会者提出希望和要求。

（3）结尾。开幕词一般用祝颂语结束全文，如：“最后，祝大会取得圆满成功。谢谢！”

[例文十六：会议开幕词]

第一届四次教职工/工会会员大会暨××××年医院工作会议开幕词

尊敬的各位领导、各位来宾、同志们、同学们：

上午好！

新年伊始，万象更新。×××大学×××口腔医院第一届四次教职工/工会会员大会暨××××年医院工作会议今天隆重开幕了！在此，我谨代表医院党委和行政，向莅临大会的领导和嘉宾表示热烈的欢迎和衷心的感谢！向参加会议的同志们、同学们并通过你们，向全院师生员工，向关心和支持医院发展的老领导、老同志和社会各界朋友们致以崇高的敬意和诚挚的问候！

过去的××××年，我院在×××大学党委的坚强领导下，经历了中央巡视组的政治巡视检阅，开展了全面从严治党，“两学一做”学习教育常态化制度化，以及深入学习宣传党的十九大精神，争创“双一流”建设。在全院教职员工的共同努力下，住院部建设、门诊规模扩大了一倍；获批国家临床医学研究分中心、××省口腔重大疾病与口腔健康临床医学研究中心，医疗服务能力稳步增强；教书育人取得了可喜的成绩；对外交流日趋频繁，科研创新取得新的突破。医院坚持走特色化和差异化的发展道路，向着世界一流学科的目标奋勇前进。

同志们，本次大会的中心任务是：听取和审议医院工作报告，审议医院工会工作报告、医院财务工作报告、工会财务工作报告和提案办理情况报告，并对院领导班子和成员进行民主评议，讨论××××年医院工作任务与目标，希望各位充分发挥主人翁精神，牢记光荣使命，履行神圣责任，正确行使民主权利，积极建言献策，认真完成大会的各项任务。

同志们，党的十九大提出了全面建成社会主义现代化强国的宏伟目标，院党委、院行政做出了“升级发展”，开启新时代“一流学院、一流学科建设”新征程的部署。站在新起点，全院师生员工要以全新的姿态拥抱新时代。人们常说平庸的生活使人无趣，而平庸的集体则会让人无望，只有波澜壮阔的进步事业才能彰显存在的价值和意义。最近有媒体评选出××××年的年度词语，新思想、新时代、新征程成为鲜明的时代标签。新时代催生新思想，新思想引领新征程。拥抱新时代，迈步新征程，我们要高举习近平新时代中国特色社会主义思想伟大旗帜，朝着“世界一流”的目标奋勇前进。习近平总书记指出，“良好的精神状态，是做好一切工作的重要前提”。今年是全面落实十九大精神的开局之年，也是我院“升级发展”的关键之年，机遇不可错失、使命不可懈怠，师生员工不容辜负。×××口腔医学院的今天，比以往任何时候都更有条件朝着既定目标迈进。但道路不可能一帆风顺，蓝图不可能一蹴而就，梦想不可能一夜成真，需要我们凝心聚力，奋勇拼搏。

习总书记在××××年的新致辞中勉励全国人民“撸起袖子加油干”，在今年的新年致词中说“幸福生活是干出来的”。在充满活力的×××校园，我们要以满怀的激情，高昂的斗志，对党和国家事业忠诚担当的精神回报新时代。

××××年是我院开启“升级发展”，加快“双一流”建设的重要时间节点，我们要扎实推动党的十九大精神的学习与宣传，用习近平新时代中国特色社会主义思想武装头脑，在×××大学党委和行政的领导下，力争高水平通过教育部口腔医学专业本科教育认证，加快教育国际化进程，推进学院内涵式发展。

同志们，目标催人奋进，使命艰巨光荣，让我们更加紧密地团结起来，进一步解放思想，把思想集中到干事业上，把精力凝聚到做实事上，把功夫施展到抓落实上，众志成城，开拓创新，为创建世界一流大学和一流学科努力奋斗！

最后，预祝大会圆满成功！

谢谢大家！

（资料来源：http：//xykqyy. csu. edd. cn/index. htm）

二、闭幕词

（一）闭幕词的概念、特点

凡重要会议或重要活动，与开幕词相对应，一般都有闭幕词，这是一道必不可少的程序，标志着整个会议或活动的结束。闭幕词通常要对会议或活动做出正确的评估和总结，充分肯定会议或活动所取得的成果，强调会议或活动的主要精神和深远影响，激励有关人员宣传会议或活动的精神实质和贯彻落实有关的决议或倡议。闭幕词与开幕词一样，具有简明性和口语化两个共同特点，其种类与开幕词相同。

1. 总结性

闭幕词是在会议闭幕式上使用的文种，要对会议内容、会议精神和进程进行简要总结并做出恰当评价，肯定会议的重要成果，强调会议的主要意义和深远影响。

2. 概括性

闭幕词应对会议进展情况、完成的议题、取得的成果、提出的会议精神及会议意义等进行高度的语言概括。因此，闭幕词一般都短小精悍。

3. 号召性

为激励参加会议的全体成员实现会议提出的各项任务而奋斗，增强与会人员贯彻会议精神的决心和信心，闭幕词的行文充满热情，语言坚定有力，富有号召性和鼓动性。

4. 口语化

闭幕词要适合口头表达，写作时语言要求通俗易懂、生动活泼。

（二）闭幕词的写作格式

闭幕词由标题、称呼、正文、结尾四部分组成。

1. 标题与称呼

闭幕词标题与称呼的写法与开幕词基本相同。注意同一会议的闭幕词的标题书写要与开幕词标题一致。称谓和开幕词的称谓写法类似，根据会议性质和与会者的身份来确定。

2. 正文

正文在标题和称谓之后，另起一段，首先说明会议已经完成预定任务，然后概述会议的进行情况，恰当地评价会议的收获、意义及影响。核心部分要写明：会议通过的主要事项和基本精神，会议的重要性和深远意义，向与会人员提出贯彻会议精神的基本要求，等等。

一般说来，这几方面内容都不能少，而且顺序是基本不变的。写作时要掌握会议情况，有针对性地对会议内容予以阐述和肯定；同时可以对会议未能展开都已认识到的重要问题做出适当强调或补充；行文要热情洋溢，文章要简洁有力，起到激发斗志、增强信念的作用。

3. 结尾

结尾部分一般先以坚定语气发出号召，提出希望，表示祝愿等；最后郑重宣布会议闭幕。

闭幕词出现在会议终了，因此，要写得与开幕词前后呼应、首尾衔接，显示大会开得很圆满、很成功。

[例文十七：会议闭幕词]

政协××县第十四届委员会第一次会议闭幕词

各位委员、同志们：

中国人民政治协商会议××县第十四届委员会第一次会议，在中共××县委的领导下，经过全体委员和与会同志的共同努力，已经圆满完成了各项议程，今天就要闭幕了。

会议期间，委员们认真听取并讨论了中共××县委书记×××同志的讲话，听取并审议通过了县政协十三届委员会常务委员会工作报告和提案工作报告，列席了××县第十八届人民代表大会第一次会议，听取并讨论了政府工作报告及其他有关报告，举办了委员协商议政大会。全体委员以饱满的政治热情和高度负责的态度，认真履行职责，积极协商议政，踊跃建言献策，提出了许多宝贵的意见和建议。会议还进行了政协知识专题辅导，增强委员履职意识，提升委员履职能力。会议开得很成功，自始至终洋溢着团结民主、求实鼓劲的浓厚氛围，是一次与时俱进、开拓创新的大会，更是一次凝心聚力、共谋发展的大会。

会议经过充分酝酿协商，选举产生了新一届政协领导集体。这是各位委员对我们的信任和重托。在此，我代表当选的同志向大家表示衷心的感谢！面对新形势和新任务，我们深感使命光荣，责任重大，一定要在县委的坚强领导下，团结带领全体政协委员和各界人士以饱满的热情、昂扬的斗志、务实的作风，积极开创政协工作新局面，为高水平全面建成小康社会，加快建设“强、富、美、高”新建湖做出积极贡献。

各位委员，各位同志，今后五年是我县深入贯彻党的十八大和十八届三中、四中、五中、六中全会以及习近平总书记系列重要讲话精神，全面践行“五大发展理念”的关键时期，也是推动全面小康建设迈上新台阶的决胜阶段。这次政协全会上，县委书记对新一届政协工作提出了希望和要求。县政协十三届常委会工作报告对今后五年政协组织履职思路和重点，提出了切实可行的建议。政协委员是政协工作的主体，落实大会各项任务，提升政协组织影响，要依靠全体政协委员的共同努力。我们一定要坚持围绕中心、服务大局，认真落实我县第十四次党代会、县委十四届二次全会的决策部署，认真执行这次大会的决议，始终做到与县委、县政府在思想上同心、目标上同向、行动上同步，自觉珍惜委员荣誉、主动履行委员职责，说好政协话、做好政协事、当好政协人，努力在政协工作中展示时代风采。

一、切实增强责任意识，在尽心尽力、履行职责上下功夫。人民政协是建言立论、建功立业的舞台，是增长才干、发挥才智的舞台。党的十八大以来，以习近平同志为核心的党中央高度重视人民政协工作，对发展社会主义协商民主做出了重大部署。去年××月份，××省委专门召开全省政协工作会议，就进一步加强和改进人民政协工作提出了具体要求。中央和省委的意见，为推进人民政协协商民主建设，提升政协工作制度化、规范化和程序化水平，提供了重要政策依据和机制保障。全体委员要全面理解和准确把握履行职能的总体要求、基本途径、方式方法，努力在政协这个舞台上发挥优势、彰显价值、展示作为。要紧紧围绕全县经济和社会发展中的重大问题，深入调研，充分论证，坦诚建言，努力提出有价值、有分量的意见和建议。要妥善处理本职工作与履行政协职能的关系，以饱满的热情投入政协工作，不计得失，不图虚名，勤勉努力，奋发有为，以良好的工作绩效和自身形象为政协组织增光添彩。

二、切实增强发展意识，在围绕中心、服务大局上下功夫。围绕中心、服务大局，是人民政协必须遵循的原则，也是对每个政协委员的要求。县十四次党代会和县委十四届二次全会提出了今后经济社会发展的指导思想、目标任务和战略举措。推动全面小康建设迈上新台阶，建设“强、富、美、高”新县城，是全县人民的共同期盼，也是包括全体政协委员在内的各界人士的共同责任。政协组织必须切实把握、带头贯彻、认真落实县十四次党代会和县委十四届二次全会精神，最大限度地调动和发挥各界人士的积极性、主动性和创造性，把思想和行动统一到县委的重大决策上来。要紧紧围绕“四个全面”战略布局，不断强化“五大发展理念”，发挥人民政协智力密集、人才荟萃、联系广泛的优势，精选事关全县发展大局的重要课题，认真调查研究，积极参政议政，提出具有针对性、前瞻性和可操作性的意见和建议。要积极鼓励委员肯干事业，支持委员干成事业，帮助委员干好事业，引导委员立足本职岗位，充分发挥创造活力，积极投身经济和社会事业建设，努力在本单位、本行业、本领域和本界别起示范带头作用，为推动××县新一轮大发展、快发展贡献力量。

三、切实增强群众意识，在增进团结、发扬民主上下功夫。人民政协是最广泛的爱国统一战线组织，调动一切积极因素，团结一切可以团结的力量，共同致力于经济社会发展，实现好、发展好、维护好人民群众的根本利益，是政协履行职能的出发点和落脚点。我们要牢牢把握团结和民主两大主题，充分发挥政协包容性强、联系面广的优势，积极协助党委、政府做好促进团结、发扬民主、理顺情绪、凝聚人心、积聚力量的工作。要坚持以人为本、以民为先，充分发挥政协组织的桥梁和纽带作用，密切关注广大群众的生产生活，通过视察、调研、走访等渠道和方式，广泛收集社情民意，准确及时地反映给党委政府。要针对改革发展中出现的矛盾和问题，利用自身特点和优势，既认真听取支持的、赞扬的声音，又耐心听取不同的、批评的意见；既尊重多数人的普遍愿望，又重视少数人的合理诉求，擅长在沟通中统一思想、增进共识、凝聚力量，努力协助党委政府，多做疏导、化解、协调工作。要认真组织政协文史工作，发挥好政协文史工作存史资政、团结育人的作用。要积极参与公益活动，热心慈善事业，更多地关心城乡困难群众和弱势群体，帮助他们排忧解难，协助党委政府多做暖人心、稳人心、聚人心的工作。

四、切实增强进取意识，在加强学习、提升本领上下功夫。政协建言献策、民主监督、参政议政，涉及各个领域、各个方面。无论是作为一级组织，还是这个组织中的一员，要履行好职责，学习是前提和基础。我们要不断加强政治理论和各方面知识的学习，认真学习党的十八大和十八届三中、四中、五中、六中全会以及习总书记系列重要讲话精神，深入学习政协章程和政协知识，明确人民政协的性质、地位和作用，把握政协工作的规律和特点，不断提升履行职能的理论素养、知识水平和工作能力。要加强对政情、社情和民情的了解，努力拓宽履职视野，把握社会动态，善于从复杂的现象中抓住本质，用辩证的思维看待问题，以发展的思路化解矛盾，主动为推动经济社会发展多提观点鲜明、分析透彻、见解独到、富有建设性的意见和建议。要认真学习和借鉴历届政协、上级政协和兄弟政协好的做法与经验，自觉吸收和运用别人的优势和专长，在学习中积累，在积累中提升，努力创塑政协工作特色、扩大政协工作影响。

各位委员，各位同志，我们正处在一个大有希望、大有作为的时代。展望未来，人民政协的责任重大，使命光荣。让我们紧密团结在以习近平同志为核心的党中央周围，高举中国特色社会主义伟大旗帜，同心同德，继往开来，扎实工作，努力谱写政协工作的新篇章，为高水平全面建成小康社会，加快建设“强、富、美、高”新建湖作出新的更大的贡献！

在大会即将闭幕的时候，我代表政协××县第十四届委员会，向莅临会议的各位领导、各位老同志表示衷心的感谢和崇高的敬意！向为大会提供支持和服务的各有关部门表示诚挚的谢意！

现在我宣布：中国人民政治协商会议××县第十四届委员会第一次会议胜利闭幕！

（资料来源：http：//www. jianhu. gov. cn）

第三节　会议记录、会议纪要

一、会议记录

会议记录是有关会议情况的笔录。开会时，秘书人员将会议的组织情况、会议的具体内容记录下来的书面材料，就是会议记录。会议记录一般用于比较重要和正式的会议。

（一）会议记录的概念、作用

会议记录是整理会议成果、传达会议精神以及日后核查会议有关情况的重要依据。它的作用在于正确反映会议情况。

1. 现实作用

会议记录经过整理，可成为会议纪要、会议决定、决议等，这些既可以作为专门文件发给下属单位和有关部门，也可视需要情况，在不泄密的前提下，公开发表在报纸、杂志上，作为指导性文件，为贯彻落实和督促检查提供可靠的依据。

2. 历史作用

会议记录可以成为历史档案，具体和真实地体现历史事件的本来面目，使人们从会议记录中了解到方针政策等的形成过程，了解有关的处理情况及参加讨论者的观点意见，弄清历史问题，为制定政策方针、处理工作，提供参考资料和凭证。

（二）会议记录的分类

1. 摘要记录

一般事务性会议，不涉及方针政策及重大事项和问题，个人意见及态度、立场、责任也无关紧要时，可作摘要记录。

2. 详细记录

重要的会议，涉及方针政策及重大事项、问题，讨论、决议的事项比较复杂，要进行详细记录，尤其要如实记录下不同的意见、观点。

3. 音录、影录

十分重要的会议，除了采用详细的笔录外，还要全程同步录音录像，以最大限度地再现会议情境。

(三) 会议记录的写作格式

会议记录的格式比较固定，一般由会议组织情况、会议具体内容和附录三部分组成。

1. 会议组织情况

会议组织情况要准确写明会议名称（要写全称），开会时间、地点，会议性质。一般包括以下内容。

（1）会议的名称及届次：在标题中写明。一般将会议的全称作为标题，写在首行正中，字号大于其他字体。

（2）会议时间：完整写明年月日。一般写为“时间：××××年××月××日”，顶格写。

（3）会议地点：尽量具体。要求写明会场地址、厅室。

（4）出席对象及人数：写明会议正式代表、列席代表、媒体代表。主要代表写清姓名等基本信息；某些重要的会议，出席对象来自不同单位，应设置签名簿，请出席者签署姓名、单位、职务等；列席代表姓名要注明职务；缺席人数及姓名要注明缺席原因。

（5）记录人姓名：多人记录时应写清多人姓名。

（6）会议主要议题：即要讨论、解决的主要问题，要完成的主要会议任务。

会议记录的组织情况，通常都分行记写，不少单位有专用会议记录本或活页，这部分是事先印制好的，有固定格式，记录人在主持人宣布会议开始之前，按记录本所列项目填写即可。

2. 会议具体内容

（1）会议议程，具体议题，主持人的讲话，与会者的发言，会议做出的决议决定等。记录发言可分摘要与全文两种。多数会议只用记录发言要点，即把发言者讲了哪几个问题，每一个问题的基本观点与主要事实、结论，对别人发言的态度等，作摘要式的记录，不必“有闻必录”。

（2）忠实记录会议上的发言和有关动态。会议发言的内容是记录的重点。其他会议动态，如发言中插话、笑声、掌声，临时中断以及别的重要的会场情况等，也应予以记录。

（3）记录会议的结果，如会议的决定、决议或表决等情况。如讨论时有争议，要把争论的焦点、各人的意见、发言的先后等真实地记录下来。会议的决议要正确无误地记录，要符合原意，清楚明白，毫不含糊，切不可随意增减和删改。

3. 附录

会议结束，记录完毕，要另起一行写上“散会”或“会议到此结束”，然后由会议主持人（或主席）和记录人分别在此页右下签名，以示负责。无签名的会议记录，严格地说是不能作为凭证或依据的，没有资料价值。若中途休会，要写明“休会”字样。

（四）会议记录的写作要求

1. 真实准确

真实就是把会议的实际情况如实地记录下来，特别是会上的讨论发言，尽可能按原话记录。要注意发言者的措辞和语气、手势和表情等的记载。

2. 重点突出

会议记录应该突出的重点有以下几点。

（1）会议中心议题以及围绕中心议题展开的有关活动。

（2）会议讨论、争论的焦点及其各方的主要见解。

（3）权威人士或代表人物的言论。

（4）会议开始时的定调性言论和结束前的总结性言论。

（5）会议已议决的或议而未决的事项。

（6）对会议产生较大影响的其他言论或活动。

3. 条理清楚

条理清楚，除了要求有纲目、有层次、有段落之外，还要注意语言表达清楚和文字书写规范。一份好的会议记录，应该让人一看就能清楚会议的主要议题和主要成果、会议进程。语句流畅通顺和文字规范是起码的要求，因为会议记录不仅要记录者看得懂，别人也看得懂；不仅今天看得懂，若干年之后还要看得懂。

[例文十八：摘要式会议记录]

时间：××××年××月××日

地点：公司会议室

出席人：公司各部门主任

主持人：×××

记录：×××

缺席人员：×××

会议主持人审阅　签字

一、主持人讲话

今天主要讨论一下×××软件是否投入开发以及如何开展前期工作的问题。

二、发言

技术部×总：类似的办公软件已经有不少，如×××公司，×××公司的×××系列，以及众多的财务、税务、管理方面的软件，我认为首要的问题是确定选题方向，如果没有特点，千万不能动手。

资料部×主任：应该看到的是，办公软件虽然很多，但从专业角度而言，大都不很规范；我指的是编辑方面的问题，如×××软件对于忽略了行政公文这部分，而书信这部分也大多沿用英文习惯，中国人使用起来很不方便；×××软件是中国人开发的软件，在技术上很有特点，但中国运用文字方面的编辑水平很低，离专业水准很远，我认为我们定位在这一方面是很有市场的。

市场部×主任：这是在众多"航空母舰"中间寻求突破，我认为成功的希望，关键的问题就是必须小巧，并且速度要快，因为我们建造的不是"航空母舰"，这就必须考虑兼容问题。

各部门都同意立项，初步的技术方案将在10天内完成，资料部预计需要3个月完成资料编辑工作，系统集成约需要20天，该软件预定于元旦投放市场。

散会。

主持人：（签名）　　记录人：（签名）

（资料来源：https：//www.liuxue86.com/a/3310012.html）

[例文十九：重要会议记录]

会议时间：××××年××月××日（13：15—16：00）

会议地点：总部会议室

参加人员：×××、×××、×××、×××、×××

会议主持人：×××

会议记录人：×××

会议内容如下。

一、会议目的

目前集团自建立零售学院，在整体的培训上遇到了瓶颈，培训的效果和效用也不是很理想。完善培训系统、采用更加有效的形式、更好地解决学分制的运作等一系列问题，都将是我们要面临的。现组织两个事业部，根据我们的现状各抒己见，一起研究探讨。

二、会议分享

针对本次会议研讨，总结以下几个方面。

1. 培训专员职能

门店的培训专员在培训中主要承担基本的组织工作，对于提高培训课程质量、课程协调做得很不够，不能真正提升培训专员的职能。

措施如下。

（1）将门店培训专员的职责重新界定，使其承担起培训管理的职能，负责管理门店内训师，包括课程开发的督促、课程质量的跟踪、组织纪律的管理，将培训专员的权利扩充扩大，真正发挥他们的作用。

（2）由培训中心统一管理，进行培训，整合门店培训专员的培训能力，为其设置特定的职业发展通道。

（3）后期可以在区域安排线上培训的培训专员，区域百货超市各设一个，专职培训管理，负责组织管理，定期组织区域讲师课程研讨，开展内训师提升训练等。

2. 培训资源

（1）讲师：目前集团一共有400多位内训师，真正经常上课和上课上得不错的内训师只有70多位，师资力量太少。

措施如下。

①硬性的考核指标与淘汰机制。要求将讲师在培训方面的各类指标纳入绩效考核体系，如每年要求开发几门课程、上几次课、带教几名讲师等，要有硬性的考核，这样才会引起讲师对培训的重视。

②以项目小组形式负责管理该课程（包括课件制作、授课安排、课后跟踪）。

③对讲师进行评选时，可以增加奖项的设置（单项奖），同时可以增加讲师的专访，放在报纸或者论坛上，提高讲师的积极性。

（2）课程：目前课程质量对大多数学员还比较适合，但对经理级深度不够，课程的可复制性不强，试讲没有很好地开展，后期更新不够，导致整体课程的质量不高。

措施如下。

①制作标准化的统一课件与课件包（包括讲师手册、案例库等辅助资料）。

②增加课程的备选授课讲师（每门课程3~5人），保证课程的进度。

③增加课程的详细介绍（包括课程介绍、讲师介绍）；进行开课前的沟通访谈，确保学员了解课程内容，确保讲师知悉学员需求。

（3）论坛：论坛人气不足，在上面学习交流的人比较少，论坛的作用没有真正发挥出来。

措施如下。

①丰富论坛活动，增加积分兑换项目与拍卖项目（采用积分换礼品的形式，论坛内可以定期准备一些书籍，办公用具例如翻页器、U 盘、笔记本等相关小礼品，鼓励学员多多发帖回帖）。

②可以将外训学分制的考试放进论坛里，增加论坛的浏览量，同时提升人气。

③定期切换网站论坛风格。

（4）在线学习

措施如下。目前集团的在线学习还没有正式开展，只是在论坛和网站上上传了一些学习的视频和资料，针对学分制，可以将在线学习加入，现场教学的同时增加在线一些内容的补充。

3. 评审委员会

目前的评审委员会都是由总部事业部高层领导组成的，受工作时间和专业局限性影响，整体的运作效果不是很好，再加上成员数量较少，评审课程量比较大，效率不高。

措施如下。增加课程评审委员会各组成员（挑选资深专业经理加入），负责讲师课程的开发研讨，定期组织新课题研究沙龙，作用主要是保证课程质量和数量。

4. 培训形式

集团目前的培训主要是课堂为主，形式比较单一，学员课堂表现一般。

措施如下。

（1）增加培训实践环节的比重，要充分研究理论课程与实践环节的有效结合。例如：进行大学生入职培训时，要将培训实践和理论授课交替进行，保证理论课程的有效回炉；技术学院等，也应考虑诸如半天授课、半天实践这种交替的形式。

（2）增加视频学习。可以进行在线学习，学习完在线考核等。

5. 培训基地

目前集团培训场地比较缺乏，虽然门店都有自己的培训教师，但是还没有专门的培训基地，一些大型的培训开展集中度不高，费用也比较高。

措施如下。

（1）打造自己的实体培训中心，一是能够增加影响力，二是能够保障培训的后勤。

（2）完善现有基地配套建设，添置必要培训设备，布置渲染整体培训氛围。

（资料来源：https：//www.liuxue86.com/a/3310012.html）

二、会议纪要

（一）会议纪要的概念

会议纪要是记载、传达会议情况和议定事项的公文，是按照会议记录、会议活动情况加工、整理出来的反映会议基本情况和主要精神的纪实性文件，一种记叙性和介绍性的文件。其包括会议的基本情况、主要精神及中心内容，便于向上级汇报或向有关人员传达及分发。整理加工时或按会议程序记叙，或按会议内容概括出来的几个问题逐一叙述。会议纪要要求会议程序清楚，目的明确，中心突出，概括准确，层次分明，语言简练。

（二）会议纪要的特点

1. 纪实性

会议纪要是记载会议基本情况和主要精神的，它必须据实写作。会议未涉及的问题不能写；会议在研究问题时如果意见不一致，应写多数人的意见，或者把几种意见都写上，不允许凭空杜撰。纪实性是会议纪要的生命。

2. 提炼性

会议纪要不是把会议记录中所涉及的所有问题都罗列出来，而是归纳提炼主要的情况和研究决定，将重大问题、决策意见写出来，是摘其要而记之。

3. 约束性

会议纪要一经下发，便要求与会单位和有关人员遵守、执行，在这一点上，完全发挥公文的指导作用，同样令行禁止。

（三）会议纪要的写作格式

会议纪要由标题、正文、结尾、落款四部分组成。

1. 标题

（1）机关名称或会议名称+纪要。

例如：《×××学院党政联席会会议纪要》。

（2）会议内容+纪要。

例如：《关于落实合格评估各项问题的会议纪要》。

（3）正副标题法。

例如：《对比反映差距，差距说明潜力——×××学院师生座谈会纪要》。

2. 正文

正文由两部分组成，一是会议概况，二是会议的精神和议定事项。

（1）开头一般应写明会议概况，包括会议进行的时间、地点、届次、组织者、出席和列席人员名单、主持人、会议议程和进行情况以及对会议的总体评价等。

（2）主体是纪要的中心部分，反映会议的主要精神、讨论意见和议决事项等。对会议的主要精神，要多概括出与会人员对会议议题的主要看法。写作时一般采取综合反映的办法，在每段的开头用“会议指出”或“大会认为”“大家提出”“会议强调”等形式把会议的主要精神高度概括，准确无误地反映出来；会议议定的事项可根据其内容确定写法，内容较多采取分条列项的写法，力求做到条理清楚、具体明确。

3. 结尾

结尾属于选择性项目，一般是主送、抄送单位。

4. 落款

落款包括署名和时间两项内容。署名只用于办公室会议纪要，署上召开会议的领导机关的全称，下面写上成文的年、月、日，加盖公章。一般会议纪要不署名，只写成文时间，加盖公章。落款可写在文尾的右下方，也可写在标题之下，用括号括上。

（四）会议纪要的写作要求和注意事项

（1）要真实地反映出会议的情况和与会者的观点。

（2）要求简明扼要，突出中心议题，切勿拖泥带水。

（3）要条理清晰，用综合概括式把众多意见分类整理后再分条列写，语言要准确，使人一目了然。

（4）纪实写完后，必须经主管领导过目，同意签发，加盖公章，才能形成文件。

（五）会议纪要的写作方法

1. 集中概述法

集中概述法是把会议的基本情况、讨论研究的主要问题、与会人员的认识、议定的有关事项（包括解决问题的措施、办法和要求）等，用概括叙述的方法，进行阐述和说明的方法。这种写法多用于小型会议，而且讨论的问题比较集中、单一，意见比较统一，容易贯彻操作，篇幅相对短小。如果会议的议题较多，可分条列述。

2. 分项叙述法

召开大中型会议或议题较多的会议，一般要采取分项叙述的办法，即把会议的主要内容分成几个大的问题，另列标号或小标题，分项来写。这种写法侧重于横向分析阐述，内容相对全面，问题也说得比较细，常常包括对目的、意义、现状的分析，以及目标、任务、政策措施等的阐述。这种纪要一般用于需要基层全面领会、深入贯彻的会议。

3. 发言提要法

发言提要法是指把会上具有典型性、代表性的发言加以整理，提炼出内容要点和精神实质，然后按照发言顺序或不同内容，分别加以阐述说明的方法。这种写法能比较如实地反映与会人员的意见。某些根据上级机关布置，需要了解与会人员不同意见的会议纪要，可采用这种写法。

（六）会议记录与会议纪要的区别

1. 对象不同

会议记录一般是有会必录，凡属正式会议都要进行记录。会议记录将作为内部资料，用于存档备查以及作为进一步研究问题和检查总结工作的依据。会议纪要主要记述重要会议情况，只有当需要向上级汇报或向下级传达会议精神时，才有必要将会议记录整理成会议纪要。

2. 写法不同

会议记录作为客观纪实材料，无选择性、提要性，要求原原本本地记录原文原意，且必须随着会议进程进行，越详细越好。会议纪要则有选择性、提要性，不一定要包容会议的所有内容，而且必须在会议结束后，在会议记录的基础上加工整理而成，它集中反映了会议的精神实质，具有高度的概括性和鲜明的政策性。

3. 功能不同

会议记录一般不公开，无须传达或传阅，只作资料存档。会议纪要通常要在一定范围内传达或传阅，要求贯彻执行。

4. 性质不同

会议记录是讨论发言的实录，属于事务文书。会议纪要只记要点，是法定行政公文。

[例文二十：政府会议纪要]

为了贯彻落实全国军转安置工作精神，保证我省今年军转安置工作顺利进行，省委、省军区、省政府已于××××年××月××日在×××礼堂召开了军转安置工作会议。大会由省政府秘书长×××和省人事局×××处长主持。各地、市、县分管此项工作的领导和军队政治部负责人参加了会议。省领导同志作了重要讲话。

会议听取了×××代表省军转办的工作报告，对××××年以来军转工作的成绩给予了充分的肯定，并传达了省政府对军转工作的几点要求（略）。

会议指出，为了确保今年全省军转工作的顺利进行，在今年的工作中必须要加大三个力度：①必须加大领导力度；②必须加大宣传力度；③必须加大工作力度。

会议强调要做好军转干部的思想教育工作，并把它确实落实。会议同时希望军转干部要顾全大局，自觉服从组织安排，并积极配合地方政府解决好转业干部的实际问题。

（资料来源：https：//www. liuxue86. com/a/2542419. html）

第四节　会议简报、会议报告

一、会议简报

（一）简报的分类

简报按不同分类标准，可分为不同种类。按其内容可分为工作简报、会议简报、动态简报。

1. 工作简报

工作简报是以反映机关内部工作情况为主要内容的简报，也称情况简报。这类简报又分两种。

（1）日常工作简报：长期编发，定期或不定期。其任务是反映工作进展，交流经验或指出存在不足，为上级领导或下级工作人员提供情况。

（2）中心工作简报：配合阶段中心工作编发。其任务是反映某项工作、任务或活动的进展、经验或不足，有较强的针对性。工作结束，简报编写也即停止。

2. 会议简报

会议简报是在会议期间或会后对会议情况所做的简要报道，它可以是一次性的，也可以是连续性的。一般随会议进程而编发，内容包括会议重要报告、讲话、决议、发言、进程等。

3. 动态简报

动态简报是反映机关内部突发性重大事件的简报，着重反映最新情况、最新问题、最新经验以及解决问题的最新设想、建议和办法，供上级部门和下级单位了解情况，为决策提供依据。

（二）简报的特点

1. 快速

简报具有新闻性，时效性较强，传递信息要求快写、快编、快审、快印、快发。

2. 新鲜

简报的信息应新鲜而重要，要提供新情况、发现新问题，抓住新“苗头”，揭示事物发展的最新态势，传递最新信息，给人启迪。

3. 真实

简报的信息要反映客观事物的本来面目，不夸大、不缩小、不渲染、不片面、不隐瞒，要既报喜也报忧，最好是掌握第一手资料，间接得来的材料要注明获得渠道。

4. 简短

简报要短小精悍，文字要简练，篇幅不宜过长，要用较少的文字传递最大量的信息，一事一报，重点突出。人们往往把简报称作“文艺的轻骑兵”。

（三）会议简报的概念

简报也称简讯，是指简要的情况报道。它是机关内部汇报工作、反映问题、交流经验、传播信息的事务文书。

会议简报是简报的一种类型，近似于新闻报道，是党政机关、企事业单位、社会团体为反映会议基本情况，由会议秘书或单位秘书部门编写的用于反映会议进展情况、会议内容、会议主要精神、与会人员意见、建议的会议文书。会议简报主要适用于大中型会议或各类重要会议。

(四) 会议简报的特点

1. 快捷性

会议简报的一个显著特点就是快捷方便。只有迅速及时地把会议情况报道出来，才能起到传递信息、促进工作的作用。

2. 真实性

会议简报是在详细了解会议情况的前提下进行编写的，所反映的会议基本情况都是真实、准确、客观的。

3. 简明性

言简意赅是会议简报的一个显著特点。为了在短时间内将最新信息传达出去，会议简报往往快编快发，编写者也同样精简字数以保证其简明性。

(五) 会议简报的写作格式

简报的格式固定，一般由三部分组成，即报头、报核和报尾。

会议同其他简报一样，多有一套专门设计的固定版式。上面正中用醒目大字标明简报名称，报名下面要标明编印机关、印发日期、编号。简报名称可由会议名称和文种类别（简报）组成，也有的只标“会议简报”字样。编号常用括号标在标题正下方靠近标题的地方。

1. 报头

报头在简报第一页上方，主要包括简报刊名、简报期号、编发单位、编发日期、密级、编号。报头与报核之间用一条红色线间隔。

（1）简报刊名：简报通常以“简报”或者“会议简报”为标题，位于报头居中位置，使用大号字体并套红印刷。有的在“会议简报”名称上方还注明机关、单位或组织名称，或者在“简报”上方注明会议的全称或规范化简称。

（2）简报期号：简报期号通常按照顺序统编序号，位于简报名称下一行，居中标明“第×期”。

（3）编发单位：会议简报的编发单位通常为会议秘书组（处），或者会议组织单位的秘书部门，位置在期号下方间隔横线上方左侧。

（4）编发日期：会议简报的编发日期，位于与编发单位齐行的右侧，标注内容包括年月日，用阿拉伯数字表示。

（5）密级：如果会议简报需要保密，应在会议简报名称的左上方标注密级（秘密、机密或绝密），也有的特别注明“内部文件”或“内部资料，注意保存”等字样。

（6）编号：有些会议简报为了控制发送范围，便于登记、收回、销毁，可以用阿拉伯数字在会议简报名称右上方加印编号。

2. 报核

报核指简报刊登的文章部分，主要包括按语、标题和正文。

（1）按语：按语即用来介绍或评价正文，或就正文所涉及的内容发表编者评论意见等。按语代表编发单位意见（多为机关领导意图），位于标题之上。按语的内容一般是提示性或说明性的，用来提示中心内容、交代信息来源，帮助读者加深理解。

（2）标题：会议简报的标题是会议简报正文内容的总括，类似于新闻消息的标题，要求简短、醒目，准确反映简报内容的精髓，让人一看就知道写的什么内容。

（3）正文：正文是简报的重心，要求用典型事例或可靠数据将所反映的内容表达清楚，内容较多，材料丰富。写作时结构形式大体有以下三种。

①综述法。由编者采集各方面的言论、意见加以概括而成，相当于一份会议的综合报道，将会议的进程、出席情况、会议的发言和议程一一摄入，全面加以反映。

写作时采用“正文—结尾”式，即用典型事例将标题的内容具体化。可以用贯通式将单一的信息陈述清楚，也可以用分条列项或小标题式将较复杂的信息表达清楚。写作时应注意事情发生的先后顺序或逻辑顺序，分清主次轻重，理清条理。

②重点报道法。重点反映会议的某个重要报告的内容、小组讨论情况或一个与几个人的发言等。

写作时采用“引言—正文”式，即用简洁的语言道出整个简报的内容核心，然后展开，对核心内容具体阐述，不用结语。

③摘要法。摘录代表发言的概要，供与会者参阅。

3. 报尾

报尾在会议简报最后一页的下部，用间隔横线与报核隔开，横线下居左标注发送范围。注明主送单位或个人姓名、抄送单位、增发单位和印发份数。

[例文二十一：会议简报]

政协××市×届×次会议

简报

(第24期)

大会秘书处年3月18日

一、今年政府应办几件实事

×××委员说：建议市长要有相应的任期目标，要像“秘书工作”那样一年办几件实事，年终总结，有哪些完成，有哪些没完成，为什么。

二、改“三公开一监督”为好

“秘书工作”委员说：报告在谈到廉政建设时，提出实行“两公开一监督”，我们认为应改为“三公开一监督”，即再增加公开市、县两级主要领导的经济收入，以便接受人民群众的监督。

三、不能再走大投入低效益之路

“秘书工作”委员认为：我市社会总产值为180亿元，国民收入为74亿元，而全市的财政收入只有9.15亿元，很明显，经济效益是很低的。而今年的计划数字，基本上是按比例同步增长，经济效益无明显提高。这是我市多年来生产发展的一个关键性的问题，即大投入，低效益，致使财政拮据，入不敷出。市领导应着眼长远，从当前入手，立足于大力提高经济效益和增强生产后劲（包括政策、体制、发展规划、产业结构、环境整顿、提高管理水平、提高劳动力的素质、提高劳动生产率、大力发展科技、教育等多方面综合治理）。只有这样，才能使我市的经济进入高一层次的发展，形成良性循环。这才是提高经济效益的真正出路。

（资料来源：https：//m. kanzhun. com/k-jianbao/142017. 7. 6. ）

二、会议报告

（一）会议报告的概念、作用

会议报告，是指在重要会议和群众集会上，主要领导人或相关代表人物发表的指导性讲话。它是一种书面文字材料，又是会议文件的重要组成部分和贯彻会议精神的依据，还是供查阅的历史资料。会议报告是上行文，主要用于向上级机关汇报工作、反映情况、答复询问等。

这里的会议报告是指会议后将会议情况、讨论情况及形成的意见等整理成书面材料向上级汇报而形成的文稿。

(二)会议报告的写作格式

会议报告的结构包括首部和正文两项。

1. 首部

首部由标题、时间、署名和称谓组成。

(1)标题。会议报告的标题有以下三种写法。

①会议报告单位+会议报告时限+文种。

例如:《×××大学2018年度工作会议报告》。

②直接揭示观点或者概括内容。

例如:《关于打退第二次反共高潮的会议报告》。

这样的标题不仅省略了单位名称、时间限度,甚至连文种也省略了,只有会议报告的内容,比较灵活,重点突出。

③双标题,即采用正副标题的形式。

正标题往往用来揭示会议报告的主题,而副标题则指明会议报告的内容、单位、时间等。例如:《建设社会主义精神文明的尝试——中山大学“美的咨询”活动会议报告》。

(2)时间。标题之下正中间标明会议报告的日期,外加括号。

(3)署名。会议报告人的姓名写在时间的下面。

(4)称谓。正文之前,根据与会人的身份,顶格书写对到会人的称谓。会议报告是庄重、严肃的,因而称谓也要求庄重,

2. 正文

会议报告的正文由开头、主体和结尾三部分组成。

(1)开头。用最精炼的文字,概括地交代会议报告的基本内容,如会议的主要内容、时间、地点、背景、事件经过等,也可以将会议中总结的主要的经验或教训、主要的成绩或存在的问题用简短概括的文字写出来。这样,上级在读这篇会议报告一开始就会对会议报告的全貌有一个大致的了解,也能够统领全篇,概括掌握会议报告的主要精神。

(2)主体。主体部分是会议报告的重点,一般要写出围绕会议主题所作的议题及相关情况,并阐明成绩与经验,即对过去工作实践中所获得的物质成果或者精神成果、取得的优异成绩以及其成功的原因与条件的分析归纳,要善于从工作中归纳会议报告经验性的东西。会议报告一般是先把成绩归纳出来,再分析出经验来;也有的会议报告是把经验寓于做法之中,把经验和

成绩合起来写。

(3) 结尾。结尾要写得简明扼要、短小精悍。有两种写法：一是报告式，对会议的内容用几句概括性的话来做总结；二是展望式，用简短的语言对未来的工作进行展望，展示美好的前景。有的会议报告也可以没有结语。

(三) 不同类型会议报告的内容和写法

1. 汇报性会议报告

开头部分可说明报告人代表谁作哪方面的报告，并向大会提出审议报告的请求，也可说明报告的根据和目的。如某市长向市人代会所作的政府工作报告的开头是："现在，我代表×××市人民政府向大会做政府工作报告，请予审议，并请市政协各位委员提出意见。"

主体部分一般包括以下三项的内容。

(1) 总结过去的工作情况。要求既能突出重点，又能兼顾全面，实事求是地介绍过去的情况；要把工作中取得的成绩和经验讲够说透，同时也要恰如其分地指出工作中存在的缺点和失误。

(2) 分析当前的形势和现状。讲形势时一定要有针对性，应将本单位放到更大的背景环境中，通过横向、纵向的比较和分析，确定本单位的优势和劣势。

(3) 指出今后一个时期的目标、任务和措施。结尾一般是向大会表明夺取新胜利的决心。

2. 传达性会议报告

开头部分一般先交代会议的性质、宗旨，并简要说明传达的事项。

主体部分一般包括以下两项内容。

(1) 原原本本地传达上级的指示精神。

(2) 结合本单位的实际情况，提出贯彻落实上级指示和精神的具体方案。

3. 部署性会议报告

开头部分可以交代会议的宗旨，说明将要开展的工作或活动的目标、任务等，也可以开门见山地提出工作要点。

主体部分一般包括以下两项内容。

(1) 全面、深刻地阐述开展此项工作或活动的重要意义，以统一思想和认识。

(2) 提出开展此项工作或活动的具体方法步骤、措施和要求等。

结尾部分向与会者发出号召，提出希望。

（四）会议报告的写作要求

1. 要“吃透两头”，从实际出发

任何单位或部门的各项工作或活动的开展都是有一定的依据的，要么是上级的指示、文件或精神，要么是本单位的实际需要，这些依据既是开展工作的前提，也是评判工作质量的标准。

会议报告既然是对本单位工作问题的全面、系统的报告，在写作之前，理所当然要“吃透两头”，即：上要深刻领会党和国家的方针、政策以及上级领导机关的有关指示和精神；下要深入基层调查研究，了解本单位的实际情况。具体地说，要弄清楚三个方面的内容。

（1）要弄清楚本单位的基本情况，包括过去一个阶段做了哪些工作，现已达到什么样的程度，存在哪些问题，主要矛盾是什么，等等。

（2）要弄清楚解决问题的依据和方法，包括上级领导机关对某项工作已经做了哪些指示，制定了哪些政策和措施等。

（3）要弄清楚本单位的典型材料，如本单位哪些工作成绩比较突出，哪些工作做得比较有特色，其主要做法和经验是什么。只有真正“吃透两头”，从实际出发，才能写出观点正确、内容充实、针对性强、有特色的会议报告来。

2. 要考虑与会者的接受习惯

会议报告不同于一般书面行文的报告，它具有直接与受文者交流的特点，因而要考虑大会报告的语境和用语以及听众的心理等方面，要写成报告人好讲、听众爱听的口头宣讲文稿。

（1）要突出口头表达的语言特色。首先，遣词用语要求通俗易懂，便于与会者接受和理解；其次，用语要简洁，句子不宜过长，讲起来要朗朗上口；再次，语言要生动形象，能激发与会者的兴趣。如果一篇会议报告用的全是书面语，甚至有些“八股”味，那么效果必定不好。

（2）条理要清晰。会议报告一般内容较多，篇幅较长，而且是在会议上向与会者作口头表达。与会者听报告和阅读报告是不同的，阅读可以慢慢地看，细细地品味，哪些地方不理解或不清楚，还可以回过头去再看一遍，但听报告时，若听不清楚，听不明白，是不可能让报告人再重讲一遍的，这就对会议报告的结构提出了很高的要求，特别强调层次分明，条理清楚。要求在会议报告的开头部分先概括说明要讲的中心问题，再围绕中心问题合理地安排层次，每个层次都应有小标题或小观点，层次之下可用若干条来加以说明，层次之间以及条与条之间的关系要理清，或采用递进关系，或采用并列关系，但切不可既有递进又有并列，给人造成层次不清、逻辑混乱的感觉。

（3）篇幅要适当控制。会议召开的过程中，听众的注意力是不可能长时间保持高度集中的，时间越长，效果越差，特别是当报告没有新内容，都是老生常谈的套话时，听众便会昏昏欲睡。这就要求撰写者要突破过去“一形势，二任务，三要求”的模式，适当控制篇幅，避免拖沓冗长。

［例文二十二： 会议报告］

××××年年终总结会议报告

××××年××月××日晚十时许，××××年本单位年终总结大会胜利召开，会议应到×人，实到×人，程序合法有效，各项议程顺利完成，以下为此次大会纪要内容。

一、本单位年内工作概述

××××年，关于生产生活的各项工作目标基本达成。

（1）本单位的……顺利开展和进行。

（2）……

（3）……

（4）……

（5）……

二、对于下年的展望

（1）本单位将继续……

（2）……

（3）……

三、检讨和反省

（1）……

（2）……

（3）……

第五章
报告文书写作

报告文书使用范围很广，日常生活中一般用于商务和政府工作，特指下级向上级汇报工作。下级按照上级部署或工作计划，每完成一项任务，一般都要向上级写报告，反映工作中的基本情况、工作中取得的经验教训、存在的问题以及今后工作设想等，以取得上级领导部门的指导。报告一般具有汇报性、陈述性、单向性、事后性和沟通性五个属性。它主要包括述职报告、调查报告和专题报告以及专题汇报讲话稿等。

第一节　述职报告

一、述职报告的概念

述职在我国古已有之。据《孟子·梁惠王下》记载，孟子和齐宣王对语时，引证晏子的话说："诸侯朝于天子，日述职。述职者，述所职也。"这里所说的述职，指诸侯向天子报告他在任职期间的工作，这是我国最早对述职的解释。近几年来，领导干部的述职活动已成为民主考核干部程序中的一个重要环节。

二、述职报告的作用

（一）评定干部政绩

通过任职者的自我评述，考察其履行职责的情况，使上级组织或人事部门全面地了解任职者的政绩。

（二）预测发展潜力

通过述职者自我总结报告，了解其对岗位职责的认识程度及履行职责中个人的主观努力程度，利于上级组织或人事部门考察其工作态度、工作能力，更利于干部今后发展。

（三）督促奉公廉洁

述职可以使任职者检点自省，加强责任心，更加忠于职守，时时警惕懒于政事，防止失职渎职。

三、述职报告的分类

述职报告从不同角度划分，有不同的类别。

（1）从工作的内容和范围分，有综合型述职报告和专题型述职报告。前者涉及的是任现职期内的全部工作，后者涉及的是某项专门工作。

（2）从工作的时间和任期分，有任期述职报告、离任述职报告和年度述职报告。

（3）从写作的表达方式分，有陈述性述职报告和随感性述职报告。

（4）从报告表达形式分，有书面述职报告和口头述职报告。书面述职报告要求在一定范围内口述后交上级部门，口头述职报告则以会议讲话的方式进行。

四、述职报告的特点

“述职报告”是“报告”的一种，但它与党政公文中的报告无论是在内容、功能上，还是在作者身份上都有很大的不同。从述职报告的内容上看，包括任职期间所取得的成绩、不足之处及存在的主要问题，这与日常事务性文书中的总结有相似之处，但它也不同于一般的总结。同报告和总结相比，述职报告的特点主要体现在以下几个方面。

（一）作者的特定性

述职报告的作者只能是一定组织中担任领导职务的干部。

（二）内容的规定性

述职报告的内容必须与述职者本人的职务紧密相关，根据岗位的职责，陈述自己在任职期间做了哪些工作，取得了哪些成绩以及存在哪些不足。本单位、本部门即使工作成绩和问题再突出，但如属他人分管的工作，都不在述职的范围之内。

（三）用途的特殊性

述职报告是领导干部的自我汇报，它是干部管理考核专用的一种文体。

1. 自述性

述职报告采用第一人称陈述自己任现职的实绩和能力，向上级或人们汇报“我做了什么”“我做得怎样”。

2. 自评性

述职报告在陈述实绩时要进行自我评定，即要向上级或群众汇报“我是否称职”。这里的评定定量要真实，不可夸大自谦；定性要准确，不可避重就轻；评价要恰当，不可似是而非。

3. 个人性

述职报告反映的是个人履行职责的情况，阐述的是个人的作用和工作成效，是上级部门对任职者的个人考核，因此述职报告着眼于汇报个人是否能胜任职位，以及个人履行职责的能力，总结的也是个人经验及教训。

五、述职报告的写作格式

述职报告一般由标题、称谓、正文、结尾、落款五部分组成。

（一）标题

标题有以下四种写法。

1. 任职起止时间+职务+文种

例如：《2012 年 1 月至 2016 年 12 月任办公室主任的述职报告》。

《2016 年 1 月至 12 月任信贷部主任的述职报告》。

《2015 年至 2017 年任院教务处主任的述职报告》。

2. 我的+文种

例如：《我的述职报告》。

3. 直接写文种

例如：《述职报告》。

4. 新闻式标题

新闻式标题，即双行标题。

例如：《不需扬鞭自奋蹄——我的述职报告》。

《一年业绩翻两番——任公司业务拓展部经理一年的述职报告》。

（二）称谓

标题之下空一行，顶格书写主送单位名称。例如："×××人事处""×××组织部""×××党委""各位领导、同志们"。

（三）正文

正文一般由引言和主体两部分组成，是述职报告的主干部分。

1. 引言

引言以概括性的语言交代任现职的基本情况，包括两方面的内容：一是任职简介，主要说明自己从何时起担任何职，主要负责什么工作，目标任务怎样；二是概括评价任职以来的工作情况。任职时间、担任职务是否称职等不需展开。

用过渡性惯用语转入下文。

例如："根据×××要求，现述职如下"或"现在我就履行职责的情况，向×××报告如下"。

2. 主体

主体部分对引言部分的内容展开陈述，内容包括以下几点。

（1）职务职责。陈述自己主管的工作、工作计划及目标实现情况，陈述职务与职责是否相称。

（2）德能勤绩。陈述自己的思想素质、业务实绩、工作态度等，突出在自己的职权范围内，做了什么，特别是开拓创新的工作，以及自我的决策力在工作中发挥的效用。这一部分需进行定量、定性分析，以事实、数据佐证，以评估个人在整体工作中的作用为主，突出本职工作特点。

（3）存在不足。陈述主观认识到的不足，包括个人工作、学习、进步方面的欠缺和客观存在的困难，总结出相应的经验。

（4）今后设想。写法上一般采用纵式结构，以时间为序，把自己任期内的工作划分为几个时段，逐段写出工作情况；也可采用模式结构，根据工作项目的不同，划分出几块，分别陈述。

（四）结尾

正文主体部分结束后，一般由述职者表明态度，即表明自己是否愿意继续任职，并写结语结尾。一般的结语有“以上述职，请予审查。”“述职完毕，请批评指正。”“以上报告，请予评议。”等。

（五）落款

落款包括署名和时间两项内容。署名要写明述职人的单位、职务和姓名，于其下写述职报告的日期。

六、写作述职报告应注意的问题

（一）真实全面

述职报告是述职人对自己在任职期间所做工作的总结，又是述职人向上级和群众所作的工作汇报，因此内容必须全面真实。

所谓全面，就是指对自己职责范围内的各方面工作都应有所反映，既要讲成绩又要讲失误，既要讲优点又要讲不足，不能顾此失彼。

所谓真实，就是要实事求是地反映自己的工作情况，既不拔高，也不贬低，有一说一，有二说二。既不能把没有做或想要做的工作说成是已经做过的工作，也不能把工作中的失误、遗漏隐瞒。只有这样，才能让人了解你的工作全貌，以便上级领导部门全面、准确、公正地做出评价。

（二）点面结合

述职报告虽然要全面汇报任职的工作情况，但也不能“眉毛胡子一把抓”，事无巨细地一一加以反映，而是要抓住那些影响全局的主要工作进行汇报，对自己做出突出成绩的工作、有创造性和开拓性的工作要重点写，一般性、日常事务性工作要写得简单一点。在突出重点的同时，也不应忽视面上的工作，应将那些与重点有关的工作情况做出必要的反映，但可以简略一些，使之既有点又有面，做到以点带面，点面结合。

（三）条理清晰

由于述职报告要反映各个方面的工作情况，涉及面宽、内容多，要在有限的篇幅内把各个方面的工作情况写清楚，其难度是相当大的。因此，要合理地安排正文的结构，注意将各个方面的工作分开来写，不要把众多的内容杂糅在一起。

常用的结构形式主要有三种。

一是工作项目归类式，即把自己所做的工作按照性质加以分类，如生产方面、销售方面、人事方面、后勤方面等，将各类作为一个层次来依次加以阐述。

二是时间顺序式，即按先后顺序将任职期内的时间划分成几个阶段，分阶段介绍自己的工作情况。

三是内容分类集中式，也就是将所有的工作集中起来，分为主要工作、成绩效益、经验教训、存在的问题和对策几个部分来阐述。

（四）突出特点

不同行业、不同岗位、不同层次领导的工作内容、特点和方法各不相同，即使是同一领导岗位，由不同的人来担任，其工作重点、工作方法也会表现出很大的差异，原因在于领导个人的理论水平、能力状况、性格特点不同。这种差异也就形成了各个领导的不同特色。与此相对应，述职报告也不可能是千人一面，这就要求述职者在汇报工作情况时，要注意突出自身的工作特点，展现出自己的个性和魅力。

（五）庄重朴实

述职报告是述职者向上级和群众对自己所做工作进行的一种正式而庄重的汇报，因此，写作述职报告应注意行文的庄重和朴实。不仅报告的内容要真实准确，评价要中肯恰当，而且语言要朴实，措辞要严谨，态度要谦恭。写述职报告要以叙述事实为主，可以有必要的议论，但一般不作描写和抒情。述职报告应避免使用渲染、夸张性的语言，切忌夸夸其谈。

[例文二十三：校长述职报告]

尊敬的领导：

××××年是我校全面提高教育教学水平，努力实现精细化管理的一年。身为校长，年度之初便对学校一年的发展提高做了总体谋划，与领导班子一起进行了总体部署，预定了“1、2、3、4 工程”，即贯彻一个体系，突出两条主线，抓好三个重点，强调四个建设，使我校的管理更为科学，设施更为完善，教育重点更为突出。在此思想框架之下，近一年来已将工作全面展开，取得了显著成绩。现对这一阶段全面工作述职如下。

一、思想政治素质与组织领导能力

本人政治立场鲜明，坚决贯彻党的各项教育方针，办人民满意的职业教育。坚持原则，努力、及时地学习了解党的教育政策、理论，不间断地提高自身政论水平。广泛听取群众意见，接纳合理化的建议主张，以加强领导能力及决策能力。我具有开拓创新精神，自任职以来，不遗余力地谋求学校发展，力求每年都有新发展，都有新起色。知人善任，驾驭全局，善于协调，充分发挥每位同志的特长和优点。巧妙调整各部门之间、同志之间的关系，使整个学校协调向上发展。科学决断能力强，依法执政并善于应对突发事件和复杂局面，处理问题冷静果断。

二、××××年工作实绩

1. 工作中注重强化两条主线

第一条主线是招生就业工作。在认真总结以往春季、秋季招生经验的基础上，努力工作，完成我校预注册招生工作，完成251人的招生任务。秋季招生工作是我们招生工作的重点，我们在工作中努力克服困难，广泛宣传，扩大学校招生范围，充分调动集体的力量，使我校在秋季招生工作中招生人数达306人。到目前为止，两个阶段共招生557人。

开拓途径，寻找兴校切入点。近年与多所职业名校实现联合办学。今年与×××技校实现联合办学，使联办学校达到5所。××××年联合办学新生人数达332人。××××年我校完成招生人数889人，超额完成下达的700人的招生任务。

就业工作始终是我们工作的重点，力求做到以“出口”带动“进口”。跑企业，广交企业朋友。本年度截至目前接触企业20余家，安排面试15次，推荐就业学生407人。接触企业包括×××城建路桥有限公司、×××股份有限公司、×××建设集团机械设备有限公司、×××广告公司、×××不锈钢有限公司、×××建设集团、×××公司，等等。

我校具有服务社会的义务和责任。学校努力挖掘自身潜力，发挥自身优势，拓展自身功能，同时完善自身的功能建设。学校面向社会、面向农村、面向厂企，搞好不同专业的中、长、短期培训、鉴定工作。

第二条主线是在工作中注重学校管理的规范化、科学化、精细化。规章制度是科学管理的前提，在现有的基础上，带领全校中层以上领导对学校教育、教学、安全、保卫、后勤等各个环节进行重新梳理，进一步培养师生良好行为习惯，规范教育教学行为，完善、整理、发布具有针对性、实效性的

“规章”。

严抓学校德育工作，多次与主管讨论寻找德育工作新途径，将学生学业教育和心理健康教育放在首位。要求学生处、团委对学生出勤、言行根据技校生日常管理手册提出要求。加大检查力度，对违纪学生决不姑息，一律严肃处理。重新制定了学生生产实习制度。加强学生心理教育，设立专职教师，关注学生成长，为学生举办心理健康讲座。同时加强安全教育和生产实习安全教育。

注重加强校园文化建设，努力改善校园环境，敦促总务工作，提升校园文化氛围，严格进行教学管理，规范教学行为，严格进行教学秩序管理。按教学计划完成本职工作。实行教学“四禁止”，一禁无教案上课，二禁教师讲课的随意性和课堂组织失控现象，三禁上课期间随意进出和接听手机，四禁对作业不批不改、有差不补现象。教务处均对上述情况进行了检查，实行了追究通报制度。常规检查落实到位。本学年的教学日志、教室日志、教案及作业检查、教学进度检查、听课检查、周工作量都纳入常规检查。教研组是学校教育教学科研的基地，也是信息传播和共享的基地。本学年充分发挥了教研组的教科研作用，开展好每一次教研活动。进一步推进完善“目标化教学”，并发挥考核作用。

在教育教学上注重了两个建设。一是队伍建设。干部队伍经过锤炼，已经成为部门的行家里手，服务能力增强，服务档次提高，教师队伍在规范教育教学行为方面下了很大功夫，要求全体教师做名副其实的“双师”，勇于争当“名师”；党员队伍保持好先进性，充分发挥好表率和示范作用。二是专业建设。进一步完善了电工、车工、计算机、焊工等主干专业的建设，包括师资建设和实习设备建设。我们将继续在骨干专业、特色专业方面下大功夫。

2. 工作中强调两个重点

工作重点之一：安全问题做到了常抓不懈。安全是维系学校健康并实现可持续发展的重要保障。我校为技工学校，用电设备多，可燃气体多，各种伤害隐患多，因此安全问题是一个警钟长鸣不容松懈的问题，我们要求每名工作人员把安全放在第一位，树立强烈的安全意识并将安保各项制度落到实处。

工作重点之二：顺利完成了省教育评估督导，并已经为省教育质量验收做好了准备。这是我校首次与全系统共同接受省级评估，也是展示我校风采的一个机会。我校已经建立了领导小组，对各项工作进行了认真安排，对学校不足进行了查找，许多方面还要进一步完善，以更好地展现我校风采。

述职人：×××

××××年××月××日

（资料来源：https：//www. liuxue86. com/a/3483780. html）

第二节 工作报告

工作报告是指党的机关、行政机关、企事业单位和社会团体，按照有关规定，定期或不定期地向上级机关或法定对象汇报本单位、本部门、本地区工作情况、做法、经验以及问题的报告。汇报的内容，包括近一段的工作情况和下一段工作部署。例如，党代会、人代会、政协全会上的工作报告，包括政府工作报告、工会工作报告、法院工作报告、年度工作报告、阶段性工作报告等。

一、工作报告的分类

（一）综合报告

全面汇报本机关工作情况，可以和总结工作、计划安排结合起来，要有分析、有综合、有新意、有重点。

（二）年度报告

年度报告指公司整个会计年度的财务报告及其他相关文件。

（三）阶段性报告

阶段性报告是指对一段时间的工作进行总结的报告。

（四）专题报告

专题报告是指围绕主题开展的综合性报告。

要一事一报，体现其专一性，切忌在同一专题报告中反映几件各不相干的事项和问题。

二、工作报告的特点

（一）语言的陈述性

工作报告的内容主要是向上级汇报工作，其表达方式以叙述、说明为主，在语言运用上要突出陈述性，把事情交代清楚，充分显示内容的真实性和材料的客观性。

（二）行文的单向性

工作报告是下级机关向上级机关行文，是为上级机关进行宏观领导提供依据，一般不需要受文机关的批复，属于单向行文。

（三）成文的事后性

工作报告是在事情做完或发生以后，向上级做出的汇报，是事后或事中行文。

三、工作报告的写作格式

（一）标题

工作报告的标题在一般情况下都采用完整式的公文标题，即由发文机关、事由、文种构成。

标题写法：事由+文种，如《关于××××年上半年工作情况的报告》；报告单位+事由+文种，如《×××师范大学教务处关于 2007 年度工作情况的报告》。

（二）正文

工作报告的正文一般由报告缘由、报告事项、报告结语组成。

报告缘由通常交代报告的起因、目的、主旨或基本情况。工作报告常用“现将……汇报于后”等惯用语承起下文。

工作报告的报告事项一般的结构安排是工作情况（成绩及经验）、存在的问题和今后打算，重点应放在工作情况部分。写作过程中，可以根据工作实际，或侧重于工作成绩，或详写失误和问题，并对产生问题的原因做出分析。“工作+经验+问题+今后措施”是工作报告的一般性结构安排。

正文要把握三点。

（1）开头：概括说明全文主旨，开门见山，起名立意。开头要将一定时间内各方面工作的总情况，如依据、目的，对整个工作的估计、评价等作概述，以点明主旨。

（2）主体：内容要丰富充实。主体是正文的核心，要将工作的主要情况、主要做法，取得的经验、效果等，分段加以表述，要以数据和材料说话，内容力求既翔实又概括。

（3）结尾：要具体切实。结尾要写工作上存在的问题，提出下一步工作具体意见。

（三）结语

工作报告的结语通常只是一句上行公文的习惯语，可以作为报告正文的一个组成部分，如“特此报告”等。有的工作报告也可以无结语。工作报告的结语不能带有明显的期复性词语，如“以上报告，请批复”“以上报告，请审批”等，因为报告中是不能夹带请示事项的。

[例文二十四：政府工作报告]

全国人民代表大会常务委员会工作报告

——××××年××月××日在第××届全国人民代表大会第××次会议上

全国人民代表大会常务委员会委员长　×××

各位代表：

我受××届全国人大常委会委托，向大会报告工作，请予审议。

一、过去五年的主要工作……

二、五年工作的主要体会……

三、今后一年工作的建议……

我们相信，在以习近平同志为核心的党中央坚强领导下，在习近平新时代中国特色社会主义思想科学指引下，在全国各族人民大力支持下，新一届全国人大及其常委会一定能够不辱使命、不负重托，谱写新时代人大工作新篇章。

各位代表，伟大梦想鼓舞我们接续奋斗，伟大时代激励我们砥砺前行。让我们更加紧密地团结在以习近平同志为核心的党中央周围，高举中国特色社会主义伟大旗帜，深入学习贯彻习近平新时代中国特色社会主义思想，不忘初心、牢记使命，开拓创新、奋发进取，为决胜全面建成小康社会、夺取新时代中国特色社会主义伟大胜利、实现中华民族伟大复兴的中国梦不懈奋斗！

（资料来源：https：//www. liuxue86. com/a/3670876. html）

第三节　情况报告

情况报告是指向上级机关反映某种临时性情况、事故的报告，主要是用来汇报工作中发生的重大问题或特殊情况、接办事项的处理情况等，反映问题比较专一，主要是围绕一项工作、一件事情叙述和说明。

一、情况报告的特点

首先，情况报告一般是正常工作运转中出现的新情况新问题，特别是突发事件、特殊情况、意外事故、个别问题的处理情况，需要向上级机关报告的。

其次，情况报告不同于工作报告，其结构往往是某个情况发生全过程的始末以及处理意见，包括时间、地点，什么人、什么事，原因分析，直接间接后果，处理过程，处理意见等，使上级机关比较清楚地了解发生事情的全貌。

再次，实事求是、实情准确，分析有据、详略得当，是写好情况报告的关键。有喜报喜，有忧报忧，不夸大事实，不隐瞒真相，秉笔直书，言之有理，是写好情况报告的关键。

最后，在情况报告中往往有一些需要上级机关帮助解决、批准同意的事项，原则上讲应以专题行文请示，但特殊情况、紧急情况除外。

二、情况报告的写作格式

情况报告一般由标题、主送机关、正文和落款四部分组成。此处只介绍前三部分。

（一）标题

情况报告的标题一般采用完整式的公文标题，即由发文机关、事由、文种构成，如《某市贸易局关于百货大楼重大火灾事故的报告》。有的报告省略发文机关，即由事由和文种构成，如《贯彻实施行政许可法工作情况报告》，但一定要在落款时标明发文机关名称。

（二）主送机关

大多数情况报告的主送机关只有一个，即直接上级机关，一般用上级机关的简称。如果需要同时报送其他上级机关，则以抄报方式处理。

（三）正文

情况报告正文是情况报告的核心内容，其正文由两部分组成：事情的起因和经过、办理结果。

（1）事情的起因和经过：要报告事情发生的原因（即报告依据）及发生的过程（或工作完成的过程），通常交代起因或基本情况，常以“现将有关情况报告如下”等惯用语承启下文。起因和经过部分是情况报告的主体部分，一般包括三个层次的内容，结构顺序为：基本情况→问题及原因→办法及措施。有的情况报告也可以将“情况”及“分析”结合起来写。

（2）办理结果：事情最后办理情况（或完成情况或结论）。

情况报告结语部分通常只是一句上行公文的习惯用语，也可作为报告正文的一个组成部分，如“特此报告”。

[例文二十五：组织收看十九大开幕式的情况报告]

市委：

我局党组于××××年××月××日上午9：00组织全局干部职工共计××人在局六楼会议室集中观看了十九大开幕式，聆听习近平总书记代表第十八届中央委员会所作的报告。现将有关情况汇报如下。

一是统一思想、全员参加。××月××日下午，局机关党委以电话、微信工作群消息等形式向各科室各党支部发出通知，要求全体干部职工集中观看十九大开幕式和总书记报告，并结合自身工作实际，认真撰写心得体会。

二是提前准备、强化保障。××月××日下午，我局抽出专业人员对会议室进行了准备，对观看设备进行了更新维护和调试，确保当天能够顺畅、及时地观看十九大开幕式。

三是严明纪律、确保效果。××月××日上午8：50，由政工人事科组织签到，全局干部、职工共计到达会场××人。在开幕式前党组对会场纪律提出了严格要求，要求全体党员佩戴党徽，做好表率，与会人员自觉遵守，认真观看。所有人员不得接打电话、随意走动，不得交头接耳、大声喧哗，不得做与会议无关的事。在整个会议过程中全体干部职工做到了自觉遵守会场纪律，突显了会议庄严、神圣。

四是意义深远、反响热烈。习近平总书记所作报告内涵丰实，振奋人心！开幕式结束后，广大干部职工反响热烈。局无党派人士、市政协委员×××说：十九大报告提出了今后中国共产党的14个战略方针，水务部门应重点围绕水生态文明建设，结合河长制的推进和农田水利基础设施建设，治理好山、水、林、田、湖、草，坚持最严格的水资源管理制度，为实现生态良好、人民富裕的目标提供支撑。局规划计划科长×××说：十九大报告中提出了加强水利基础设施建设，并将水利提到了基础设施建设的首位，我们将重点围绕民生发展、生态建设，重点推进八角、华强沟、石泉水库等新灌区建设，加强河湖水生态保护与修复，因地制宜建设一批五小水利工程，加快推进农村水利脱贫，为实现“两个一百年”目标做出贡献。市水务局机关党委书记×××表示：围绕党的十九大报告，一是要坚持党的领导，加强基层党的建设，充分发挥党组织的先锋模范和示范引领作用，为水利发展提供组织保障；二是坚持从严治党，加强思想政治、工作作风和反腐倡廉建设，增强干部群众“四个意识”，充分发挥党建围绕中心、服务大局的保障作用；三是深化供给侧结构性改革，推进重点水源、堤防工程、安全饮水和水生态环境等工程建设，补齐资源性、工程性、水质性三大缺水短板，着力解决水多（洪水）、水少（水资源短缺）、水脏（水污染）等三大制约我市经济社会发展的水利问题，为建设幸福美丽德阳提供良好的水环境保障。

（资料来源：http：//www. xchen. com. cn/baogao）

第四节　市场调查与市场预测报告

一、市场调查与市场预测报告的概念

市场调查报告，是指在针对企业经营活动中需要认识解决的问题，运用科学的方法，有目的、有计划地系统搜集、记录、整理、分析消费者和市场活动的真实情况以及与此相关的资料，在了解市场现状和发展动态的调研活动的基础上写成的书面报告。

市场预测报告，是指在市场调查和分析的基础上，利用相关信息资料，通过科学的预测方法，对未来一定时期内的市场供求变化及其发展趋势做出科学推断后写出的书面报告。

面对瞬息万变的市场和纷繁复杂的国内外环境，企业要想战胜对手，在商场中立于不败之地，就必须密切注视市场动态，掌握市场信息，推测市场发展趋势，使自己的经营活动适应迅速变化的市场。由此，市场调查报告与市场预测报告便越来越被人们重视。

二、市场调查报告与市场预测报告的作用

1. 企业经营决策的重要依据

企业经营管理的核心是决策，而决策正确与否，在很大程度上取决于对市场信息的把握、了解及市场预测准确与否。离开这些，经营决策将是脱离实际的。

2. 调节市场的需要

随着经济的发展，人们的消费需求结构也会发生变化，这种变化必然通过市场反映出来。而只有对市场进行调查和科学预测，掌握消费者需求乃至潜在需求以及市场变化的规律，才能用以需促产、以需促销、以需定购等办法指导生产，组织流通，从而调节市场。

3. 提高实体企业经济效益的重要手段

要提高实体企业经济效益，就必须加强企业与市场之间在产品、价格、销售、情报、竞争等方面的联系。而市场调查报告与市场预测报告在其中起着中介作用：一方面，通过调查及预测报告可掌握市场动态和商品产销变化趋向；另一方面，通过调查与预测报告可摸清竞争对手供货状况及消费者需求倾向，从而为实体企业生产经营及管理指出方向，使企业生产经营适应市场变化，增强产品竞争能力，最终提高企业的经济效益。

三、市场调查报告与市场预测报告的分类

市场调查报告与市场预测报告按照不同的分类标准可分为不同的类别。

（1）按范围分，有宏观和微观的调查与预测报告。

（2）按对象分，有市场需求、市场占有率、产品发展、资源调查与预测报告。

（3）按空间层次分，有国际性、全国性、地区性和当地市场调查与预测报告。

（4）按时间分，市场预测报告有长期（五年以上）、中期（二至五年）、短期（一年左右）三种；按预测方法分，市场预测报告有定性预测报告和定量预测报告。

四、市场调查报告与市场预测报告的特点

1. 市场调查报告的最大特点是“调研”二字

（1）“调”就是调查，即运用科学的方法有目的、有计划地系统搜集、记录消费者和市场活动的真实情况以及与此相关的资料。

这里的市场经济活动资料包括购买商品的个人或集体对商品的意见、需求、动机以及产品的类别、销售环境、需求量、价格流通渠道、竞争结构等。

（2）“研”是指对搜集到的市场经济活动资料进行整理和分析。

市场调查报告重在提供信息，揭示市场动向、运行轨迹以及市场的潜在危机。一份市场调查报告的价值高低取决于它的信息含量的高低，以及信息的准确率与系统程度。因此，要想为企业提供一份高质量的市场调查报告，必须在调查与研究方面做足功课。

2. 市场预测报告的着眼点在于预测市场前景

市场预测报告属预测决策文书，其着眼点在于预测市场前景，为经营决策提供依据。它呈现出如下特点。

（1）预见性。预见性是市场预测报告最突出的特点，且预见性越接近客观实际，就越有价值。一般来说，短期、近期预测，其预见性较明确，可以具体些；中期、长期预测，预见性较模糊，只能作总体趋势的估计。总之，预见性是市场预测的根本意义所在。

（2）科学性。市场预测不是凭空主观想当然，它是在马克思哲学和经济学指导下，运用科学预测方法，对大量市场信息、数据进行综合分析、科学测算，并根据市场运行客观规律做出推断，因而具有科学性。科学性是预见性的前提，没有严密的科学性，市场预测就不会有准确的预见性。

（3）不确定性。市场预测既有科学性的一面，又有不确定性的一面。因为市场活动受到种种因素的影响和制约，既受可测定因素的影响，也受预先无法预测因素的影响，还受预测者主观思维的影响，所以对未来市场发展的预测存在不确定性。预见性只是相对的、有限的。

五、市场调查报告与市场预测报告的关系

1. 市场调查报告与市场预测报告关系密切

没有不含预测目的的市场调查，也没有不经调查的市场预测。市场调查

是市场预测的基础和前提，离开市场调查谈不上市场预测；市场预测又是市场调查的意义所在，离开市场预测，市场调查也就失去价值了。

2. 市场调查报告与市场预测报告写作的侧重点不同

市场调查报告侧重于了解过去和现在已经发生并存在的市场状况，意在提出问题，它虽也对市场前景进行观测分析，目的却是指导和控制现实；市场预测虽也要分析市场的“今”“昔”，可主要研究的是“未来”，即侧重于展望和推测未来市场的发展趋势。

六、市场调查报告与市场预测报告的写作

（一）市场调查报告的写作步骤

市场调查报告是在对市场进行充分调查研究的基础上形成的。调查报告的写作过程就是市场调查研究的过程。

1. 明确任务，确定目标

写预测报告，首先必须明确预测任务和确定预测目标，对预测课题做到心中有数，即预测之前，要清楚预测什么，要解决什么问题。明确任务和目标，直接关系到资料搜集的方向、预测方法的选择、内容重点的确定以及预测工作的进程和范围，所以，这是一项先行性的工作。

针对企业经营决策的需求，明确调研的目标属于哪一类性质的问题，需要什么样的信息以及如何有效地获得这些信息。市场调研的问题包括准确地确定研究目的和研究目标，研究目标又需表达成若干具体目标。每一次调研的问题一定要具体明确，范围不能太宽也不能太窄。

2. 研究设计，计划安排

要写好市场调研计划书，设计、安排好市场调研的具体事项，包括确定收集资料的种类和来源、选择资料搜集的方法、确定资料搜集的工具与方式、选定抽样方案以及时间安排和经费预算。

3. 开展调查，广搜资料

目标确定后，就要着手收集资料。收集准确、详尽而及时的调研资料和统计资料是预测的基础，直接关系到预测的精确度和科学性。

首先，要围绕预测目标开展市场调查，以取得比较完备的市场信息资料。市场信息资料包括：企业内部的各种资料，诸如报表、账册等统计资料，上级有关文件以及有关成本、价格、经济效益、生产效率、新产品开发等情况的资料；企业外部的各种资料，诸如有关产品销售、顾客反应、产品的竞争

力和市场占有率等情况的资料。

其次，要在辩证唯物主义指导下，对占有的资料进行必要的审查和整理，通过周密细致的综合分析做出判断，剔除某些偶然出现的或非正常的数据，真正把握预测对象的特征和市场变化规律，为准确预测奠定基础。

4. 选好方法，进行预测

资料审查、整理后，应根据发展趋势选择合适的预测方法进行预测。预测方法很多，市场预测常用的方法有三种。

（1）定性预测法，即凭借预测者所掌握的科学知识以及从事专业工作的实践经验与分析判断能力，在掌握资料的基础上，对预测目标的性质及发展趋势进行直观判断的预测方法，又称经验判断法。其具体方法有业务骨干研判法与专家研判法。

（2）定量预测法，即根据大量的历史数据和资料，用定量分析的方法计算市场的未来需求量。其具体方法如下。

①时间序列法：包括移动平均法、指数平滑法和季节序数法等。

②因果模式法：利用商品间的因果关系，由已知甲推知未知乙的方法。

③回归预测法：包括一元线性回归和多元线性回归。

（3）综合预测法，即将定性、定量两种方法加以综合运用的方法。

5. 分析资料，形成报告

要将预测结果变为报告，还须分析资料，即研究。其基本程序有：一是对搜集资料进行去伪存真的鉴别和筛选；二是对确证的资料进行性质区分；三是对同性质的资料归类并反映事物的属性；四是理清类与类间的逻辑联系，从而回答预定的研究目的。在分析资料的基础上形成书面报告，运用文字去表现。

收集资料是调研活动的关键性实际操作环节。资料搜集的主要调查方法有访问法、观察法、实验法、问卷法、抽样调查法等。收集资料的途径主要是两个：一是通过实验或现场调查获取原始资料（或称第一手资料）；二是从他人研究成果中获取第二手资料。大多数情况下都需要将两种途径相结合。

（二）市场调查报告的写作格式

市场调查报告由标题、正文、落款三部分组成。

1. 标题

市场调查报告的标题有如下几种形式。

（1）公文式标题。

①四项式标题：由“调查对象+时间（调查对象的时间范围）+内容+文种”组成，如《江苏省2018年夏装市场产销情况调查报告》。

②三项式标题：由“调查对象+内容+文种”组成，如《中国城市家庭居家养老需求调查报告》。

③二项式标题：由“内容+文种”组成，如《关于增值税发票使用情况的调查》。

（2）文章式标题。这是类似一般文章标题的一种形式，根据需要直接说明调查的对象内容或者揭示文章的中心，如《成都：私车消费第三城》（点明调查对象和内容），《甘肃家具企业“水土不服”》《出口商品包装不容忽视》（揭示中心），《大展览遇上小展馆》（点明调查内容）。

（3）新闻式标题。由正标题和副标题组成，正标题揭示主题，副标题对正标题加以补充。如：《市场呼唤“杂粮”——来自长江三角洲市级城市的调查》。

2. 正文

市场调查报告的正文由前言、主体和结尾三部分组成。

（1）前言。市场调查报告的前言，在内容上一般应交代调查的时间、对象、目的、动机，以及采用的调查方法、调查的基本情况，等等。

（2）主体。市场调查报告的主体写作主要是将搜集到的资料经过去伪存真、分析归类，由此找出规律，得出结论。其主体内容的写作结构可根据调查内容的不同而不同：反映市场情况的一般由“情况、分析、建议”组成，揭示市场经营管理问题的一般由“问题、原因、意见或建议”组成。

其在结构安排上可有以下几种形式。

①纵式结构：按调查对象发展的时间顺序来安排主体内容，以时间为主线，先介绍事件的起因、发展，后介绍事件的结局。

②横式结构：就是以问题为主线来安排，把调查得到的资料内容按照内在的逻辑联系，分成几个部分并列来写，或冠以小标题，或分项阐述。这是市场调查报告中最常用的结构方式。

③纵横式结构：兼有上述两种结构的特点。从文章全貌来看，是按事物发展的脉络来写，呈纵式结构，但在叙述过程中又分别对一个问题的几个方面分别加以阐述，又呈现出横式结构的特点，每个方面往往冠以小标题，使重点更加突出。

（3）结尾。结尾是市场调查报告的收束，或总结全文，深化主题；或照应前言，点题作结；或展望前景，催人奋发；或提出问题，激发思考；等等。

有的调查报告全部内容在前文已表述完，则无须再加结束语。无论哪种形式，都必须做到简洁有力，切忌拖泥带水、画蛇添足。

3. 落款

为了对调查的内容负责，最后在正文右下角写上作者名称和写作时间，如已在标题下面，此处可省略。

（三）市场预测报告的写作格式

市场预测报告由标题、正文、落款三部分组成。

1. 标题

市场预测报告的标题，常见的有三种形式。

（1）完整式标题。这类标题由四要素组成，即预测时间、预测区域、预测对象及文种，如《2019 年我国汽车市场需求状况预测》。

（2）准齐式标题。这类标题，不是四要素俱全，有的着重强调时间，有的着重强调预测的范围，但多数都包含对象和文种，如《智能机器人生产与需求预测》《今年大学生就业情况分析与预测》。

（3）消息式标题。这类标题类似新闻报道的消息标题，标题中不提文种“预测”两字，但可看出是预测，如《高房价何时触底》《2019 年服装流行趋势展望》。

2. 正文

预测报告的正文，一般由三个部分组成。

（1）预测对象的概况，包括历史情况和现状。预测报告的特点就是根据过去和现在预测未来，所以这部分要精选调查所得的大量资料和确凿的数据，作为预测的依据。在写作过程中要注意突出重点，抓住直接影响未来趋势的主要矛盾来写。

（2）分析预测。这是预测的重点部分，要在掌握大量的调查资料、数据、情报信息的基础上，进行分析、综合、推理、判断，预测事物发展变化的趋势和规律。此部分，须经科学的计算和分析，推断出趋向性的概况和前景。因此，选用的预测方法对预测准确性影响颇大。

写作时，应注意从预测对象的内在联系出发，合理地安排材料，做到分析论证有理有据，判断推理富有逻辑性和说服力。为使文章条理清晰、层次分明，可分若干条叙述，或列出小标题，并注意突出重点。

（3）结论与建议。这是预测报告的根本目的，要在分析、判断、预测的基础上，归纳出科学的结论。没有科学结论的预测报告毫无价值。同时，在基本结论的基础上，应提出具体的建议和措施。建议要切实可行，切忌空洞、抽象，过于笼统。

预测报告正文的三个部分环环相扣，有着严密的逻辑关系。但根据实际需要，三个部分的顺序也不是一成不变的。有的预测报告将概况与分析合在一起写，有的将预测与建议并在一起表述，还有的先提出预测结论，然后分析说明得出结论的依据，再提出建议和措施。

3. 落款

预测报告的落款一般有作者署名和成文时间。作者署名可以采用集体署名，如×××单位、×××课题组，也可以采用个人署名。如果在预测报告的标题下面已经标明作者，这里则应省略作者署名，而只需写上成文年月日。

[例文二十六：大学生消费调查报告分析]

消费，是每个人每天都必须做的一件事，是生活的基础。而大学生作为一个特殊的消费群体，是时尚的风向标，也是时尚的追随者，在某些时尚领域，起的引领作用，所起的作用甚至超过一些大红明星。在当前的经济生活中，大学生在改善消费构成方面同样起着不可替代的作用。同时，他们的消费现状、消费特点在一定程度上折射出当前大学生的生活状态和价值取向。作为当代莘莘学子中的一员，作为深切关注中国经济发展的一名朝气蓬勃的大学生，本着对中国经济深切关注的态度，通过深入调查和利用手机数据，我完成了这份调查报告，并力图从消费意向、消费意识和消费心理上解读学生的消费现状和消费趋势。

随着高等教育的普及，高等教育市场化运作日趋明显。近来高校大规模的扩招，使越来越多的学生走进了大学的殿堂。大学生消费市场越来越多地成为人们关注的焦点。大多数父母认为“再穷也不能穷孩子”，因此父母往往对教育进行高额投资，也让大学生的消费能力高出了一般水平。那么如何正确面对这一消费市场呢？为此，我分别对苏州市职业大学部分学生的消费状况进行了调查，从而对当今大学生的消费情况有了一个全面细致的了解。以下是这次调查的具体内容以及我对此情况进行的分析。

一、当代大学生的消费特点

1. 过于盲目消费，感性多于理性

大学生的主要经济来源还是父母给的生活费，他们没有自食其力的经历，不知道赚钱的难处。此外，由于大学生还没有形成完整的、稳定的消费观念，自控能力不强，多数消费都是受媒体宣传诱导或是受身边的同学影响而产生的随机消费、冲动消费。比如，很多大学生使用苹果手机之类的高端机，这就是一种互相攀比引发的消费，觉得别人都有自己没有会很没面子。这种消费心理是很不健康的，是很危险的。

2. 追求时尚和名牌是不老的话题

很多大学生都会买一些品牌的衣服或生活用品，在一定程度上会导致攀比消费。消费应该建立在亲身实践基础上，比如自己用过某种肥皂觉得不错，那么就可以一直用下去。这里并不是说不提倡尝试多元消费，只是不提倡过分的品牌消费。

3. 消费倾向多样化

在这个物质生活与精神生活日益丰富的时代，当代的大学生已不再满足于宿舍、教师、图书馆三点一线的单调生活，娱乐、运动、手机、电脑以及新型的IT产品成了大学生消费的热点。大学生的消费已呈现明显的多元化趋势。如果经济条件允许，大部分学生会去旅行，去歌厅、酒吧消费，或是购买电脑、手机，反映出大学生具有走出校园、融入社会、拥有高质量生活的渴望。

二、当代大学生消费状况存在的问题

1. 储蓄观念淡薄，理财观念需培养和加强

绝大多数大学生的经济来源是父母给的生活费，因此，他们没有节约的观念，更没有存钱的理念。有很多同学月初是“高富帅”，月底是“穷屌丝”。他们没有养成对自己生活费做一个合理规划的习惯，总是有一分钱就花一分钱。

2. 消费水平两极分化

不得不承认有一部分大学生还是很懂事的，不会乱花钱，甚至会自己想办法赚钱。这就与那些过度消费，乱消费的大学生形成了鲜明对比。据观察，这种两极分化现象在一些男生中比较严重，而女生多少会比男生更懂事，更节约。

3. 消费结构存在不合理

我发现女生的消费结构不合理的现象更为突出。有些女生的生活费一半用来买衣服、玩偶及化妆品，而自己的饮食消费所占比例很小。不吃饭是不行的，我相信父母给的生活费主要还是应该用来吃饭的。

4. 恋爱支出过度

进入大学，自由了，也有时间和精力了，因此很多大学生会找个对象，谈个恋爱。在调查中我发现，一部分谈恋爱的大学生每月大约支出200~300

元甚至更多，最少的也有150元左右。他们大多是为了追求情感需要而进行物质投入的，因而经常难以理性把握适度消费的原则。这是很不理智的消费。这种不理智的现象尤其出现在男方身上，少数女生也会出现这种现象。爱情的盲目力量是不可取的，要在恋爱的甜蜜中保持一种理性的消费。

三、几点忠告

以上就是我调查所得的结论，也许我的数据不够权威，也许我的分析不够准确，但我有自己的角度、自己的眼光、自己的方法，它代表我自己的声音。

针对以上结论对当代大学生提出几点忠告。

（1）大学生要树立合理的消费观念，要理智地对待自己的消费。作为一个纯消费者，大学生经济上大多数靠家庭，所以自己在消费时要考虑家庭的经济状况、父母的承受能力，要有一定的自制能力，不能盲目地陷入感性消费的误区。

（2）大学生也要具有消费者的维权意识。进入大学，意味着开始慢慢地融入社会，社会中欺骗消费者的各种不法行为屡禁不止。面对纷繁复杂的社会，大学生要学会维护自己的合法权利。

（3）大学生应该加强合理储蓄的观念。诺贝尔经济学奖得主罗伯特·清崎曾经说过："理财与你挣了多少钱没关系，它是测算你能留住多少钱以及能让这些钱为你工作多久的能力。"在调查时，当问及一学期结束后经济情况如何时，大部分大学生都坦白承认自己的消费已经超出计划范围，甚至有些大学生还需要向别人借回家的路费，略有剩余的大学生也想着如何把剩余的钱花完，只有极个别大学生有储蓄的意识。

每一个大学生都有着自己特殊的消费观念和消费行为。一方面，他们有着旺盛的消费需求，另一方面，他们尚未获得经济上的独立，消费受到很大的制约。消费观念超前和消费实力滞后的矛盾使得大学生消费呈现出不同一般的状况，大学生消费受到方方面面的影响，也影响着方方面面。因此，随着经济的发展，高校大规模的扩招，大学生消费市场越来越显示其重要性。大学生消费市场是一个规模和潜力都很巨大的市场，如何规范并合理地发展这样一个市场也是摆在我们大家面前一个刻不容缓的问题。只有在学生、家庭、学校和社会的共同关注和努力下，大学生消费才会越来越合理。

（资料来源：www. toutiao. com）

[例文二十七：市场调查报告]

时隔八年，大学生信用卡重现江湖

一、新一轮大学生信用卡发卡潮来临

国家着手整顿校园贷市场初见成效，金融监管机构用新规将网贷平台驱逐出各大校园，目前只有银行和消费金融公司两类持有金融特许牌照的机构才是合规的以大学生为服务对象的金融机构。

二、是重走老路，还是互联网金融创新

截至目前，作为全国最大的校园卡推广机构，×××目前已经承接了5家银行的校园卡推广项目。基本上市场上的大学生信用卡都齐全了。

去年××月，银监会联合教育部、人力资源社会保障部联合发布了《关于进一步加强校园贷规范管理工作的通知》，进一步规范管理校园贷乱象，鼓励合格金融主体进校园，共同规划建设良性发展的校园金融市场。这一通知的出台让银行在时隔八年后纷纷重返校园，各大银行积极响应政策号召，向全国高校学生推出大学生系列信用卡产品，为校园金融市场打开正门。

三、各家银行对于大学生群体跃跃欲试

目前，许多银行推出的大学生专属卡有些并没有额度，有些银行还设置了申请门槛. 例如：××银行要求申请大学生为985/211院校在校学生；××银行也要求办卡人为全国本科院校在校学生；××银行、××银行、××银行则是基本初始信用额度为0元，采用先存款后消费的模式，如果取得家长同意后可以授予一定额度，但是最高也不超过5 000元，一般在2 000~3 000元。不过，大学生使用信用卡可以享受积分和一些优惠活动，重要的是可以累积信用。许多银行规定，毕业后的持卡学生在参加工作后信用额度自动涨到1万~5万。这比许多刚参加工作的社会人士办理首张信用卡额度高很多。

四、不堪回首的校园金融市场

银行“大举进攻”校园业务并不是第一次，早在2005年，银行便已铺开了大学生信用卡业务，只是当时的战果并不丰硕。2005年，银行大规模进入校园，由于缺乏对个人持卡数量的限制，多家银行多头授信造成个人信用额度的滥用，学生无节制消费等恶劣社会影响导致2009年银监会叫停大学生信用卡，也让八年后银行的这次“大学生信用卡重现江湖”显得更加引人关注。

在被国家叫停的八年间，银行退出了校园市场，但校园的金融需求依然存在，各种校园贷乘虚而入，造成“劣币驱逐良币”的局面——正规的金融机构被挡在校园外。

五、大学生金融的银行缺位造成校园贷市场的兴起

为什么银行都不让进了，这些小贷公司、网贷公司却让进？原因在于银行都有银监会管，小贷公司、网贷公司却“无天管，无地收”。

不过这种畸形状态已经基本结束了，国家着手整顿校园贷市场已经初见成效，金融监管机构用新规将网贷平台驱逐出各大校园，而持牌的机构在政策和市场的双重驱动下争相涌入。目前只有银行和消费金融公司两类持有金融特许牌照的机构才是合规的以大学生为服务对象的金融机构。曾被叫停的大学生信用卡，高调杀回，抢占市场。

六、不可小觑的校园金融市场

艾瑞咨询《2016年中国大学生消费市场研究报告显示》，自2012年以来，中国大学生人数一直迅猛增长。至2015年，在校大学生人数已达3 647万人，2016年我国大学生消费市场规模达到4 524亿，同比增长4.7%。艾瑞咨询预测，这一数字还将在未来持续增长。而这样庞大的基础市场，也给了银行除政策推动以外，“不得不入”的重要动力。

时过境迁，时隔八年后银行的回归，新一轮大学生信用卡发卡潮，究竟会给大学生带来怎样的福利，我们拭目以待。

（资料来源：www.toutiao.com）

[例文二十八：市场预测报告]

2016—2019年中国生鲜电商市场发展趋势预测

中国生鲜电商市场目前处于高速发展期，受资本追捧，生鲜电商不断完善产业链条的各个环节，市场表现强劲。2016年中国生鲜电商市场交易规模达到913.9亿元人民币，同比增长68.6%，增速相对前几年有所放缓。预计到2019年，中国生鲜电商市场交易规模将达到3 506.08亿元人民币。

易观分析认为，未来生鲜电商市场发展将有如下趋势。

1. 生鲜电商的渗透率将进一步提高

便利和品质是消费者使用生鲜电商购买商品的主要动机。随着行业商业模式的优化、供应链体系的搭建以及配送物流效率的提升，生鲜电商在产品新鲜度、配送时效以及成本费用率上的控制能力将进一步增强，用户体验不断提升。在具备用户黏性的基础上，生鲜电商行业将进入良性发展循环，渗透率开始提升，并成为生鲜市场的重要交易渠道。

2. 厂商分化发展，资本将持续“入场”

经历了生鲜电商“洗牌期”后，行业市场格局将进一步分化。受仓储和冷链物流技术的限制，全品类覆盖短期内难以实现。生鲜市场是刚需市场，覆盖群体广泛且多元化，现有厂商为了保持自身市场地位，将集中资源深耕某个细分领域，精准挖掘目标用户的需求痛点并推出相应的创新、定制产品，形成自身独特的发展模式。长期看，行业集中度将进一步提高。资金实力雄厚的少数几个厂商会突破仓储和冷链物流技术限制，背靠前期积累的用户规模和良好口碑，向全品类发展，成为行业内的头部厂商。易观认为，2017 年将是资本进入生鲜电商市场最好的时机，在整个行业摸索一段时间并经历“洗牌期”后，资本能够一定程度看清行业内企业真正的发展模式和盈利亏损点，因此资本将持续“入场”。

3. 线上线下融合加快社区化运营集约成本

随着互联网的不断渗透，传统生鲜零售企业的互联网转型需求越来越高；而对于生鲜电商平台来说，与传统企业合作将能迅速补足线下短板。综合双方需求，线上线下的融合将成为行业内其中一种主流模式，生鲜电商可结合线下企业已有供应链，丰富线上品类，满足用户多元化的需求；此外，线下企业拥有的密集实体网点更贴近于消费者，将其作为前置仓，能够在消费者下单后提升物流的时效性，满足消费者购买全场景体验及需求，为生鲜电商导入线下流量等，增强生鲜电商的综合竞争力。线上线下融合，以线下网点为中心辐射周围几公里内的用户群体，以区域为单位进行集中配送，以此降低末端配送成本。基于此，未来生鲜电商的仓储体系将在城市“大仓”的基础上分设呈社区化分布的“微仓”，在提升配送速度的同时又可控制配送成本。

4. 新兴技术赋能“轻仓”模式

随着平台用户的积累，生鲜电商运用大数据和 AI 技术，追踪用户消费行为，精准预测市场需求，控制进货量，实现产销平衡。根据预测销量提前向产地订货，保证到期充足的供应，提前布局仓储物流，缩短商品从采购至到达用户所需的时间，在及时满足用户需求的前提下最大限度减少库存积压，降低仓储成本、缺货率和耗损率。此外，通过用户数据识别用户标签，基于用户的多元化需求开发衍生业务，甚至触及其他电商领域，探索新的商业模式。

5. 冷链物流服务商将开放平台

中小生鲜电商缺乏规模效益，成本居高不下，导致其自身难以支撑自建冷链模式，为了实现盈利，将分离出冷链物流这一环节并交由第三方完成。目前，已经存在行业头部厂商、综合电商企业开放自有冷链物流体系，专业物流公司也纷纷开始搭建冷链网络，率先抢占冷链市场。相比发达国家，国内生鲜产品的冷链流通率低，但冷链需求正快速扩大，旺盛的需求将吸引更多竞争者进入市场。在自建冷链物流的生鲜电商企业中，会有多家企业在满足自身的冷链物流需求基础上，服务于其他需求方，增加自身企业收益。良性的市场竞争可推动冷链服务质量的提升和价格的下降，减轻生鲜电商的物流成本压力。

（资料来源：http：//www. sohu. com）

第六章 经济文书写作

第一节 经济文书的特点

经济文书就是涉及经济内容的应用文章。常见的经济文书有经济活动分析报告、可行性研究报告、经济合同书、营销策划书、招标投标书。这类经济文书具有的共同特点如下。

一、实用性

实用，是经济文书的价值取向。任何经济文书都不是一般的有感而发，而是为事而作，力求能够解决实际问题。具体来说，它的实用价值体现在以下几方面。

第一，能够反映经济建设中的新动态、新情况、新经验和新问题，并认真地加以剖析研究，从而探索和发现经济活动的发展规律，为制定经济方针、政策，做出决策，制订计划，提供科学的依据。

第二，针对现代经济管理活动中的各种实际问题，适时地做出决策、指令、通报和说明，提出解决问题的措施和办法，使管理活动能够沿着正确的轨道正常运行，促进现代化的经济管理。

第三，能够梳理适合我国国情，顺应我国市场经济发展的新形势，反映其发展与优化的过程，对经济改革做正确的导向。

对经济文书来说，如果能实实在在解决一些实际问题，就一定会对经济工作有指导意义，也就具有较高的实用价值。

二、真实性

经济文书是反映经济活动规律，解决实际经济问题的，它应当从实际出发，原原本本反映客观事物的真实面貌，传递准确无误的信息。经济文书不能像文学作品那样可以进行艺术虚构，它必须实事求是，事必有据，反对歪曲事实，乱找角度，弄虚作假，夸大其词。具体来说，要做到以下几个方面。

第一，所反映的时间、地点、人物、事件、背景、过程、细节等都符合事实的本来面目，不掺假、不夸张、不走样。

第二，引用各种资料、统计数据要准确无误。对一些重要数据，必须反复核实测算，不能出丝毫差错。

第三，要反映客观事实本身的逻辑关系，揭示客观经济规律。不能片面强调求真，更不能因此而“有闻必录”。不能只见树木不见森林，只见现象不见本质，只见偶然否定必然。

三、效益性

经济活动与其他活动相比的一个根本区别就在于它必须讲求经济效益。文章是客观事物的反映，经济文书是直接反映、影响与作用于经济活动的，就必然与经济效益发生不解之缘。这就要求经济文书要从不同的角度、不同的方面，以不同的内容、形式和方法同经济效益挂钩，为提高经济效益服务。

例如：市场调查报告要为使企业产品适销对路服务，经济合同要为企业的切身经济利益着想，审计报告要着眼于对企业经济效益的检查与评估，决策方案报告要考虑提出经济效益好的最佳方案，商品广告要以推销商品和劳务达到盈利为目的……

总之，经济效益是经济管理的核心内容，提高经济效益是所有经济管理活动的根本目标，也是经济文书写作的终极目的。因此，经济文书在写作中必须牢固地树立效益观念，注重对经济活动中影响经济效益诸因素的分析，注重提供有助于提高经济效益的切实可行的措施与方案，保证经济活动的正常运行，实现最佳的经济效益。

四、政策性

市场经济就是法制经济，有关的经济法规和经济政策就是经济运行的基本规则，也是经济文书写作的指导方针。这就要求经济文书的内容要体现和渗透经济法规和经济政策的精神，要以有关的法规和政策为依据去分析经济现象，研究经济形势，解决经济问题；要结合具体的经济工作任务、具体的事件、具体的问题来自觉贯彻宣传国家的有关法规和政策，反映国家政权的政治意向和根本利益。

例如：签订经济合同，其内容必须遵循《合同法》的有关规定，必须规范在国家法律以及有关税务、财务、物价等方面的政策允许的范围之内；发布商品广告也要按照《广告法》的有关规定进行，保证广告内容真实与合法，具有很强的政策性。

五、程式性

程式性主要是就经济文书的格式与语言而言的。经济文书专业性很强，为了表达得准确得体，处理得及时迅速，在长期的写作实践中，逐渐形成了不同的、相对固定的格式与写作规范。各种文体都有自己大致的模式，写作也要按照一定的规格、程式、标准和要求进行，不允许随心所欲，自行改变。规范化是实现经济文书统一性、完整性、准确性和有效性的重要保证，是提高经济写作的速度与效率的基本措施，同时也为经济文书运用电脑写作进行科学化管理奠定了基础。

第二节　经济活动分析报告

一、经济活动分析报告的概念

经济活动分析报告是金融企业以经济理论和国家现行的经济政策为指导，根据会计报表计划指标、会计核算、统计资料等数据材料，对经济、金融某一业务领域、某一经营单位的经济活动状况有重点、有针对性地逐一加以分析和考察，对金融企业的财务状况、理财过程和经营成果做出正确的评价，并揭示出规律性的东西，为报告使用者决策提供用以指导客观经济实践的科学依据的一种书面材料，是商务秘书必须掌握的应用文。

二、经济活动分析报告的作用

（一）评价过往业绩，总结成败得失

为了做出正确的投资决策，提高金融企事业的获利能力，无论是金融企业的投资者、债权人还是管理当局，必须了解企业过去的经营情况，如利润总额的多少，投资报酬率的高低，资金的营运状况，等等。分析金融企业会计报表，有助于金融企业的利害关系人和管理当局正确评价过去的经营业绩，并与同业比较，检验其成败得失。

（二）衡量财务状况，了解真实情况

由于金融企业会计报表只能概括地反映企业的财务现状，如果不将报表上所列的数据进一步加以剖析，就不能充分理解数字的含义，无法对企业的财务状况是否良好做出有事实根据的结论。只有运用会计报表分析，揭示各项数据的经济含义，观测金融企业的营运绩效、获利能力，才能为金融企业的管理当局、投资者和债权人正确衡量金融企业的现状提供依据。

（三）预测未来趋势，权衡经营决策

在市场经济环境里，金融企业在现代经营决策中必须拟定数项可供选择的未来发展方案，然后针对目前的情况，权衡未来发展的可能趋势，从中做出最佳选择，并加以实施。因此，在决策之前，必须做好会计分析。只有这样，才能把影响金融财务的各种因素及其作用弄清楚，明确重点、要点，促进有关因素的最佳组合，帮助有关决策者做出正确的经营决策。

三、经济活动分析报告的特点

经济活动分析报告是调查报告的一种特殊形式，是以经济活动数据的分析说明为主要内容的书面报告。报告的关键在于分析说明，即对过去、现在的经济情况加以分析研究。其特点如下。

（一）分析性

经济活动分析报告的表述多以数据说明问题，同时也用文字说明数据不便表达的内容，是一种采用数据和文字结合表述的文体。

经济活动分析报告不仅要将各种数据进行定量、定性及定时分析，以便找出经济活动相互间的关系，而且还要从不同的侧面、角度对宏观和微观的、全面和局部的、有利和不利的因素进行深入分析和比较说明，这样才能综合地反映出一个时期以来的经济、金融形势，以及银行或工商企业的经营活动情况。因此，分析性是经济活动分析报告的主要特点。

（二）说明性

经济活动分析报告的内容主要从具体的指标、数据入手，注重从其相互的关联中，进行分析和对比，从而得出结论。报告中必须对所涉及的经济现象、特征、指标、数据等进行详细说明，以此揭示经济活动的变化规律，为银行工作者提供管理的依据。

（三）目的性

写分析报告的最终目的在于准确地指出经济活动存在的得失，从中寻找提高经济效益的最佳途径，使经济活动沿着正确的方向发展。

（四）灵活性

经济活动分析报告既可以是年度、季度、月份等定期的经济活动分析报告，也可以是对某一特定经济活动进行分析的报告，时间是比较灵活的。

四、经济活动分析报告的分类

经济活动分析报告从不同角度有不同的分类方法。

（一）按分析的目的和内容分类

按分析的目的和内容分类，可以分为专题分析报告和综合分析报告。

1. 专题分析报告

专题分析报告是对某一重要问题或某一关键经济指标进行重点分析、专门分析以后形成的书面报告，一般是不定期的，如经济管理中的决策分析、经营亏损分析、产品质量分析等。

专题分析报告通常在以下两种情况下使用。

（1）由于中心工作的需要、经济指标的调整、某项重要经济措施的实施、生产中出现薄弱环节等，需要通过专门分析后采取新的措施。例如：商业部门在某种商品调价后，对其利润进行的专题分析；某企业发生亏损，对其亏损原因进行的专门分析。

（2）企业内部各职能部门对自身经济活动所做的分析，如生产分析、销售分析、成本分析、设备分析等。

2. 综合分析报告

综合分析报告也称全面分析报告或系统分析报告，是对某一部门或单位一定时期内经济活动进行整体分析后写成的报告，从中可以较全面地了解经营管理情况。这类分析报告一般是定期的，比如年度分析报告、半年或季度分析报告。

（二）按分析的时间分类

按分析的时间分类，可以分为事前分析报告、事中分析报告、事后分析报告三种。

1. 事前分析报告

事前分析报告也叫预测分析报告。在对全年应完成的各种计划进行预测分析时，应充分考虑各种因素，对能否完成计划做出切合实际的准确判断。在分析的过程中，对完成计划的有利因素要心中有数，并促使其最大限度地发挥作用，对影响计划完成的薄弱环节和关键问题，要提出有针对性的改进措施。

2. 事中分析报告

事中分析报告就是在计划的执行过程中经常对各项指标的完成情况进行分析研究，通过分析及时了解并掌握经济活动变化和进展情况，及时总结经验，发现问题，从而保证经济活动正常顺利地进行。

3. 事后分析报告

事后分析报告在年度或计划期结束后，通常对上一年度或上一计划期的工作进行总结分析。

（三）按分析的形式分类

按分析的形式分类，可以分为文字分析报告和表格分析报告两种。

1. 文字分析报告

文字分析报告通过文字和数字结合表达分析过程的结果。大型的综合性经济活动分析报告和重要专题经济活动分析报告，以及向上级汇报经济活动情况的报告，大都采用这种形式。

2. 表格分析报告

表格分析报告通过表格显示分析结果，为定期上报的各种报表所采用。

（四）按金融业务的性质分类

按金融业务的性质分类，可以分为经济和金融形势的分析报告、工商企业的经济活动分析报告、银行资金活动的分析报告、银行财务状况的分析报告四种。

1. 经济、金融形势的分析报告

经济、金融形势的分析报告，就是对某一地区某一时期的经济、金融形势进行简析，反映出工农业生产成效、市场动态、广告消费变化、现金信贷计划执行情况等，着重从统计数据中说明趋势的变化、工作的开展，并确定经营策略和方向的分析报告。

2. 工商企业的经济活动分析报告

工商企业的经济活动分析报告，就是银行对工商、乡镇等企业的生产经营、商业流通以及资金活动情况进行分析后写成的报告。一般可以对一定时期内企业各项重要经济指标完成的情况，以及经营管理的全面情况进行综合分析，也可以对企业生产、经营管理中的突出问题进行重点分析，如对企业资金运用情况的分析、对企业业绩状况的分析、对企业产成品资金的分析等。

3. 银行资金活动的分析报告

银行资金活动的分析报告，就是银行资金活动分析报告源和资金营运情况的分析报告。此类报告大多是定期分析报告，如月份、季度、年度的现金、信贷计划执行情况的分析报告，银行资金营运情况的分析报告，等等。如果是专题分析报告，则是对中心工作中出现的问题进行分析而写的报告，多为不定期的报告，如逾期贷款的分析报告、城镇储蓄存款的分析报告等。

4. 银行财务状况的分析报告

银行财务状况的分析报告，就是评价银行财务收支计划的执行情况、考核银行的业务经营成果、分析财务收支和损益情况的报告。此类报告一般在年中、年末写，有时在月末、季末也要写分析报告或简要分析报告。

（五）按内容分类

按内容分类，可以分为宏观分析报告和微观分析报告两种。

1. 宏观分析报告

宏观分析报告从国内外经济形势入手，对大的经济环境进行分析。

2. 微观分析报告

微观分析报告从某个现象入手，对某个行业进行分析。

五、经济活动分析报告写作前的准备工作

要写好经济活动分析报告，在写作前应抓好以下几个环节。

（一）全面系统地收集资料

分析报告的分析过程和结论都是建立在数据资料的基础之上的。能否收集到大量、准确的资料，直接关系到分析的正确与否，关系到分析报告价值的大小。经济活动分析报告的资料分为两类：一类是理论资料，主要是指党和国家机关的有关方针、政策，上级机关、本部门有关经济活动的文件等；另一类是事实资料，它包括各种计划资料、统计资料、会计核算资料等。获取资料的途径有两种：一是直接查阅各种文件、统计报表；二是亲自调查研究。

（二）精心鉴别、选取材料

由于资料是从不同渠道收集的，其本身还存在是否真实、可信的问题，这就需要鉴别、印证、核实，需要进行去粗取精、去伪存真。通过比较，剔除那些虚假的、非本质的资料，选取真实的、典型的资料，这样才能保证分析结论的正确性。

（三）分析研究

运用对比分析、平衡分析、因素分析、趋势分析等方法对材料进行全面、系统的研究。对资料的分析一般分为两个阶段：第一阶段为提出问题阶段，即确定资料集中反映出的突出问题，将其作为分析重点；第二阶段为解决问题阶段，即运用各种科学分析方法查明原因，并提出对策和建议。

六、经济活动分析中常用的分析方法

在经济活动分析中，常用的分析方法有以下四种。

（一）对比分析法

对比分析法是将具有可比性的指标进行比较分析，从而发现差距、找出问题的分析方法。

具体操作方法如下。

（1）比计划，即以本期的实际完成数与计划指标相比，从而肯定成绩，找出差距，发现问题。

（2）比历史，即以本期实际完成数同前期或历史同期实际完成指标相比，或同本单位的历史最高水平相比，由此判断企业经济运行的变化趋势。

（3）比先进，即用本单位实际的各项经济指标与同行业先进企业的先进指标比较，从中发现差距和薄弱环节，借此扩大视野，提出更高的奋斗目标。

（二）因素分析法

因素分析法是分析研究各指标的影响因素，来探索和认识差距的形成原因及影响程度的一种方法。对比分析只能看出数量上的差异，发现问题，不能说明差异的实质，因此，要在对比分析的基础上，运用因素分析法对导致差距的诸因素进行分析，找到主要矛盾所在，查清问题的原因。

运用因素分析方法必须注意抓住主要因素，注意分析带有倾向性的变动因素及新增因素，还要注意主客观因素。

（三）动态分析法

动态分析法又叫时序分析法，是将不同时期因素指标的数值进行比较，求出比率，然后用以分析该项指标增减速度和发展速度的一种分析方法。它是根据经济活动变化所做的科学分析，如商品销售额在时间上的发展变化，商品寿命周期的变化、价格变化，市场供求情况变化，等等。

（四）平衡分析法

平衡分析法是查明和测定具有平衡关系的对应指标是否一致的一种分析方法。在经济活动中，有关的生产与消费、供给与需求、投入与产出等相互联系的经济要素，在数量上的增减变动通常是对等的、平衡的，如果出现不平衡，就说明经济活动出现了矛盾。这就是要把相互联系的各经济要素的指标置于统一的平衡体系中去考察和分析，看看有哪些不合理的因素导致了不平衡，该怎样改善不合理的比例关系，从中找出经济发展的对策和建议。

七、撰写经济活动分析报告的具体要求

（一）情况要清楚

经济活动分析报告虽然是从指标入手，以经济数据作为主要的分析依据，但不能“纸上谈兵”，不能把它作为唯一的依据，只能作为深入分析的向导。所以，还要根据经济数据“顺藤摸瓜”，深入实践调查研究，做到心中有数，把指标数据的分析和掌握具体情况紧密联系起来，相互印证和补充。只有这样，才能去粗取精、去伪存真，使分析的结果既能正确说明问题，又能有效解决问题。

要明确一个分析对象，确定要分析什么，怎样进行分析，然后紧紧围绕分析主题，有的放矢地从错综复杂的经济现象中抓住主要问题进行分析，不要眉毛胡子一把抓，抓不住要害，否则会偏离分析主题，迷失分析目标。

（二）主题要突出

主题就是经济活动分析报告的纲要，它贯穿全篇的始终，成为全文的中心。一篇经济活动分析报告只能有一个主题，不能多中心。如有几个主题，就会“意多文乱”，针对性差。有的分析报告篇幅较长，内容较多，涉及面较广，看起来似乎有几个主题，而实际上这几个主题中只有一个是基本的，其余都是从属的，它们都是为全文中心服务的。

（三）分析要及时

时效性是确保经济活动分析信息价值的关键所在。经济活动分析的目的是总结经验，寻找差距，改进工作。所以，在一定时期循环结束或一定分析对象活动完结后，就应及时进行分析，以便对下一期循环或一定分析对象再次活动过程进行及时有效的调整、改进和控制。否则，时过境迁，再好的信息也会失去使用价值。

（四）表现要多样

经济活动分析报告虽然使用文字语言描述，使用数字语言表述经济现象数量变化过程及变化规律，但不能写成仅有数字表述，没有观点阐述的数字“简介”，更不能把大量数字做流水账式罗列，使人看起来眼花缭乱，枯燥无味。所以，分析报告不仅要用文字说明数字，还要运用分析表格，集中、直

观、有序地显示数据，便于观察、对比、分析，且易看易懂。另外，可以在必要的位置绘制精美的分析图形，它能够把事物的规模、结构、速度、发展过程及变化规律形象地显示出来，美观、醒目，能增强对比分析的效果，使文字、表格、图形浑然一体，相辅相成，给人以清晰、明了、确切的感觉，增强分析报告的可读性。

（五）语言要简练

经济活动分析报告是用文字语言进行描述的，它阐明了经济现象变化过程和规律及发展趋势，所以，要言简意赅，即用少而精的文字去描述客观事物和表达作者的观点。但精炼应以准确明了为前提，特别是使用专业术语要通俗易懂，不要说官话、大话、废话，要实事求是、恰如其分地表现经济现象的变化过程及结果，以最精炼的文字表现出最丰富的意思，以朴实自然的文笔描述出事物的本质特点，做到通顺明晰、生动流利、描述准确、观点鲜明。

（六）数字要准确

经济活动分析报告是用经济数据作为分析的主要依据的，通过分析掌握经济现象数量变化和错综复杂的数量关系，使人们的认识进一步深化，并用数字表述事物数量的变化过程及规律。所以，其采用的数据必须准确、客观、具有代表性，这样才能得出符合客观实际的结论。因此，必须认真地去审查、鉴别和筛选经济数据，及时发现有违常规的指标数据、计算方法以及时间范围不一致的情况、逻辑关系异常的情况，才能做到去伪存真、去粗取精，从数据源上把好关，为再生数据的准确性奠定基础，提高分析的质量。

准确性是经济活动分析信息价值的决定性因素。经济活动分析必须准确客观地揭示经济现象的变化过程及规律，总结经验，找出问题，提出建议。所以，在进行分析时，要运用唯物辩证法的科学原理，坚持全面、科学、发展和一分为二的观点，观察事物的相互依存性、相互制约性，从事物发展变化中分析问题，透过现象看本质，从经验中找不足，准确、全面、深刻地认识事物，使感性认识上升到理性认识，使分析结果得出科学的判断和客观的结论。

（七）逻辑要合理

逻辑性是确保经济活动分析具有信息价值的重要方法。经济活动分析是一种从感性到理性的认识活动，即从概念形成判断，由判断进行推理，并由此得出正确结论的思维过程。它体现了逻辑与分析之间的密切关系。所以，在掌握大量数据和情况的基础上，坚持实事求是的原则，应用判断、推理的逻辑方法，进行合乎事实的逻辑分析，才能如实反映客观事物的内在联系，使分析结论正确反映经济现象的变化规律。

（八）结构要明晰

结构就是经济活动分析报告的支架，是表现分析报告的手段。如果结构混杂不清，人们就难以理解。所以，要求经济活动分析报告层次分明，条理清晰，前后呼应，顺理成章，各布局之间要层层递进、层层深入，环环紧扣，结构严密，体现出相互依存、相互制约、相互联系和影响的因果关系。

八、经济活动分析报告的写作格式

经济活动分析报告由标题、正文和落款三部分组成。

（一）标题

标题就是经济活动分析报告的精华缩写，它与主题密切相关。所以，选择标题要简要明确，高度概括地揭示出经济活动分析报告的主题思想，做到题文相符，使人一目了然。标题还要体现经济活动分析的范围或时间，如《二〇一七年度经济活动分析报告》，从标题上就可以知道这是一份对企业全年经济活动进行评价的全面分析报告；又如《二〇一七年五月份资金使用情况分析报告》，从标题上就可以知道这是一份对资金使用情况进行评价的专题分析报告，它突出了“资金使用”的概念，简明扼要地概括了分析报告的主题思想。

经济活动分析报告的标题应当体现其分析性，主要有以下几种形式。

（1）公文式标题，即由单位名称+时间+事由+文种组成，如《×××公司2017年财务状况分析报告》；或由时间+事由+文种组成，如《2017年产品销售情况的报告》。

（2）论点式标题，即以提出的意见、建议作标题，概括分析报告所揭示的主要问题、中心内容，如《关于冬寒商品经营情况的分析》《关于降低原材料消耗的建议》。

（3）双标题式，如《××××年国民经济发展回顾与展望——国家统计局

××××年第×号统计报告》。

（二）正文

经济活动分析报告，由于分析目的和要求不同，其正文的内容也有所不同，但一般应包括前言（开头）、主体、结尾三个部分。

1. 前言（开头）

前言是分析报告的开头部分。开头要简要。开头是经济活动分析报告全篇的引子，也是正文不可缺少的部分。开头一般都是概括地介绍分析对象的基本情况，说明分析的背景，表明分析的目的，也有的直接写出对经济活动的评价或基本结论。撰写开头的主要目的，就是提出问题、揭示矛盾。前言通常有以下两种写法。

（1）简要介绍一定时期的经济活动状况，以此作为分析的依据展开分析，如“我厂今年实现利润×万元，完成目标利润的×%，为总结经验，找出差距，吸取教训，以利再战，特作如下分析。”

（2）首先说明作者的观点，然后说明分析对象的经济状况，以此作为分析的依据展开分析。

2. 主体

主体是分析报告的核心，主要用以反映对分析对象进行分析的过程及结果，回答“怎么样”和“为什么这样”的问题。主体的内容包括以下两个部分。

（1）列举具体资料，包括供分析的各个单位的情况和数据，各项指标要准确、完整。

（2）用恰当的分析方法针对具体资料进行分析论证。

在分析过程中，要运用正确的观点，抓住问题实质，做出客观、准确的判断。主体部分的写作应特别注意资料与分析的紧密结合，这样分析的结果才显得有理有据。

3. 结尾

结尾主要提出建议和意见，即针对上面分析的结果，回答“怎么办”的问题。这部分观点要正确，态度要鲜明，意见要切中时弊，建议和措施要切实可行。有些分析报告没有独立的结尾，而是将其与分析部分糅合在一起。

（三）落款

落款应写明经济活动分析报告的写作单位和个人名称，以及年月日。

九、写作经济活动分析报告应注意的问题

1. 要从全局出发

无论是写宏观经济活动分析报告，还是某个单位的微观经济活动分析报告，都应从宏观经济着眼，树立全局观念，将部门或企业的局部经济利益同国家的整体经济利益结合起来，将眼前利益同长远利益结合起来，自觉地以党和国家的宏观政策、计划为准进行分析。只有大的宏观经济环境健康、稳定了，局部经济效益才有保障。

2. 要明确分析对象

在写经济活动分析报告之前，一定要有明确的分析对象。例如：是分析产品的生产成本上升，还是产品的库存量过大；是分析产品质量过不了关，还是产品产量完不成；等等。只有对象明确了，才能有的放矢地去收集相关资料，并从繁杂的资料中抓住主要问题。

3. 要善于分析资料

经济活动分析报告的目的是揭露矛盾、分析矛盾、找到原因、改善管理，从而提高经济效益。它的重点在于“分析”，在写作过程中，切忌堆砌各种数字和经济指标而不作具体的综合分析。因为罗列资料不但不能说明问题，反而会湮没主题，使主要问题无法突出。

4. 要及时行文

经济活动分析报告对未来的经济活动具有指导作用，然而这种指导作用具有较强的时效性。如果能够经常开展经济活动分析，及时发现不良倾向并予以报告，领导部门就能迅速纠正，弥补损失，避免出现重大失误。如果分析报告反映的是过时的经济情况，则会毫无使用价值。要使经济活动分析报告发挥应有的作用，就必须重视它的时效性，及时行文。

[例文二十九：《××××年中国宏观经济形势分析与预测年中报告》]

摘要：在当前错综复杂的国际环境和世界变局下，从一个大的格局、长远视角及国际视野，对中国宏观经济整体把脉，注重定性与定量分析、短期应对与中长期改革治理的有机结合，提出中国经济的高质量发展，有赖于以高水平对外开放倒逼深层次制度改革。

××××年以来，中国经济运行基本平稳，工业企业利润回升，就业形势稳定，价格基本平稳，虽然受基建投资增速大幅下滑影响，内需中投资增速持

续下降，但进出口保持原有较高增速并支持制造业投资，房地产库销比处于历史较低水平也支撑了房地产的开发投资。

然而，诸多不确定性因素正逐渐显现或加大。国内家庭与企业债务问题悬而难决，家庭债务累积逼近美国金融危机前峰值，其对实体经济的拖累日益显现。消费增速持续下滑，致使企业经营活力下降，这一方面使得企业也被迫加杠杆，另一方面使得居民可支配收入增速低于家庭债务增速，从而进一步挤占家庭流动性，加之一拥而上政府号召型经济特征等因素叠加，加大了去杠杆的难度。

更严重的是，家庭和企业部门间债务的负反馈效应还溢出到银行系统，导致银行坏账率上升。金融去杠杆和强监管已全面推行一年多，但尚处于阵痛期内，部分银行的风险溢出率持续上升，金融系统稳定性仍未见明显改善。同时，金融系统结构性问题依然存在，保就业及所有制歧视等因素使得商业银行对“僵尸企业”被动“输血”，加剧了金融资源的错配。房地产方面，棚改货币化安置一方面改善了民生、降低了库存、缓解了地方政府财政压力，但另一方面也推高房价、加剧结构性资源错配。从外部环境看，中美贸易摩擦的不断升级增加了进出口的不确定性，与美元指数攀升等因素叠加，共同导致人民币贬值压力上升。

基于IAR-CMM宏观经济预测模型的情景分析和政策模拟结果，课题组在基准情景下，预测××××年全年实际GDP（国内生产总值）增速约为6.8%，而经校正后的GDP增速约为6.5%。基准情形下，CPI（居民消费价格指数）增长1.8%，PPI（生产者物价指数）增长3.4%，GDP平减指数增长2.6%，消费增长9.3%，投资增长6.5%，出口增长12.2%，进口增长21.2%，年底人民币兑美元汇率可能贬至6.7CNY/USD。

课题组认为，在国内外经济环境出现较大不确定性，尤其是中美贸易战升级的当下，为了应对外部风险，在保持合理充裕的流动性、深化金融市场改革的前提下，应该发挥财政政策的作用，深化推动财税体制改革。

一是要加大企业税费减免力度，特别要减轻中小微企业负担，缓解中小企业融资难的现状，优化税收结构，改善营商环境，释放经济活力。

二是进一步加快推进个人所得税改革，改善财富分配不均问题，释放消费活力。

三是有序推进房地产税制度的实施，解决地方政府土地财政以及隐性债务问题，理顺中央与地方的财政关系，稳定房地产的市场预期，形成房地产市场健康发展的长效机制。

纵观目前我国面临的内外部不确定因素，以及外部局势的不可控性，在政治经济环境变得异常错综复杂，挑战空前的大背景下，课题组认为，我们需要以更大的决心、更大的智慧、更大的定力进行更深层次的改革开放，并且这样的改革一定是综合性改革，是政府、市场和社会三位一体及其各个层面互动互补的综合改革治理，以有能、有为、有效、有爱的有限政府定位作为改革目标，才有可能实现我国经济的平稳增长与高质量发展。

结合短中长期的视角来看，课题组对中国如何通过高水平对外开放倒逼深层次制度改革以实现经济平稳增长和高质量发展，有以下主要观点。

——中国需要以更大的改革决心、力度，真正让市场在资源配置中发挥决定性作用，尤其是要素配置市场化改革是重中之重，同时让政府在维护和服务的基本职能边界之内更好地发挥作用。同时，提升国家依法治国能力和政府执行力及建立良好的社会规范和秩序及和谐有效的社会治理体系。国家依法治国能力的提升最终离不开三要素：法治、执行力、民主监督。

——中国仍处于为“两个一百年”目标以及十九大报告提出的现代化强国目标而努力奋斗的关键历史时期，需要有一个好的外部环境来继续强大自己，对外开放还要坚定不移地继续实施下去。当前形势是危中有机，中国只有很好地抓住机会，通过经贸摩擦倒逼建立现代市场经济体系，存异求同、取长补短，让外界看到共同点，化干戈为玉帛，进一步发展壮大自己，才能实现十九大所提出的使命、愿景、目标及其他任务。

——中国需要以更大的开放决心、力度，积极主动扩大进口、大幅放宽市场准入、改善投资营商环境、加强知识产权保护等，以更高水平的对外开放倒逼国内制度体系改革，推动中国经济实现高质量发展。

——新时代全面深化改革、扩大开放的关键任务是在更高水平的开放条件下提供制度基础的综合性改革，应该统一到十九大报告所提出的“以完善产权制度和要素市场化配置为重点，实现产权有效激励、要素自由流动、价格反应灵活、竞争公平有序、企业优胜劣汰”和“转变政府职能，深化简政放权，创新监管方式，增强政府公信力和执行力，建设人民满意的服务型政府”上来。

（资料来源：http：//www. ce. cn/）

第三节　可行性研究报告

一、可行性研究报告的概念

可行性研究报告简称可研报告，是在制订生产、基建、科研计划的前期，通过全面的调查研究，对技术方案、投资项目、建设工程、生产经营政策、改革措施的经济有效性、技术合理性、实施可能性、未来的变化性等方面进行科学的论证和分析，提出可行的建议方案，回答某种科学研究、某项商务活动切实可行的具有项目实施可能性咨询和请求审核、批准的一种应用文书。

调查研究和分析涉及项目的主要内容和配套条件，如市场需求、资源供应、建设规模、工艺路线、设备选型、环境影响、资金筹措、盈利能力等，从技术、经济、工程等方面，对项目建成以后可能取得的财务、经济效益及社会影响进行预测，从而提出该项目是否值得投资和如何进行建设的咨询意见，为项目决策提供依据的一种综合性分析方法。一般来说，可行性研究是以市场供需为立足点，以资源投入为限度，以科学方法为手段，以一系列评价指标为结果。它通常处理两方面的问题：一是确定项目在技术上能否实施；二是如何才能取得最佳效益。

二、可行性研究报告的特点

可行性研究报告具有科学性、系统性、综合性的特点。

1. 科学性

可行性研究报告运用大量科学、准确的数据和资料，阐明拟建项目在技术上和经济上所依据的理论、原理；运用科学的方法，论证拟建项目在技术上、经济上的可行性。因此，科学性是可行性报告的一个突出特点。

2. 系统性

可行性研究报告围绕影响拟建项目的各种因素进行全面、系统的分析，既有静态的，也有动态的；既有定性的，也有定量的；既有宏观的，也有微观的。有的项目，从局部看有利，从全局看则不合算；有的项目则从全局看有利，而局部却无利；还有的项目，经济效益与社会效益不能成正比；等等。所以，只有做出全面系统的分析、比较，才可能从全局出发，在众多方案中选择最优方案。

3. 综合性

可行性研究报告不仅要论证拟建项目在经济上是否划算，而且要论证其在技术上是否可行，此外，还要论证是否符合现行的法律和政策，其内容往往要涉及各个方面。因此，一项可行性研究往往要由多学科专门人才共同完成。

三、可行性研究报告的分类

（一）按可行性研究报告的用途分类

按可行性研究报告的用途分类，可分为审批性可行性研究报告和决策性可行性研究报告。审批性可行性研究报告主要是项目立项时向政府审批部门申报的书面材料。

根据国家投资体制改革要求，我国大部分地区，企业投资类项目采取项目备案制和项目核准制（编制项目申请报告）；政府性、使用财政资金的项目要编制可行性研究报告。

（二）按可行性研究报告的实际内容分类

按可行性研究报告的实际内容分类，可以细分为以下几种。

1. 用于企业融资、对外招商合作的可行性研究报告

此类研究报告通常要求市场分析准确、投资方案合理，并提供竞争分析、营销计划、管理方案、技术研发等实际运作方案。

2. 用于国家发展和改革委员会（以前的国家计划委员会）立项的可行性研究报告

此类研究报告根据《中华人民共和国行政许可法》和《国务院对确需保留的行政审批项目设定行政许可的决定》而编写，是大型基础设施项目立项的基础文件，国家发展和改革委员会根据可行性研究报告进行核准、备案或批复，决定某个项目是否实施，另外医药企业在申请相关证书时也需要编写可行性研究报告。

3. 用于银行贷款的可行性研究报告

商业银行在进行风险评估时，需要项目方出具详细的可行性研究报告。对于国家开发银行等国内银行，该报告由甲级资格单位出具，通常不需要再组织专家评审，部分银行的贷款可行性研究报告不需要资格，但要求融资方

案合理，分析正确，信息全面。另外，在申请国家的相关政策支持资金和进行工商注册时往往也需要编写可行性研究报告，该文件类似用于银行贷款的可行性研究报告。

4. 用于申请进口设备免税的可行性研究报告

此类研究报告主要用于申请进口设备免税，申请办理中外合资企业、内资企业项目确认书的项目，提供项目可行性研究报告。

5. 用于境外投资项目核准的可行性研究报告

企业在实施走出去战略，对国外矿产资源和其他产业投资时，需要编写可行性研究报告报给国家发展和改革委或省发展改革委员会，需要申请中国进出口银行境外投资重点项目信贷支持时，也需要提供可行性研究报告。

四、可行性研究报告的研究内容

各类可行性研究内容侧重点差异较大，但一般应包括以下内容。

（1）投资必要性：主要根据市场调查及预测的结果，以及有关的产业政策等因素，论证项目投资建设的必要性。

（2）技术可行性：主要从项目实施的技术角度，合理设计技术方案，并进行比选和评价。

（3）财务可行性：主要从项目及投资者的角度，设计合理财务方案，从企业理财的角度进行资本预算，评价项目的财务盈利能力，进行投资决策，并从融资主体（企业）的角度评价股东投资收益、现金流量计划及债务清偿能力。

（4）组织可行性：制订合理的项目实施进度计划、设计合理组织机构、选择经验丰富的管理人员、建立良好的协作关系、制订合适的培训计划等，保证项目顺利执行。

（5）经济可行性：主要是从资源配置的角度衡量项目的价值，评价项目在实现区域经济发展目标、有效配置经济资源、增加供应、创造就业、改善环境、提高人民生活等方面的效益。

（6）社会可行性：主要分析项目对社会的影响，包括政治体制、方针政策、经济结构、法律道德、宗教民族、妇女儿童及社会稳定性等。

（7）风险因素及对策：主要是对项目的市场风险、技术风险、财务风险、组织风险、法律风险、经济及社会风险等因素进行评价，制定规避风险的对策，为项目全过程的风险管理提供依据。

五、可行性研究报告的文本内容

一般可行性研究报告的文本内容涉及以下几点。

（1）基本情况：经营企业名称、法定地址、宗旨、经营范围和规模，合营各方名称、注册国家、法定地址和法定代表人姓名、职务、国籍，企业总投资、注册资本股本额（自有资金额、合营各方出资比例、出资方式、股本交纳期限），合营期限、合营方利润分配及亏损分担比例，项目建议书的审批文件，可行性研究报告的负责人名单，可行性研究报告的概况、结论、问题和建议。

（2）产品生产安排及其依据：要说明国内外市场需求情况和市场预测的情况，以及国内外目前已有的和在建的生产装备能力。

（3）物料供应安排（包括能源和交通运输）及其依据。

（4）项目地址选择及其依据。

（5）技术装备和工艺过程的选择及其依据（包括国内外设备分批交货的安排）。

（6）生产组织安排（包括职工总数、构成、来源和经营管理）及其依据。

（7）环境污染治理和劳动安全保护、卫生设施及其依据。

（8）建设方式、建设进度安排及其依据。

（9）资金筹措及其依据（包括厂房、设备入股计算的依据）。

（10）外汇收支安排及其依据。

（11）综合分析（包括经济、技术、财务和法律方面的分析）：要采用动态法和风险法（或敏感度分析法）等方法分析项目效益和外汇收支等情况。

（12）必要的附件：如合营各方的营业执照副本，法定代表人证明书，合营各方的资产、经营情况资料，上级主管部门的意见。

六、可行性研究报告的意义及用途

（一）可行性研究报告的意义

1. 有利于提供决策的科学依据

对拟实施项目实施的必要与可能、实施后的经济和社会效益、实施的条件和措施、实施中可能发生的意外情况的处理等问题做出科学的、具体的论证和比较，全面衡量，综合评估，为决策提供科学依据。

2. 有利于投资项目全面、顺利地实施

（1）可行性研究报告在项目的实施过程中是计划管理部门批准的依据。向政府计划部门申请建设项目，不附可行性研究报告，政府不予审批。

（2）向银行申请固定资产贷款，向证券募股，都必须提供可行性研究报告。

（3）是有关部门编制计划任务书和项目设计的依据。

3. 有利于政策的科学化

可行性研究作为一种科学方法，可以提高决策水平。同时，国家行政机关在制定重要政策和推行新体制时，有助于提高政策的科学化程度。

（二）可行性研究报告的用途

（1）用于报送发展和改革委员会立项。

（2）用于融资、银行贷款。

（3）用于对外招商合作。

（4）用于新建项目申请土地。

（5）用于申请国家专项资金补助。

（6）用于企业上市。

（7）用于报送环保部门。

七、可行性研究报告的写作格式

可行性研究报告因分析研究的对象不同，写作内容各异，而有不同的写法和要求。本节以工业项目为例，可行性研究报告结构包括以下三部分。

（一）首部

1. 标题

可行性研究报告的标题一般由项目主办单位、项目内容和文种名称三个要素组成，如《无锡市少年足球基地建设项目可行性研究报告》。有的标题可以省略项目主办单位，如《建设大运河经济风光带的可行性研究报告》。

2. 项目主办单位的名称、日期

标题下面标注项目主办单位名称和可行性研究报告完成上报的日期。

3. 项目主办单位和承担可行性研究单位简介

可行性研究报告的第二页，是对项目主办单位和承担可行性研究单位的简介。实际上是文章落款部分的提前，以表示郑重，也便于呈报后的审批。该项内容包括项目名称，项目主办单位名称及项目负责人、技术负责人、经济负责人签名，承担可行性研究单位的名称，参加可行性研究报告编制人员的工作单位、姓名、职务职称，此项目建议书批准机关、时间和批号，等等。

4. 目录

如果可行性研究报告篇幅较长，还应列出目录以便于查阅，目录应将正文中的小标题和附件一一列出，并注明页码。目录要简明扼要，一目了然。

（二）正文

正文包括总论、主体和结论三大部分（此处只介绍前两项）。正文是报告的主体部分，应以经济效益分析为核心，围绕影响项目实施的各种因素，运用大量的数据资料对拟实施项目的可行性进行论证。

1. 总论

工业项目可行性研究报告的总论，一般论述项目提出的背景、目的及意义，以及进行可行性研究所使用的方法、依据和研究范围等内容，重在解决项目提出的必要性和研究的可信度问题，虽然简单，但关系到项目有无必要的问题。

2. 主体

主体是工业项目可行性研究报告的核心，包括以下几方面内容。

（1）市场需求预测和建设规模选择，包括国内外市场需求情况预测，国内现有同类厂商生产能力的估计，销售预测，价格分析，产品竞争能力，进入国际市场的前景，拟建项目的规模，产品方案及发展方向的技术经济比较和分析。

（2）资源、原材料及公用设施情况，即对资源、原材料的来源、数量、价格及有关设施情况进行分析，为厂址选择提供依据。

（3）建厂条件和厂址方案，包括对地理位置、自然生态、交通、通信和社会经济环境的分析和论证，并提出厂址方案。

（4）项目设计方案，包括对项目的构成范围、技术来源、生产方法、主要技术工艺和备选型方案的分析和论证。

（5）环境保护、劳动保护与安全防护，主要是调查环境现状，预测项目对环境的影响，提出环境保护和“三废”治理的初步方案，并对劳动保护和消防安全的技术、设备措施进行分析和论证。

(6) 企业组织、劳动定员和人员培训，即对项目办成后的企业管理体制、机构设置、管理人员与生产人员的配备和培训计划等进行分析和论证。

(7) 项目实施进度计划，即对项目实施的日程安排，包括工程设计、工程施工、设备购置和安装、试产和投产等进行技术经济的分析和论证。

(8) 投资估算和资金筹措，即对项目投资的数额、资金的来源、筹集方式及使用时间的安排等进行合理性和可靠性分析。

(9) 经济效益与社会效益，即对项目本身的投资收益率、投资回收期、收支平衡及项目可能产生的社会效益进行分析和评价。

(三) 附件

根据需要附上必要的材料和表格，包括项目建议书，有关协议、意向书，可行性研究委托书，地址选址报告、环境影响报告，引进技术设备专题报告，产品市场预测报告，工程项目一览表、设备材料一览表，等等。

[例文三十：×××智慧停车综合体项目可行性研究报告]

一、项目概要

项目名称：×××智慧停车综合体项目

项目性质：新建

建设年限：×年

投资规模：72 017.3 万元

二、建设内容

本项目拟以×××由南向北发展停车地产综合体，东西辐射9公里，南北辐射30公里，横向10排，纵向4列，点面结合，将全部40个立体智能停车综合体合理布局在太原地区，依托物联网管理技术，将40个立体智能停车综合体纳入智慧停车信息管理系统，同时将小区、道路两旁、已有停车场等的部分车位也纳入城市智慧停车系统中去，打造完整的停车信息智能管理平台，以缓解市民“停车难”的问题，并在×××市建设×××集团总部大楼，采用装配式建筑。(详见表1)

表1 项目建设内容

序号	建设内容	占地面积（m^2）	建筑面积（m^2）	备注
1	智慧停车综合体（40个）	25 000	60 000	
2	集团总部大楼	16 000	35 000	
3	合计	41 000	95 000	

项目建设以立体停车楼为主体，包括共享新能源汽车、电动汽车销售及租赁、电动汽车快速充电桩服务、汽车清洗、美容服务、城市停车场资源整合、新能源汽车电池维护、LED大型展览展示、直升机停机坪服务等以汽车、新能源汽车服务产业为核心的产业聚集区，并且在运营过程中持续不断与周边商圈、商户进行经营、促销异业联动，从而产生最大的经济和社会效益。

项目第一步以×××为起点，拟在××市区建设40多个立体停车综合体，同时展开老旧小区改造规划。第二步扎根××，通过共享新能源汽车+停车综合体点面结合，布局山西全境旅游景区。第三步布局全国，通过资源整合，扩大规模，迅速把山西模式扩展到全国。该项目以智慧停车综合体为基础，更加深挖汽车后市场，形成业务多元化；同时结合公司其他产业，深耕细作，形成多元化产业闭环，致力于成为有内在生长力的集团企业。

三、项目服务

项目初期以建设智慧立体停车场为根基，涵盖的业务涉及交通枢纽区停车业务、LED大型展览展示、电动汽车销售及租赁、电动汽车快速充电桩服务、汽车清洗、汽车美容、城市停车场资源整合、共享新能源汽车、新能源汽车电池维护等以汽车、新能源汽车服务为核心的产业；同时为不同需求的汽车市场用户提供多种多样的线上线下服务，精细化运营并通过不断创新、升级实现稳定盈利。走产业多元化、商业模式多元化的发展线路，最终形成汽车后市场产业闭环。

在停车系统、充电桩、自动洗车及美容装饰、LED电子屏等周边业务方面，严格把控入口，筛选最优质供应商，为消费者提供优质的服务。

项目业务范围主要包含以下几类。

（1）智慧停车：用户通过手机端App，可以查询、选择附近停车资源，并预约、导航、在线支付，方便快捷。

（2）快速充电：在智能停车综合体内部设置多种适配性强的充电桩。

（3）汽车清洗：智能停车综合体内部设置快捷、便利智能化洗车设备。

（4）共享新能源汽车：在停车综合体内留有新能源汽车停车位，用于汽车分时租赁业务。

(5) 汽车美容：采用不同护理用品及工艺，进行抛光、打蜡、封釉、镀膜、镀晶等，达到“旧车变新，新车保值”的效果。

(6) 车位共享：综合体自有部分车位可长短期共享，同时将业务拓展到私家车位共享。

(7) 新能源汽车电池维护：与终端厂家或汽车销售公司开展战略合作，为用户提供电池维护、更换业务。

(8) 汽车金融、保险业务：通过智慧停车综合体的拓展，快速便捷帮助用户办理贷款、保险等第三方汽车服务业务。

(9) 广告合作：后期会拓展出更多周边汽车后市场合作内容，如商家、广告、业务合作等。

四、商业模式创新

(一) 产业闭环

×××智慧停车综合体具备“基础停车设施+共享新能源汽车+物联网汽车后市场周边产业集群”的逻辑链条，形成一个严密的汽车后市场产业闭环，这将会是未来物联网汽车服务产业成本最低、可行性最高的发展路径。

(二) 实业+互联网

线上线下齐头并进的布局理念，实业+移动互联网的商业模式，通过基础停车设施建设，一方面增强了自身的盈利能力，夯实了产业基础，另一方面完善了渠道布局，占据了优势的、核心的停车场资源，而停车场资源、核心区域核心地位的优势将成为项目成功的决定性的力量。

(三) 线上引流，线下服务

线上是流量入口，在没有盈利压力的情况下，可以精雕细琢、打造多元化产业布局，提供大量的汽车服务产品预约入口，满足社会大众的全方位汽车需求，最终凭借线下高质量的服务优势，让用户获得极致的消费体验，并长期锁定用户重复消费，收益稳定、可控。

实体产业的优势在于日常流水稳定、收益周期长、利润有保障；互联网的盈利模式优势在于可以使用户马上消费，通过收取押金、预付费等方式，资金池得到巨大沉淀，彰显了资本运营的巨大优势。

(四) 1+1>2

以上充分证明了“1+1>2”的道理。掌握核心的渠道、用户、入口资源，既可以匹配上游的厂商，又可以联合同行业的巨头，为其提供线下的最难得的停车场资源。不管是自体盈利，还是提供服务获取收益，抑或是上市融资，高质量的综合体平台都是获得巨大收益的终极保障。

（资料来源：http：//www. chinawpn. com/）

第四节 经济合同

一、经济合同的概念

从内涵上看，经济合同（economic contract）是指平等民事主体的法人、其他经济组织、个体工商户、农村承包经营户相互之间，为实现一定的经济目的，明确相互权利义务关系而订立的合同。从外延上看，它主要包括购销、建设工程承包、加工承揽、货物运输、供用电、仓储保管、财产租赁、借款、财产保险以及其他方面的经济合同。

1999 年 10 月 1 日实施的《中华人民共和国合同法》第 2 条规定：合同是平等主体的自然人、法人、其他组织之间设立、变更、终止民事权利义务关系的协议，是法人之间为显示一定经济目的，明确相互权利义务关系而订立的协议。

合同一般都采用书面形式，其主要条款有：标的（指货物、劳务、工程项目等），数量和质量，价款或酬金，履行的期限、地点和方式，违约责任，根据法律规定的或按经济合同性质必须具备的条款，以及当事人一方要求必须规定的条款。

按合同内容，一般可分为购销合同（包括供应、采购、预购、购销结合及协作、调剂等合同）、建设工程承包合同、加工承揽合同、货物运输合同、供电用电合同、仓储保管合同、财产租赁合同、借款合同、科技协作合同等。

签订经济合同是一种法律行为，必须遵循合法原则、平等互利原则、协商一致原则和等价有偿原则。经济合同依法成立，即具有法律约束力，当事人必须全面履行合同规定的义务，任何一方不得擅自变更或解除合同。违反合同，要追究责任，赔偿损失，直至得到法律制裁。

二、经济合同的主体和客体

（一）经济合同的主体

经济合同的主体包括自然人、法人及其他组织。

1. 自然人

自然人即依法享有民事权利承担民事义务的人，是指因出生而获得生命的人类个体，不仅包括我国公民，还包括外国人、无国籍人。

2. 法人

法人指经国家认可，有独立的财产或独立的预算，具有民事权利能力和行为能力，依法独立享受民事权利和承担民事义务的组织。法人是一种独立的社会组织。组织性是法人和公民的根本区别。法人可独立承担民事责任。法人的创立人和成员对法人的债务不负责任。

3. 其他组织

在特殊情况下，经济合同的主体资格除法人外，还有个体工商户、专业户、承包经营户、农户。这部分特殊情况下的公民虽然不是法人，但可以成为经济合同的主体，同法人签订经济合同。

（二）经济合同的客体

经济合同客体指合同主体的权利、义务所共同指向的事物。

三、经济合同的形式

经济合同的形式是指经济合同当事人之间明确权利义务的表达方式，也是当事人双方意思表示的表现方法。

根据合同法规定，经济合同的形式主要有口头形式和书面形式两种。

（一）口头形式

口头形式是指当事人双方用对话方式表达相互之间达成的协议。只有即时清结的经济合同，才能使用口头形式，否则不宜采用这种形式。

（二）书面形式

书面形式是指当事人双方用书面方式表达相互之间通过协商一致而达成的协议。根据经济合同法的规定，凡是不能即时清结的经济合同，均应采用书面形式。在签订书面合同时，当事人应注意，除主合同之外，与主合同有关的电报、书信、图表等，也是合同的组成部分，应同主合同一起妥善保管。书面形式便于当事人履行，便于管理和监督，便于举证，是经济合同当事人使用的主要形式。

四、经济合同的法律效力

经济合同的法律效力是指经济合同依法成立即受国家法律的保护，当事人双方必须受其约束、严格履行，否则就要受到法律的制裁。

经济合同的法律效力主要表现在：①经济合同依法成立，当事人双方必须按照合同约定全面履行各自的义务，不能违反；②经济合同依法成立后，当事人需要变更和解除的，必须符合法定条件和法定程序，依法变更和解除，任何一方不得擅自变更和解除；③一方违约，造成经济合同不能履行或不能完全履行的，有过错的一方要承担违约责任；④经济合同发生纠纷，任何一方均可依据约定向仲裁机构申请仲裁，或向人民法院起诉，其合法权益受法律保护。

五、签订经济合同的基本原则

签订经济合同是一种法律行为，因此，当事人在签订经济合同时，必须遵循一定的基本的原则，根据《中华人民共和国合同法》及有关法律规定，当事人在签订经济合同时，必须遵守以下三项原则。

（一）合法原则

《中华人民共和国合同法》总则第 7 条规定，当事人订立、履行合同，应当遵守法律、行政法规，尊重社会公德，不得扰乱社会经济秩序，损害社会公共利益；第 8 条规定，依法成立的合同，对当事人具有法律约束力，当事人应当按照约定履行自己的义务，不得擅自变更或者解除合同，依法成立的合同，受法律保护。

这一规定是对当事人在签订买卖、租赁等各类经济合同时最基本的要求，当事人只有遵循这一原则，签订的经济合同才能得到国家的认可并具有法律效力，当事人的利益才能受到保护。这里所说的法律和行政法规，不仅包括合同法及其配套的条例，而且包括一切与订立合同有关的法律、规范性文件及地方性法规。

（二）平等原则

《中华人民共和国合同法》总则第 2 条规定，本法所称合同是平等主体的自然人、法人、其他组织之间设立、变更、终止民事权利义务关系的协议；第 3 条规定，合同当事人的法律地位平等，一方不得将自己的意志强加给另一方；第 4 条规定，当事人依法享有自愿订立合同的权利，任何单位和个人不得非法干预。

该规定主要包含两个要素。

一是合同当事人的法律地位平等，在中国，经济合同当事人无论是法人，还是个人，无论是国有企业，还是民营企业，无论是大企业，还是小企业，它们的主体资格，即权利能力都是平等的，任何一方都不能对他方强迫命令，不能要求不平等的权利。

二是当事人在签订经济合同时，必须协商一致，经济合同的签订是当事人自愿的行为，是建立在当事人各方自愿基础之上的，因此，当事人在签订经济合同时，必须要进行充分协商，只有经过充分协商，考虑到各方利益，才能最终达成一致协议，并达到各自的经济目的。

（三）诚实信用原则

《中华人民共和国合同法》总则第 52 条规定，有下列情形之一的，合同无效。

（1）一方以欺诈、胁迫的手段订立合同，损害国家利益。

（2）恶意串通，损害国家、集体或者第三人利益。

（3）以合法形式掩盖非法目的。

（4）损害社会公共利益。

（5）违反法律、行政法规的强制性规定。

该规定的核心是要求当事人在签订经济合同时，主观上没有损害国家、社会利益和他人利益的故意，做到不欺诈、不规避法律，恪守信用，尊重商品交易的道德和习惯，尊重社会公德。

六、经济合同的写作格式

（一）标题

标题如《基本建设合同》《粮食定购合同》。

（二）编号

标题的下方应标明合同编号。完整的合同编号由以下三部分组成。

1. 开头部分

开关部分写单位简称拼音的开头大写字母。例如，太湖教育集团用 TH。

2. 中间部分

中间部分写经济合同类型的拼音简写，如买卖合同用 MM、租赁合同用 ZL。

3. 结尾部分

结尾部分写合同签订的时间，用阿拉伯数字表示，如 2017 年 9 月 11 日签订，则编号为 20170911。

例如，太湖教育集团的租赁合同编号为：THZL20170911。

（三）关联方

在表格式合同中，签订日期和地点也可放在标题的右下方，与编号上下排列，用小一号字体。

订立合同时写明双方名称及代称。

（四）正文

1. 引言

（1）引言指合同的开头部分，主要写目的和依据。

例如："为了……，根据……法律的规定，……双方经过充分协商，特订立本合同，以便共同遵守。"

（2）引言可部分省略或全部省略。

2. 主体

（1）主体指合同条款。

（2）合同条款包括必备条款（标的、数量、质量、价款或酬金、履行期限、履行地点与方式、验收、结算方式、违约责任、解决争议的方法）及其他条款。

3. 合同文本的份数及保存

"本合同一式四份，甲乙双方各执一份，副本两份，送双方上级主管机关存查。"

4. 合同的有效期限

合同的有效期限指合同执行的起止日期。

例如："本合同有效期自××××年××月××日至××××年××月××日，过期作废。"

又如："本合同自双方代表签字，加盖双方公章或合同专用章即生效，至

××××年××月××日后终止。”

5. 附件说明

（1）附件说明指对附件、附表要注明其效力。

例如：“本合同附件、附表均为本合同的组成部分，且具有同等的法律效力。”

（2）附件、附表均写在合同条款的最下方。

（3）注明附件名称、序数和份数。

6. 结尾

（1）落款：双方单位全称和法人姓名，加盖公章或合同专用章，双方代表签字。

如需审批，需写双方主管机关和签证机关的名称并加盖印章。

数额较大、周期较长的合同还要公证。

（2）日期：签订合同日期。

（3）附项：日期下写合同当事人的地址、邮编、电报挂号、电话、图文传真、银行账号等。

七、写作经济合同应注意的问题

（1）格式要规范。

（2）条款要完备。

（3）文字要精确。

[例文三十一：劳动合同]

甲方（用人单位）：______________　　乙方（劳动者）：______________

企业编号：________________　　身份证号：________________

地　　址：________________　　家庭住址：________________

联系电话：________________　　联系电话：________________

根据《中华人民共和国劳动法》，经甲乙双方平等协商同意，自愿签订本合同，共同遵守本合同所列条项。

一、劳动合同期限

第一条、本合同期限类型为________期限合同。

本合同生效日期________年________月______日，终止日期________年

________月________日，其中试用期________。

二、工作内容和义务

第二条、乙方同意根据甲方工作需要，担任岗位工作。甲方可依照有关规定，经与乙方协商，对乙方的工作职务和岗位进行调整。

第三条、乙方应履行下列义务。

1. 遵守国家宪法、法律、法规。

2. 遵守甲方的规章制度。

3. 维护甲方的荣誉和利益。

4. 忠于职守，勤奋工作。

5. 履行保守甲方商业秘密，不得利用甲方的商业秘密为本人或其他经济组织和个人谋取不正当的经济利益。

三、劳动保护和劳动条件

第四条、甲方延长乙方工作时间，应安排乙方同等时间倒休或依法支付加班加点工资。

第五条、甲方为乙方提供必要的劳动条件和劳动工具，制定工作规范和劳动安全卫生制度及其标准。甲方应按照国家或当地政府有关部门的规定组织安排乙方进行健康检查。

第六条、甲方负责对乙方进行政治思想、职业道德、业务技术、劳动安全卫生及有关规章制度的教育和培训。

四、劳动报酬

第七条、甲方的工资分配应遵循按劳分配原则，实行同工同酬。

第八条、在法定工作时间内，乙方完成规定的工作任务，甲方每月____日以货币形式足额支付乙方工资，工资不低于________元，其中试用期间工资为________元。

第九条、甲方安排乙方加班或延长工作时间的，按《劳动法》第四十四条和国家有关规定支付工资报酬。

第十条、由于甲方的原因，使乙方不能在法定工作时间内提供劳动的，甲方保证支付乙方的生活费不低于________元。

五、保险福利待遇

第十一条、乙方因工负伤的工资和医疗保险等待遇按国家和当地人民政府有关规定执行。

第十二条、甲方为乙方提供以下福利待遇。(略)

六、劳动合同的变更、解除、终止、续订

第十三条、订立本合同所依据的客观情况发生重大变化，致使本合同无法履行的，经双方协商同意，可以变更本合同相关的内容。

第十四条、经甲乙双方协商一致，本合同可以解除。

第十五条、乙方有下列情形之一，甲方可以解除本合同。

(1) 在试用期间，被证明不符合录用条件的。

(2) 以欺诈手段订立本合同的。

(3) 严重违反劳动纪律或甲方利益造成重大损害的。

(4) 严重失职、营私舞弊，对甲方利益造成损失的。

(5) 泄露甲方商业秘密，给甲方造成严重损失的。

(6) 被依法追究刑事责任的。

(7) 不能胜任劳动合同约定的工作，经过培训或调整工作岗位仍不能胜任工作的。

(8) 乙方患病或非因工负伤、医疗期满后，不能从事原工作也不能从事甲方另行安排的工作的。

第十六条、甲方濒临破产进行法定整顿期间或者生产经营发生严重困难，应提前三十日向工会或者全体职工说明情况，听取工会或者职工的意见，并向劳动行政部门报告后，可以解除合同。

第十七条、乙方有下列情形之一，甲方不能依据本合同第十五条第 (7)、(8) 项终止、解除本合同。

(1) 患职业病或者因工负伤，医疗终结，经市、区、县劳动鉴定委员会确认丧失或者部分丧失劳动能力的。

(2) 患病或非因工负伤，在规定的医疗期的。

(3) 女职工在孕期、产期、哺乳期的。

(4) 距法定退休年龄十年以内的职工。

第十八条、乙方欲解除劳动合同，应当提前三十日以书面形式通知甲方。

第十九条、有下列情形之一，乙方可以随时通知甲方解除本合同。

1. 在试用期内的。

2. 甲方以侵害乙方合法人身权利手段强迫劳动的。

3. 甲方不能按照本合同规定支付劳动报酬或者提供劳动条件的。

4. 甲方违反国家有关规定，劳动安全卫生条件恶劣，严重危害乙方身体健康的。

第二十条、本合同期限届满，劳动关系即终止。甲乙双方经协商同意，

可以续订劳动合同。双方当事人应当在本合同期满前________天向对方表示续订意向。

七、违反劳动合同的责任

第二十一条、甲方有下列情形之一，乙方除要求甲方补足工资报酬、经济补偿外，还可以按国家和当地政府有关规定，要求甲方支付赔偿金。

1. 克扣或者故意拖欠支付乙方工资的。

2. 拒不支付乙方延长工作时间工资报酬的。

3. 支付乙方报酬低于本地最低工资标准的。

八、其他

第二十二条、本合同未尽事宜，按国家、当地人民政府有关规定执行。

第二十三条、本合同一式两份，甲乙双方各执一份。合同自签订之日起生效，具有同等法律效力。

甲方（盖章）：________________　　乙方（签字）：________________

________年______月______日　　________年______月______日

第五节　招标书与投标书

一、招标与投标概述

（一）招标与投标

招标与投标是以订立招标采购合同为目的的民事活动，属于订立合同的预备阶段。招标与投标是对该民事活动中两个不同主体行为的称谓。

招标，是指由招标人明确提出购买的商品或拟建的工程项目以及相应事件和要求，邀请卖方或承包商前来投标直至最终形成伙伴关系的行为。

投标，是指投标人（卖方或承包商）依据招标方的条件要求在指定时间与地点按照一定程序参与竞标的行为。

招标与投标因其具有公开性、公平性、简明性的特点，成为市场经济中一种颇具影响力的竞争方式，也成为当今世界广泛流行的一种经营管理方式。

（二）招标与投标的程序

1. 筹备

这是正式招标前的准备工作，包括以下几项内容。

（1）确定招标项目（标的）、招标指导思想，并向主管部门申请招标。招标项目按照国家有关规定需要履行项目审批手续的，应当先履行审批手续（《中华人民共和国招标投标法》第九条），经批准后，正式成立招标机构，配备工作人员。

（2）按规定测定标底，确定招标原则及方式方法。

（3）编制和报审招标文件。在这一阶段工作中，报审是前提，编制招标文件是中心。文件有繁简之分，主要取决于招标项目的规模和性质。规模越大、情况越复杂，文件就越多；反之，则较为简单。

2. 招标

这是招标者传递招标信息，投标者初步应标的阶段。

（1）招标者传递招标信息。招标分为公开招标与邀请招标。前者通过新闻媒介发表招标公告，"依法必须进行招标的项目招标公告，应当通过国家指定的报刊、信息网络或者其他媒体发布"（《中华人民共和国招标投标法》第十六条）；后者是招标者向有应标能力的若干（3 个以上）单位发出信函招标，目的是保证招标项目完成的质量和工期。

（2）投标者向招标者报送投标申请书。凡自认为有应标能力的单位均可申请，依法招标的科研项目允许个人参加投标。

（3）招标者对投标申请者进行资格审查，确定投标者。

（4）招标者向资格认可的投标者发售招标文件。大约在招标公告发表两星期后开始发售文件，并组织投标者勘察现场，介绍投标项目概况，解答疑点等。

3. 投标

开标、评标是投标者投书报价阶段。获得投标资格的投标者填写投标单或撰写投标书，并密封交招标单位。

4. 开标、评标

开标、译标是确认中标者的程序。

（1）按招标文件确定的提交投标文件截止时间的同一时间和招标文件预先确定的地点，在公证机关及有关部门的领导、投标单位代表共同参与监督下，当众开标，公开标底、投标价格。开标过程应当记录，并存档备查。

（2）评标委员会按照招标文件确定的评标标准和方法，对投标文件进行评审和比较；设有标底的，应当参考标底。

（3）评标委员会向招标者提出书面评标报告，并推荐合格的中标候选人。

5. 定标及订立合同

这是招标投标最后一道程序。

（1）招标者根据评标委员会提出的书面报告和推荐的中标候选人确定中标人，也可以授权评标委员会直接确定中标人。中标人确定后，招标者应向中标人发出中标通告书。

（2）招标者与中标者应当自中标通知书发出之日起 30 日内订立书面合同。

二、招标书的概述

（一）招标书的概念

招标书是招标人在某项工程建设、物资交易、合作经营、科研攻关等进行之前，为优选投标对象而发布的含有具体项目内容、标准和条件要求的一种实用性文书。招标书也称招标公告、招标通知或招标启事。

正式招标书一般由招标单位采用广告、通知、公告或发布会等形式发布，也可以委托专门的招标代理机构进行招标。

招标书是指在招标过程中使用的书面材料。它包括招标公告、招标启事、招标通告及有关招标项目具体情况和投标工作事项等。

（二）招标书的特点

招标书具有告示性文书的特点，招标人必须提供所招标项目的全面情况，以便于投标方根据招标书提供的情况进行竞标准备。它一般通过大众传媒对外公示，要求在短时间内获得关注，所以，具有时间上的紧迫性。招标人是指提出招标项目并进行项目招标的具有法人资格的单位或其他组织。

按照不同的标准划分，招标书可以有不同的种类，如按内容及性质划分有科研项目招标书、企业承包招标书、工程招标书、大宗商品交易招标书等，按招标范围划分则有国际招标书和国内招标书等。

三、招标文书的写作

招标文书，包括招标公告或招标通知书、招标书、招标章程、招标说明书、标底书、中标通知书等。

编制招标文书可以贯彻落实《招标投标法》及招标的程序，是招标投标的依据，是竞争投标的基础和保证，是招标项目的质量和技术规范的准则。不同的招标环节，使用的文书不同。上述各类文书根据实际情况可以合并或分开，或增或减。这里主要介绍招标公告、招标书的写法。

（一）招标公告的写法

招标公告，又叫招标通告、招标广告、招标启事，是招标文书之一。

招标者通过新闻媒体公布招标项目、招标范围及具体要求，以吸引符合条件者前来参与投标。招标公告的发表，是招标工作的正式开端。其由标题、正文、签具构成，有的文后带附件。

1. 标题

标题是招标公告中心内容的概括和提炼，有单标题和双标题之分。

（1）单标题。招标公告最常用的拟题法，有以下三种类型。

一是完全式标题，由招标单位名称、招标项目和文种名称构成，如《×××大学教学大楼施工招标公告》。

二是省略式标题，可省略招标单位名称或招标项目，或二者均略去，仅留下文种名称，如《×××大桥工程施工招标通告》《×××公司招标公告》《招标广告》。

三是广告性标题，以生动吸引人的语言，激发人们的投标欲望，如《给您一个大展身手的机会，请君租赁×××早点部》。

（2）双标题。正题标明招标单位名称和文种名称，副题点明招标项目。

如：《中国机械进出口总公司国际招标通告——×××灌溉区配套工程》

招标号：CM0××××42

凡是由招标公司制作的招标公告，都须在标题下一行右侧标明文书编号，以便归档和备查。如上例，由发文单位英文缩写、年度和招标通告顺序号组成。

2. 正文

正文应当载明招标单位名称、地址，招标项目的性质、数量，实施地点和时间以及获取招标文件的办法等事项，正文由引言和主体组成。

（1）引言。引言一般揭示招标的缘由或目的和依据，说明招标项目或产品名称、规模和批量、招标范围，有的还指明资金来历等。

例如：“我公司受×××项目办公室委托，利用世界银行贷款，就下列设备进行国内竞争性招标（LCB）：××型号设备××套。”开篇第一句就对招标缘由和根据做了说明，紧接着对资金来源、招标范围、标的名称及型号数量一一写明。

（2）主体。主体是招标公告的核心部分，通常采用条文式或分段式，一般要写清下列内容。

①招标项目具体内容。购买大宗商品的招标，要写明商品的名称、型号、数量、规格等；工程建设项目的招标，要说明工程概况、规模、质量要求。

一般招标公告还要写明招标方式是租赁、承包还是购物发售，写清楚工程完成或交货日期。根据招标项目本身要求，在招标公告中可要求潜在投标者提供有关资质证明文件和业绩情况。总之，这部分内容是投标者决策的主要依据，要写得明确清楚，以便投标者做出抉择，从而使招标者达到招标的目的。

②招标步骤。招标步骤写明招标起止日期，投标者购买招标文件的时间、价格和方式，开标日期和地点等。

3. 签具

在签具部分，标明招标单位的名称、地址、电话、电报挂号、传真、邮政编码、联系人等。标题下方未注明日期的在此写上。

4. 附件

有的招标公告将一些繁杂的内容，如项目数量、工期、设计勘察资料等作为附件列于文后，或作为另发的招标文件。

与招标公告具有同等效力的投标邀请书，其内容与招标公告一样。不同的是，邀请书以书信体行文，标题直书“投标邀请书”，正文有称谓（被邀请者名称），开头有对被邀请者的评价，通常是表示赞赏。邀请书文字更为简洁，语气更恳切。

（二）招标书的写法

招标书与招标公告的内容、要求是一致的，但招标书要求写得比较具体、实在。招标书一般由标题、招标号、正文、落款几部分组成。（此处未介绍招标号）

1. 标题

标题格式位置在首页第一行的中间。

标题的写法有以下三种。

（1）由招标单位名称+文种组成，如《×××工程有限公司招标书》。

（2）由招标单位名称+招标性质及内容+招标形式+文种四元素构成，如《×××市城市建设开发公司×××住宅小区建筑安装工程招标书》。

（3）直接以“招标书”作为标题。

2. 正文

招标书正文一般由前言、主体部分组成。

前言部分一般写明招标依据、原因。

主体部分要详细交代招标项目（项目名称、规格、数量等）、招标方式（公开招标、内部招标、邀请招标）、招标范围、招标程序等具体要求，有时还需要注明投标截止日期、开标的时间地点等以及招投双方签订合同的原则、招标过程中的权利和义务等相关注意事项。

（1）前言，说明招标目的、依据和招标项目名称。前言要开门见山，简明扼要。例如："为了提高建筑安装工程的建设速度，提高经济效益，经×××建设委员会批准，×××建筑工程总公司对×××住宅小区建筑安装工程进行招标。"这段前言有原因、有目的、有依据、有项目。

（2）主体，分条列项写明招标内容。

①招标方式，即说明公开招标或邀请招标、指定招标。

②招标范围，是对招标对象的限制条件，是在国际范围招标还是限于国内、省内或市内？对此应予说明。

③招标内容及具体要求，依据招标类别而定，有时根据情况列表说明。比如，建筑工程类招标内容一般应包括工程内容、范围、工程量、工期、地质勘察单位和工程设计单位等，可以列表说明。该类招标要求应包括工程质量等级、技术要求、对工程材料和投标单位的特殊要求、工程验收标准等。

④招标程序，即写出招标、开标、评标、定标的方法、步骤，有些程序还应注明时间、地点。

⑤招标过程中的权利和义务，由招标方审标、定标。投标方要严格遵守招标书的要求，中标后不能改变中标内容。

⑥投标报价要求和评标标准。

⑦对投标人资格审查的标准。

⑧双方签订合同的原则及主要条款，包括签订、变更、解除、终止合同的条件和法律程序及时间等。

⑨组织领导，有的招标书要求写明招标领导机构和办事机构的情况以及联系人姓名。

⑩其他事项，一般是上述内容未尽事宜，或投标方应注意的事项。

3. 落款

落款包括招标单位名称、地址、邮编、电话、传真、联系人等。落款单位可以是招标单位的主管部门或承办部门。

（三）招标书的写作要求

招标书是受法律监督和保护的文书，要熟悉招标程序，了解全过程，才能清楚招标的来龙去脉，也才能写好招标文书。具体要求如下。

1. 遵守法规，科学严密

招标书是招投双方签订合同的依据，具有一定的法律效应。因此，具体招标方案的撰写必须做到内容真实科学，用语严密准确。招标是法人或者其他组织之间进行的一种经济活动。招标文书的各项内容必须遵守这些法律、法规，不得违法。

2. 条理清晰，项目周全

招标书各个项目内容都要书写周全，不得疏漏，特别要突出“项目”这一重点。必须把招标内容以条理化的语言清晰地表述出来，做到重点突出，要求明白。

3. 用语得当，表达简明

招标书是对外发布的具有公开性的实用文书，招投双方地位平等，文本用语要体现平等、诚恳。文字表达要考究，无论是技术规格还是数据表述都要准确无误，不要含混不清，避免产生歧义。

［例文三十二：建筑招标书］

建筑安装工程招标书

一、招标工程的准备条件。

本工程的以下招标条件已经具备。

（1）本工程已列入国家（或部、委，或省、市、自治区）年度计划。

（2）已有经国家批准的设计单位出的施工图和概算。

（3）建设用地已经征用，障碍物全部拆迁；现场施工的水、电、路和通信条件已经落实。

（4）资金、材料、设备分配计划和协作配套条件均已分别落实，能够保证供应，使拟建工程能在预定的建设工期内连续施工。

（5）已有当地建设主管部门颁发的建筑许可证。

（6）本工程的标底已报建设主管部门和建设银行复核。

二、工程内容、范围、工程量、工期、地质勘察单检和工程设计单位。

三、工程可供使用的场地、水、电、道路等情况。

四、工程质量等级，技术要求，对工程材料和投标单位的特殊要求，工程验收标准。

五、工程供料方式和主要材料价格，工程价款结算办法。

六、组织投标单位进行工程现场勘察，说明和招标文件交底的时间、地点。

七、报名日期、投标期限、招标文件发送方式。

报名日期：××××年××月××日。

投标期限：××××年××月××日起至××××年××月××日止。

招标文件发送方式：……

八、开标时间、评标结束时间及方式，中标依据和通知。

开标时间：××××年××月××日（发出招标文件至开标日期，一般不得超过两个月）。

评标结束时间：××××年××月××日（从开标之日起至评标结束，一般不得超过一个月）。

开标、评标方式：建设单位邀请建设主管部门，建设银行和公证处（或工商行政管理部门）参加公开开标，审查证书，采取集体评议方式进行评标。

中标依据及通知：本工程评定中标单位的依据是工程质量优良，工期适当，标底合理，社会信誉好，最低标价的投报单位不一定中标。所有投标企业的标价都高于标底时，如属标底计算错误，应按实予以调整；如标底无误，通过评标剔除不合理的部分，确定合理标价和中标企业。评定结束后五日内，招标单位通过邮寄（或专人送达）方式将中标通知书送发给中标单位，并在一个月（最多不超过两个月）内与中标单位签订建筑安装工程承包合同。

九、其他。

本招标方承诺，本招标书一经发出，不得改变原定招标文件内容，否则，将赔偿由此给投标单位造成的损失。投标单位按照招标文件的要求，自费参加投标准备工作和投标，投标书（即标函）应按规定的格式填写，字迹必须清楚，必须加盖单位和代表人的印鉴。投标书必须密封，不得逾期寄达。投标书一经发出，不得以任何理由要求收回更改。

在招标过程中发生争议，如双方自行协商不成，由负责招标管理工作的部门调解仲裁，对仲裁不服，可诉诸法院。

建设单位（即招标单位）：

地址：

联系人：

电话：

时间：

四、投标书的概述

（一）投标书的概念

投标书是投标者在投标过程中编制或填写的文书总称，又称申请书或标书。投标书是投标人按照招标书规定的标准和要求，向招标人提出自己的实际能力和条件，表达投标意向，投送给招标单位的专用文书。

投标书是与招标书相对应的文书。投标书是投标人按招标人的具体要求向招标人提出的订立项目合同的建议，是根据己方条件与能力所提供给招标人的备选方案，是应招者报出应招的具体条件，以求中标的一种文书。

投标书可以分为生产经营性投标书和技术投标书两类。生产经营性投标书一般有工程投标书、承包投标书、产品销售投标书和劳务投标书；技术投标书包括科研课题投标书、技术引进或技术转让投标书等。

投标书包括投标申请书、投标保证书、标函等。投标书具有法律文书的性质，受国家法律监督和保护。

（二）投标书的特点

1. 公开性与保密性

公开性是指招标条件、投标条件的公开性。保密性是指投标书开标之前要保密，即投标书要密封后才送交招标单位，未密封的投标书无效；招标者收到投标书后，应当签收保存，不得开启。可见招标投标文书在一定范围或一定程序上需要保密，这是从公平竞争角度考虑的，是竞争的一种策略。

2. 比较性与择优性

比较性与择优性是招标投标文书的突出特点。比较是指投标书的比较。最优承包者是最优投标书的拥有者。招标投标活动的目的决定了其文书的比较性和择优性。兴建工程，大宗商品交易，之所以采用招标方式，正是为了通过公开要约，比较多家投标书，寻求最佳方案，选择最优承包者，以实现用较少的支出获得最好的经济效益的目的。

3. 承诺性与竞争性

承诺性指投标书对招标书提出的标准和条件的应答和承诺，其内容与招标书相应，有的还是投标者在招标者制发的投标单上填具的承诺。投标人的中标，是招标者对投标者的相对承诺。

竞争性，表现为投标者之间的竞标。投标者要中标，投标书就要有极强的竞争性，投标书是战胜竞争对手的有力武器。说到底，投标者之间的竞标，是标书之间的竞争，因为标书是各投标者实力的载体。

（三）投标书的主要内容

投标书的主要内容，应根据招标项目的具体情况和要求拟定。无论是公开竞标还是接受邀请竞标，投标书的主要内容应包括以下几个方面。

（1）投标函。

（2）企业信誉。

（3）保证书（或承诺书）。

（4）企业法人资质证明文件。

（5）项目组织机构体系图。

（6）项目经理、技术负责人简历及证件复印件。

（7）主要管理人员证书复印件，特殊工种证书复印件。

（8）项目主要管理人员一览表。

（9）施工图预算书（含施工材料表）。

（10）施工组织设计。

（11）附投标文件。

（四）投标书写作前的准备

要写好投标书，事先要做好充分的准备工作。

（1）及时获取信息，无论是国际贷款项目还是国内工程项目的发布，要有专人或专门班子从报刊、电子信箱、互联网上收集信息。

（2）登记并购买招标书文件。

（3）研究招标书的内容，分析各项具体规定，如有不清楚、不理解的地方，则应及时向招标单位询问，同时应派技术人员进行实地勘察和了解。

（4）对报价要进行科学分析和精确计算，要能比较准确地反映项目的标底。报价中的标底高了不利于竞争，低了又难以取胜。

（5）成立投标报价的班子，其中既要有驾驭全局的主要负责人，又要有懂技术、财务管理、商务、法律等方面的人才。因为投标从资格预审直到签订合同，是一个连续性的全过程，而这个班子也大都是中标后的领导班子。

（五）投标书的写作程序

（1）投标者根据自己的技术、设备、资金等实际情况，在认真分析招标项目、标底、技术、质量和工期要求的基础上，做出实事求是的评估。

（2）编写投标单位的简历，提供做出投标许诺的投标资格审查书。

（3）正式递交投标申请书。

（4）编制投标认可的标函。

在实际写作投标书时，单位的技术力量、设备、资质证明等材料，可以作为副本附上。

五、投标文书的写作

（一）投标申请书的写法

投标申请书，是投标者在招标公告或投标邀请书规定的时限内递交的申请参加投标的文书。它是投标程序中使用的第一个书面材料，是供招标者审定投标资格的。只有当它获准之后，投标者才能写标函，参加投标。

投标申请书有正件和附件两大部分，正件表示投标意向，附件是投标资格说明。投标申请书的具体写法如下。

1. 标题

标题处写明“投标申请书”即可。

2. 称谓

称谓是对招标者的称呼，在标题下方顶格写。

3. 正文

正文表达参与投标的意愿及有关保证事项。例如：“我公司决定参加湖里小区住宅安装工程项目的投标，对工程的工期、造价、质量、材料、保修实行‘五包’，保证遵守招标书的各项规定，完成施工任务。”意愿明确，保证也较具体。正文一般以“特此申请”的惯用语作结束语。

4. 签具

投标属于重大经济活动，因此需要双重签具，即法人签署、用印以及法人代表签署、用印，并写上日期。

5. 附件

附件是投标者的资格说明，包括对投标者基本情况的介绍，以及与招标项目有关的经历、资历、能力等。投标企业资格审查表，有的由招标单位统一印发。投标者填写之后，随申请书递送招标单位。

（二）投标书的写法

投标书是按照招标文书提出的条件和要求，向招标者报价并填具标单的标书。它要求密封后邮寄或派专人送给招标单位，故又称标函。标函是对招标书提出要约的响应和承诺，是投标者的意见书，又是对招标者的要约，是最重要的投标文书。投标书有表格式、说明式和综合式等写法。

投标书一般由标题、称呼语、正文和结尾四个部分组成。

1. 标题

投标书的标题一般写在文页上方正中，写投标申请书、投标答辩书或投标书即可。从写作实际看，标题的写法，常见的有以下四种类型。

（1）直接式，如《投标书》《标书》《标函》。

（2）简明式，由投标方+文种名称组成，如《中建第五工程公司投标书》。

（3）不完全式，由投标方+投标项目+文种名称组成，如《中建某局承建教学大楼施工投标书》。

（4）完全式，由投标方+投标目标+事由+文种组成，如《某公司为某大学工科实验楼安装设备投标书》。

2. 称呼语

称呼语位置在标题下，另行顶格写招标单位名称。

3. 正文

投标书的正文是投标书的核心部分，写作结构上，一般包括前言、主体、结语、附件四个部分。

（1）前言用于揭示投标依据，简要表明投标的态度，必须写明投标单位对所投项目的技术分析与实施方案等，如项目质量要求、专业技术需求、实施科学管理、生产安全保障、具体竣工日期等。为获得竞标成功，投标书有时要强调本投标单位的优势条件，明确表达满足招标单位提出的某些要求等。前言常以“说明如下”领起主体。

（2）主体是投标书的核心部分，要依照招标文书要求，认真细致写好以下两部分内容。

①投标项目的具体指标。对不同类型标的投标项目，所需要写明的指标是不同的。

如果投标大宗货物，应该写明保证按合同履行责任义务等；如果投标承包企业，就要写明生产指标、利润指标、税金指标、费用率、利润率、周转资金等项经济指标；如果投标建筑工程，就要写明工程总报价及对价格组成的分析，计划开工和竣工日期，主要材料指标，施工组织和进度安排，保证达到的工程质量标准，以及拟派出的项目负责人与主要技术人员的简历、业绩和拟用于完成招标项目的机械设备等。

②实现指标、完成任务的技术组织措施。这部分是指标任务完成的保障。

（3）结语。一般以建议为结语，即要求招标者上级主管部门予以支持配合等。

（4）附件。投标书一般有附件。就建筑工程投标书而言，主要有两个部分：一是工程量清单或单位工程主要部分标价明细表；二是单位工程主要材料、设备标价明细表。一些重要的大型工程还要附上投标保证书。

4. 结尾

结尾在文尾下方，注明投标单位全称、法人代表姓名或名称，加盖印章，写明投标日期。

（三）投标书的写作要求

1. 突出重点

投标书只需把投标单位的优势条件和所投项目的投标分析写明白，不求文饰。

2. 用语准确

投标分析和实施措施等一定要准确表达，专业术语使用准确，最好不使用不规范的简称，单位名称和地址也不可用简写。语言表达力求科学严密、清晰简练。

3. 注重规范

投标书一定要按照规范格式写作，如招标单位有具体要求，必须遵照。

[例文三十三：建筑工程投标书]

投标书

工程名称：×××

投标企业：×××

一、标书综合说明

根据××市×××局×××建设工程招标管理处××××年××月××日发布的《×××广播电视中心办公楼建设安装工程招标公告》，以及××省建筑设计院设计的图纸内容，我公司具备承包施工条件，决定对以上工程进行投标。

本公司经历了长期建筑安装工程实践，于××××年企业整顿验收合格，××××年经省建委审定为一级建筑安装施工企业。公司现有职工×人，共设有建筑安装×个分公司，并配有全钢架现浇，大弯度钢架、预应力工艺等项目的施工能力和经验，具备大型土石方工程、建筑工程和水电安装工程总承包施工能力。

我们决心在此建筑工程中以全面质量管理为核心，严格编制施工组织设计程序，发挥企业固有的优势，保证缩短工期，力争在该项目上创优良、优质工程。

二、工程标价

预算总造价为五千五百万元，标价在预算总造价的基础上降低1%，即五万五千元（详见报价表）。

三、建设工期

在接到“中标通知书”后十五天进场，做好开工前的一切准备工作。××××年××月××日正式破土动工，××××年××月××日竣工，总工期为×个日历工作天（详见进度计划）。

四、合理的施工措施

(1) 计划控制。采取总进度计划控制与土石方工程平衡配以及主车间平行，主体交叉流水网络计划控制相结合。

(2) 制定质量目标，坚持TQC管理方法，建立各单位工程中分部分项工程质量预控网络体系。

(3) 健全技术档案，做到技术资料“十二有”，提高施工管理科学性。

(4) 安全生产，搞好安全教育，加强安全检查监督，防范事故于未然。

(5) 加强职工队伍思想政治教育，加强劳动纪律，讲究职业道德。

(6) 各工种工程，分部分项实行挂牌施工，落实岗位责任，推行栋号承包。

五、建议

建设过程中如有设计变更、材料串换、代用等现象出现，相互间都应本着实事求是的原则处理。

×××公司

负责人：×××

××××年××月××日

（加盖单位印章）

第六节　营销策划书

一、营销策划书的概念、特点与用途

营销策划书也叫营销策划文案，是企业针对某一营销目标或营销活动而超前设计和系统规划的一套带有具体行动方案性质的实用文书，是营销策划的文字报告形式。营销策划书是为企业提供营销方案的具体行动措施而制定的，它具有很强的实用性与周密的行动性特征，形式上要规范、鲜明、具体。

从理论上说，营销策划是为了解决现存的问题和达到特定的目标而设计规划出的具体行动方案，为此，营销策划书就必须体现出系统性的科学规划与综合性的创新设计，它不仅要具有理论意义，而且必须做到切实可行，能够为实现营销目标发挥作用。

二、营销策划书的写作格式

从写作格式上分析，一份完整的营销策划书应包括两大部分：一是营销环境分析，二是策划书正文。当然，策划书也需要封面，封面内容包括策划书的名称、策划机构或策划人、策划完成日期等。

（一）营销环境分析

进行营销环境分析的主要目的是了解产品的潜在市场和销售量，以及竞争对手的产品信息。只有掌握市场需求，才能做到有的放矢，减少失误，从而将风险降到最低。以凉茶为例，凉茶一直以来为南方人所热衷，由于气候、饮食上的南北差异，应该将主要的营销力量放在南方城市，如果进行错误的定位，将力量转移到北方，无论投入多大的人力财力，都不会取得好的营销效果。

1. 市场状况研究内容

市场状况研究一般要包括下列各项内容。

（1）当前产品市场的已有规模。

（2）市场竞争品牌的销售量与销售额的环比分析。

（3）相关竞争品牌市场占有率的对比分析。

（4）消费者的人口统计学调查分析（年龄、性别、职业、学历、收入、家庭结构等）。

（5）市场竞争品牌产品优缺点的对比分析。

（6）相关竞争品牌市场区域与产品定位的环比分析。

（7）各竞争品牌促销活动的比较分析。

（8）各竞争品牌销售渠道的比较分析。

2. 消费心理分析

只有在掌握了消费者会因为什么原因、什么目的去购买产品，才能制定出针对性的营销创意。当前的营销大多是以消费者为导向的，根据消费者的需求来制定产品，但仅仅如此是不够的，要对消费能力、消费环境进行明确分析才能使整个营销活动获得成功。脑白金能够畅销数十年，从它“间断”的广告语——“今年过节不收礼，收礼只收脑白金”中就能看出端倪：它利用的正是国人在过节时爱送礼的特性，两个活泼老人的形象在无形中驱使晚辈在过节时选择脑白金作为保健品赠送给父母，相信如果换成两个年轻人在说广告语，影响力就下降很多。

3. 产品优势分析

这里的产品优势分析包括本品优势分析和竞品优势分析。只有做到知己知彼，才能战无不胜。在营销活动中，本品难免会被拿来与其他产品进行对比，如果无法了解本品和竞品各自的优势和劣势，就无法打动消费者。在某公司某次营销类课程中就发生过这样的情况，在课程的实作模拟中，两位学员进行销售情景模拟，其中一位扮演销售人员的学员在整个过程中对本品和竞品都缺乏足够的了解，致使另一位学员只能通过直观的感觉来交接产品特性，最终导致整个销售过程以失败告终。营销的目的也是如此，通过营销手段，让消费者了解到本品的优势，进而产生购买欲望是营销活动中重要的环节。

4. 营销方式和平台的选择

营销方式和平台的选择既要符合企业自身情况和战略，同时还要兼顾目标群体的喜好。例如，针对全国儿童的产品，就可以根据儿童的特点，在央视的儿童频道以动画短片的形式展现出来，这样不仅符合企业战略，将产品传达给全国儿童，同时能够吸引儿童的目光。对于一些快消品，则可以选择与产品契合度较高的方式。例如，当前 SNS 平台中十分流行的争车位、开心农场等游戏，就吸引了很多汽车企业和饮料企业的加入，并且取得了非常好的效果。

(二) 策划书正文

策划书正文没有格式，往往依据营销活动内容要求而改变，但营销策划书中有些要素是共有的，其基本内容及编制格式也有大致相同之处。策划书中的营销方案是策划的关键，它着力于把握产品市场机会，运用新颖的营销策略，制订出具体可行的营销方案。

策划书的正文主要内容构成如下。

1. 策划目的

策划书是营销策划的反映，这里应明确本营销策划所要达到的目标，点明执行本策划的重要意义，力保策划能顺利实施。

2. 当前的营销环境状况分析

当前的营销环境状况分析包括当前市场状况及市场前景分析，如市场竞争品牌的占有率，产品市场的发育状况，消费人群的接受性等。同时，要对产品的市场影响因素进行综合分析，主要是指影响产品的不可控因素，诸如社会宏观环境、现实政治因素、居民经济条件（如消费者收入水平、消费结构的层次、消费心理需求等）。对一些受科技发展因素影响较大的营销产品，如计算机、家用电器等产品的营销策划，还需要考虑技术发展的制约影响。

3. 营销的市场机会与问题分析

从根本上说，制订营销方案就是运用策略能力把握市场机会，因此营销策划的市场机会分析是策划书的主要构成，主要包括：①目前产品营销现状（如企业品牌知名度、产品包装、产品价格定位、销售渠道、售后服务质量等）分析和市场竞争品牌产品特点分析，从中找出产品劣势加以避免，发挥营销产品品牌的优势，寻找可以利用的市场潜力；②对各目标市场或消费者群进行市场细分，以满足不同的消费需求为突破口，把主要消费者群作为营销重点，突出营销品牌优势，把握有利时机，占领市场。

4. 营销目标

营销目标是营销策划方案计划应达到的经济效益目标，一般体现为市场占有率、总销售量、盈利等具体数字任务。

5. 营销方案

在营销方案中，首先，应确立产品市场策略来拓展市场，准确定位产品，立足品牌战略；其次，应把握产品包装、产品服务、价格定位、销售渠道等具体环节，以产品主要消费群体为营销重点，培育可持续发展的销售市场。

6. 营销广告

营销广告宣传应以公司整体营销宣传策略为依托，利用多种媒介，长期投放广告，配合阶段性的促销活动，树立产品形象。广告的使用可以多样化，如营销前期使用产品形象广告，营销开展后期使用征召代理商广告，上市日、节假日、重大活动使用促销广告等。

7. 营销行动方案

这一部分要根据策划期内营销活动的阶段性特点，周密部署营销初期、中期、后期等各阶段的具体行动，以保持营销活动的一致性与连贯性。当然，考虑到市场变数的存在，在营销方案执行过程中，应根据营销市场的变化与营销行动的反馈，及时灵活地对方案进行调整、补充、完善。

8. 营销费用预算

预算费用应包括整个营销方案实施过程中的全部费用，营销活动的各个部分各个阶段的费用必须明细化分，同时也应留有余地，以防出现额外开支，总原则是投入少而效果好。

（三）营销策划书的写作格式

一般情况下，一个完整的营销策划方案的内容与格式大体上由前言、正文、结尾、附录四个部分组成。(此处未介绍结尾)

1. 前言

前言又可称为导言，是策划方案的开头部分。其内容包括：策划专题(介绍专题的由来、背景及其意义)、指导思想（明确策划的理论依据、行为动力、基本要求和最终目标）和重点、难点与关键（重点是指策划操作中需解决的主要问题，难点是指策划过程中可能出现的困难与障碍，关键是指对策划最为紧要并起决定作用的因素；总的要求是突出重点、明确难点、抓住关键)。

2. 正文

正文是策划方案的主体。下面以一般整体策划书为例，简单介绍正文内容。

（1）营销策划的目的。例如，企业开张伊始，尚无系统营销方略，因而需要根据市场特点策划出一套营销计划。

（2）企业背景状况分析。

（3）营销环境分析。

①当前市场状况及市场前景分析。

a. 产品的市场性、现实市场及潜在市场状况。

b. 市场成长状况，即产品当前处于市场生命周期的哪一阶段。对于不同市场阶段的产品，公司营销侧重点如何？相应营销策略效果怎样？分析需求变化对产品市场的影响。

c. 消费者的接受性。这需要策划者凭借已掌握的资料分析产品市场发展前景。

②对产品市场影响因素进行分析。这主要是指对影响产品的不可控因素进行分析，如对宏观环境、政治环境、居民经济条件，以及消费者收入水平、消费结构的变化、消费心理等进行分析。对一些受科技发展影响较大的产品，如计算机、家用电器等产品进行营销策划时，还需要考虑技术发展趋势方向的影响。

（4）市场机会与问题分析。营销方案，是对市场机会的把握和策略的运用，因此分析市场机会，就成了营销策划的关键。一旦找准市场机会，策划就成功了一半。

①针对产品当前营销现状进行问题分析。一般营销中存在的具体问题，表现为多方面。

a. 企业知名度不高，形象不佳，影响了产品销售；产品质量不过关，功能不全，被消费者冷落。

b. 产品包装太差，提不起消费者的购买兴趣，产品价格定位不当；销售渠道不畅，或渠道选择有误，使销售受阻；促销方式不当，消费者不了解企业产品；服务质量太差，令消费者不满。

c. 售后保证缺乏，消费者购后顾虑多，都是营销中存在的问题。

②针对产品特点分析优、劣势。从问题中找劣势予以克服，从优势中找机会，发掘其市场潜力。分析各目标市场或消费群特点进行市场细分，对不同的消费需求尽量予以满足，抓住主要消费群作为营销重点，找出与竞争对手的差距，把握利用好市场机会。

（5）营销目标。营销目标是在前面目的及任务基础上企业所要实现的具体目标。例如，营销策划方案执行期间，经济效益目标达到：总销售量为×万件，预计毛利×万元，市场占有率实现×。

（6）营销战略（具体营销方案）。

①营销宗旨。一般企业可以注重这样几个方面：以强有力的广告宣传攻势顺利拓展市场，为产品准确定位，突出产品特色，采取差异化营销策略；以产品主要消费群体为产品的营销重点；建立起点广面宽的销售渠道，不断

拓宽销售区域等。

②产品策略。通过前面产品市场机会与问题分析，提出合理的产品策略建议，形成有效的4P组合，达到最佳效果。

a. 产品市场定位。产品市场定位的关键是在顾客心目中寻找一个空位，使产品迅速启动市场。

b. 产品质量功能方案。产品质量就是产品的市场生命。企业对产品应有完善的质量保证体系。

c. 产品品牌。要形成一定知名度、美誉度，树立消费者心目中的知名品牌，必须有强烈的创牌意识。

d. 产品包装。包装作为产品给消费者的第一印象，需要能迎合消费者，使其满意。

e. 产品服务。策划中要注意产品服务方式、服务质量的改善和提高。

③价格策略。

拉大批零差价，调动批发商、中间商积极性；给予适当数量折扣，鼓励多购；以成本为基础，以同类产品价格为参考，使产品价格更具竞争力。若企业以产品价格为营销优势，则更应注重价格策略的制定。

④销售渠道。产品当前销售渠道状况如何？对销售渠道的拓展有何计划？可以采取一些实惠政策鼓励中间商、代理商的销售积极性或制定适当的奖励政策。

⑤广告宣传。

a. 原则。服从公司整体营销宣传策略，树立产品形象，同时注重树立公司形象；广告宣传商品个性不宜变来变去，否则，消费者会不认识商品，老主顾也会觉得陌生，所以，在一定时段应推出一致的广告宣传；选择多种样式广告宣传媒体的同时，应注重抓宣传效果好的方式；不定期配合阶段性的促销活动，掌握适当时机，如重大节假日和纪念活动日等，及时、灵活进行。

b. 实施步骤。策划期内，前期推出产品形象广告；产品开始销售后，适时推出诚征代理商广告；节假日、重大活动前，推出促销广告；把握时机进行公关活动，接触消费者；积极利用新闻媒介，并利用新闻事件提高企业产品知名度。安排本专题策划进程，划分运作阶段，并指明各阶段的起止时间、具体任务和主要目标，以保证策划方案得以井然有序地贯彻执行。

⑥具体行动方案。根据策划期内各时间段特点，推出各项具体行动方案。行动方案要细致、周密，操作性强又不乏灵活性，还要考虑费用支出，一切量力而行，尽量以较低费用取得良好效果为原则。尤其应该注意季节性产品淡、旺季营销侧重点，抓住旺季营销优势。

(7) 策划方案各项费用预算。分析策划实施过程中所需人力、物力、财力的基本状况，统计其标准用量，尽可能做到勤俭节约，精打细算，充分利用，少投高效。这一部分记载的是整个营销方案推进过程中的费用投入，包括营销过程中的总费用、阶段费用、项目费用等，其原则是以较少投入获得最优效果。费用预算方法在此不再详谈，企业可凭借经验，具体分析制定。

(8) 方案调整。这一部分是策划方案的补充部分。在方案执行过程中，可能出现与现实相冲突的情况，因此需要对方案进行及时调整。

3. 附录

附录是随策划方案附带说明的问题和展示的资料，是方案的附件。其内容主要有：注明本专题所引用的文献资料，列出方案实施中所需参考书目和经验材料，指出其他注意事项，展示策划操作日程表及组织机构，等等。最后还需注明策划方案设计单位和执笔人的姓名，以及最终定案的时间。

三、营销策划书的写作要求

营销策划书是产品市场营销的具体行动方案，它的写作要求一般包括以下几个方面。

(一) 具体细致，具有可操作性

策划书是营销活动的指南，它涉及营销活动的运作与各个具体环节的开展，具体操作要明了可行。

(二) 创意新颖，具有预见性

营销策划必须有新颖的创意，因为策划书的预见性是针对营销市场拟订的，陈旧的创意会失去市场影响力。这就要求策划创意从内容到形式都必须创新，在与众不同的策划中凸显新鲜感。

(三) 结构严谨，具有逻辑性

文案的结构要严谨、完善，要层层递进、环环相扣、彼此照应。从市场状况分析到营销目的分析，从营销目标制定到营销方案制订，每一个步骤都必须详细明确，思虑周到合理。

（四）语言简洁，具有实用性

营销策划具有很强的实用性，不需要堆砌文采，文字表述力求简洁，一般突出具体指导性和明确方案重点即可。

（五）繁简相当，具有直观性

文案的篇幅要与策划内容的繁简相一致，文案的形式可以图文并茂，一目了然。

［例文三十四：营销策划书］

一、活动目的

中秋节的活动已经结束，由于人们在节日期间走亲访友，家中的礼品类商品比较充足，因此在国庆节期间，我商场的销售重点应放在日常消费品上，我们在十一期间，可以再次组织“超低商品、重拳出击”活动，推出十一超低商品的抢购大潮，再次吸引人气，带动商场的人流及销售高峰。

二、活动主题

精彩华诞，举国同庆。

三、活动时间

9 月 30 日—10 月 7 日（据报纸消息，可能国庆节期间放假有所变动，因此，活动时间根据情况可能随时调整）。

四、活动内容

1. 国庆节里乐无边，精彩大戏随您看

9 月 30 日—10 月 7 日活动期间，在×××西门口，×××为您邀请来了精彩的文艺演出，高雅的演出风格以及多种多样的文艺形式，让您在国庆节里大饱眼福！

2. 我是中国人，国旗大派送

国庆节当天，凡在我超市二楼一次性购物满 38 元，即可凭小票到一楼服务台领取小国旗一面（限 500 面，送完为止）。

3. 秋装上市，名品服饰展示会

活动时间：自 10 月 1 日开始。

4. 名品夏装、换季打折，超低特价、最后清仓

活动时间：10 月 1 日—7 日（7 天）。

10 月 1 日起，在×××广场三楼举办名品男女夏装换季打折活动。超低的价位，让您心动到家。带上您的家人，到×××名品服饰特卖场来淘宝吧！由百

货部安排三四楼各专柜，有出外销售的，统一安排处理。

5. 国庆七天假，欢乐“颂”实惠

国庆七天假，每天推出一款超惊爆价。让顾客真真切切感到实惠。除了菜价外，惊喜爆价的部门依次为：休闲食品、酒饮、洗化、百货、针织。选择商品时，根据惠万家的近期活动，要有针对性地选择商品，原则上为平毛利，情况特殊可作负毛利。

6. 购物有奖刮刮乐，惊喜大奖乐翻天

10 月 1 日—5 日，凡在我商场二楼一次性购物满 38 元，或是在一、三、四楼一次性购物满 58 元，即可凭购物小票参加“国庆刮刮乐”活动，获得刮奖卡一张，刮开涂层，便可获得以下对应奖品。100%中奖！国庆节，逛商场，顺便还能拿大奖！

一等奖：29 英寸康佳纯平彩电一台。

二等奖：澳柯玛洗衣机一台。

三等奖：电饭煲一台。

参与奖：洗衣粉一袋或是醋一瓶。

7. 国庆节，结婚季，浪漫而甜蜜

曾经，因为那次的怦然心动，如今，我要对你实现我的承诺，那就是：“给我一个机会，让我一生一世对你好！亲爱的，我们结婚吧！让×××和×××为我们共同见证，天长地久，此情不渝！”

凡是在国庆节期间结婚的新人，且在我商场一次性购物满 500 元以上，即可获赠××县×××婚纱摄影名店提供的 20 寸免费艺术照一张。

8. 您来购物我送礼

凡在 10 月 6 日—7 日在我商场二楼一次性购物满 48 元，或是在一、三、四楼一次性购物满 88 元的顾客朋友，凭小票即可到服务台领取洗洁精一瓶。(小票不拆分不累计，每张小票限领一个单品)

五、广告宣传

通过各类媒介做好活动推广的宣传。

第七章
专用书信写作

专用书信是指用于某种特定的场合、针对某种特定的事务所写的书信。区别于一般书信纯粹在个人和个人之间用于交流个人思想感情、互通个人和家庭情况，专用书信多用于个人与单位、单位与单位之间的事务往来。

专用书信有许多不同的种类，如感谢信、表扬信、贺信、慰问信、邀请信、自荐信、介绍信、证明信、咨询信、申请书、聘书、请柬、决心书、倡议书、建议书、挑战书等。这些不同种类的书信，各有各的用途，应用于不同的场合，写给不同的对象，因此在写法上就有不同的格式和要求。

本章介绍几种常用的专门书信的不同写法。

第一节　感谢信与表扬信

一、感谢信

（一）感谢信的概念、特点与用途

感谢信是对某个单位或个人的关怀、支援、帮助表示感谢的信。写感谢信的一方，或因得到被感谢者的帮助、支援和关怀，或曾经得到对方的恩惠，如受到邀请、接待、慰问等，为答谢对方而向对方表示感谢，使对方的善行得到认可与表扬。

感谢信不仅有感谢的意思而且有表扬的意思。

这种信可以直接给对方所在单位，也可以张贴在对方单位内或所在地的公共场所，还可以交给报纸刊登、电台广播、电视台播映。

（二）感谢信的写作格式

感谢信的写作格式遵从一般书信格式，但略有变化。

（1）第一行：居中放大写上“感谢信”三个字，或写“为×××事写给×××的感谢信”。

（2）第二行：顶格写对方单位名称或单位和个人姓名称呼，称呼后用冒号。

如果感谢对象比较多，可以把感谢对象放在正文中间提出。

（3）第三行：空两格起写正文。

（4）正文后第一行：空两格，写上“此致”。

（5）正文后第二行：顶格写上“敬礼”。

（6）倒数第二行：在右半行署上单位名称或者个人姓名。

（7）倒数第一行：在署名的下边写上发信的日期。

（三）感谢信的写作内容

感谢信一般由标题、受信者、正文、结尾和落款五部分组成。

1. 标题

一般可以直接使用“感谢信”做标题，也可以用“致×××的一封感谢信”做标题。

2. 受信者

受信者指被感谢的一方。受信者为单位时写单位名称；受信者为个人时写“单位+个人姓名+称呼”，如“×××同志”“×××先生\女士”等。

3. 正文

正文是感谢信的核心，这一部分应写清被感谢者先进事迹的主要经过，写清楚对方在什么时间，什么地点，由于什么原因，做了什么好事，对自己或单位有什么支持和帮助，事情有什么好的结果和影响。对该事迹给予正面积极的评价和赞扬，并充分表达撰文者对对方的感激与问候之情。感谢信还要写清楚从中表现了对方哪些好思想、好品德、好风格。最后表示自己或所在单位向对方学习的态度和决心。

4. 结尾

结尾往往以表示感激和敬意的话语结束全文，如“谨向您表示真诚的感谢”“衷心感谢你们为我方所做的一切”等。

5. 落款

落款时要求有撰文者署名和撰文时间，署名要写单位名称或个人姓名，撰写日期为感谢信的写作日期。

（四）感谢信的写作要求

（1）叙述对方对自己或本单位的帮助，要把被感谢对象的事迹以精炼的语言写清楚，包括人物、事件、背景，以及时间、地点、经过和结果等，这样便于组织了解和群众学习。感谢信的内容必须真实，确有其事，不可夸大溢美。

（2）对事件的评价要恰当、积极，写表示谢意的话要得体，既要符合被感谢者的身份，也要符合感谢者的身份。

（3）感激的态度要真诚，字里行间流露的感情真诚，感激要发自内心。感谢信以感谢为主，兼有表扬，所以表达谢意时要说到做到。在叙述事实的过程中，除了要突出对方的好思想和表示谢意外，行文要始终饱含着感情。感情要真挚、热烈，使所有看到信的人都受到感染。

（4）感谢信以说明事实为主，切勿不着边际地大发议论。

二、表扬信

（一）表扬信的概念、特点与用途

1. 表扬信的概念

表扬信是以书信的形式，对在生活、工作和学习的某一个方面做出贡献、发扬风格的个人和集体加以表彰的专用书信，是向特定受信者表达对被表扬者优秀品行颂扬之情的一种专用书信。当人们在日常工作、生活中受益于被表扬者的高尚品行（或被其品行感动）时，往往会特意向被表扬者所在单位或其上级领导致信，以期使其受到表彰、奖励，使其精神发扬光大。

2. 表扬信的特点

表扬信的特点是宣传性与公开性。

（1）宣传性就是褒扬性，是从正面对先进人物及其事迹、思想风格等进行宣传、赞扬与夸奖，使周围群众和全社会都及时地知晓先进典型，希望人们学习其先进事迹与精神。

（2）公开性是宣传性的基础，公开的范围越广泛，表扬信的知晓范围就越大，产生的社会影响就越深远。

3. 表扬信的类别及用途

表扬信用于正面宣传与表彰有关单位、组织或个人的先进事迹、思想与风格。

表扬信可以以组织名义写，也可以以个人名义写。除信中给予的表扬外，也可以建议有关部门给予表扬。

（1）从表扬双方的关系来看，表扬信可以分为以下两种。

①上级对下级、团体对个人进行表扬的表扬信，一般是单位或团体用于表彰先进，可以在新闻媒体上发表。

②群众之间进行表扬的表扬信，可以张贴，或寄给被表扬人及其单位，也可寄给报社或广播电台以求广泛宣扬。

（2）从被表扬者的身份来看，表扬信又可以分为以下两种。

①对集体进行表扬的表扬信。

②对个人进行表扬的表扬信。

（二）表扬信的写作格式

（1）第一行：居中放大写上“表扬信”三个字。

（2）第二行：顶格写上被表扬的机关、单位、团体或个人的名称、姓名。写给个人的表扬信，在姓名之后加上“同志”“先生”等字样，后边加冒号。直接张贴到某机关、单位、团体的表扬信，开头可不必再写受文单位。

（3）第三行：空两格起写正文。

（4）正文后第一行：空两格，写上“此致”。

（5）正文后第二行：顶格写上“敬礼”。

（6）倒数第二行：在右半行署上单位名称或者个人姓名。

（7）倒数第一行：在署名的下边写上发信的日期。

（三）表扬信的写作内容

表扬信一般由标题、抬头、正文、结尾和落款五部分组成。

1. 标题

一般而言，表扬信标题单独为文种名称“表扬信”，位置在第一行正中。

2. 抬头

一般写给被表扬人的上级领导单位，如×××单位领导、×××学校领导。

3. 正文

正文的内容一般要求写出事迹经过、表扬的语句、学习的语句。写清四个要素：一是人，表扬谁要明确；二是事，对方做了什么事，要有时间、地点和主要内容；三是这件事说明了什么思想、发扬了什么风格；四是有什么影响和作用。

（1）交代表扬的理由。用概括叙述的语言，重点叙述人物事迹的发生、发展、结果。叙述要清楚，要突出最本质的方面，重点在于突出有关人物事迹的先进性。

（2）指出行为的意义。在叙事的基础上进行评价、议论，指出被表扬者事迹对于社会的重要意义，其行为对社会的重要影响等，如指出这种行为属于哪种好思想、好风尚、好品德。

4. 结尾

结尾再次强调被表扬者的先进事迹及其重要价值。表扬信结尾的写法有两种，如果是写给本人的，就写“值得学习”“深受感动”等方面的内容；如果是写给受表扬者的所在单位或领导的，就可以提出建议——在一定范围内宣传、表扬受表扬者的好作风和模范事迹。在结尾处写上“此致”“敬礼”等结束用语。

5. 落款

落款应写明发文单位名称或个人姓名，并在右下方注明成文日期。

（四）表扬信的写作要求

与感谢信不同，感谢信一般由当事者或当事者的所在单位以及亲属来写，而表扬信凡了解情况的人都能写。写作时有如下要求。

（1）叙述要清楚，要求用朴实的语言把先进事迹交代清楚，叙事要实事求是。对被表扬的人和事的叙述一定要准确无误，既不夸大，也不缩小。

（2）评价要实事求是，恰如其分。要求对被表扬者的先进事迹做出正面积极评价，突出其重要意义和社会影响，但是，评价要得体，不能盲目拔高。感谢信以感谢为主，兼有表扬，所以表达谢意时要真诚，说到做到。评誉对方时要恰当，不能过于拔高，以免给人一种失真的印象。

（3）说理要讲事实，要充分反映出对方的可贵品质。写动人事迹要做到见人、见事、见精神。以写主要事迹为主，详略得当，所谓话不在多，点到为止，不要以空泛的说理代替动人的事迹叙述。

（4）语气要热情、恳切；文字要朴素、精炼，用语要精炼、简洁；遣词造句要把握好一个度，不可过分雕饰，否则会给人一种不真实、虚伪的感觉；篇幅要短小精悍。

[例文三十五：贫困生助学金感谢信]

感谢信

尊敬的各位领导，各位老师：

你们好！

我是×××学院一名助学金获得者。首先，感谢国家助学金对我们贫困大学生的关怀与关爱，感谢各位领导老师对贫困大学生的支持和鼓励，在此我对所有帮助支持贫困大学生的老师和领导们表示我由衷的感谢！

还记得××××年，接到我们学校录取通知书的那一刻，那种喜悦与担忧的复杂心情。我是一个补习生，能接到我们学校的通知书，父母的喜悦是多过我的，但是当面对昂贵的学费时，我开始担忧了。对于一个普通家庭来讲，这笔学费是多么不易，爸妈辛苦赚来的钱，除去家用，剩下的钱勉强够支付我的学费，但父母认为我只要读好书就行，就这样，我开始了我的大学生活。

怀着忐忑的心情，我开始了大学学习。真正开始大学生活后我才知道，我要愁的不只学费，还有每月的生活费，尽管我省吃俭用，生活费依然紧张。正当这时，我知道了国家助学金，由于条件符合，我申请了助学金。在各位领导老师以及同学们的热心帮助之下，我申请到了国家二级助学金。当这笔钱打到我卡上时，我的心中顿时升起了无限的希望。我在第一时间把这个好消息告诉了爸妈，现在我还记得妈妈在听到这一消息时的哽咽话语：你一定要好好学习，做个有出息的人，要对得起国家的这个好政策。就这样，我更加勤奋地学习起来，丝毫不敢怠慢。

我知道我需要做的就是好好学习，掌握扎实的知识，将来参加工作了，我要尽我的努力给国家最好的回报，绝对不能辜负父母、老师的期望。怀着这样的心情，我度过了我大学三年的学习生活，相信在接下来的最后一年里，我将会更加专心、安心地学习，争取早日用自己的力量为社会、为国家做出贡献。

接受国家助学金已是两年前的事情了，现在提起来，心中的感激之情依然滚滚而来。当初助学金如雪中送炭般来到我的生活里，使我有机会望向辽阔的苍穹，成就了我的勇敢，让我有机会追求遥远的梦想，更是给了我报答父母、国家的机会。总之，国家助学金给予我的帮助是无法计算的，我定会让它的作用发挥到最大限度。

其实国家助学金对我最大的影响是让我有了一颗感恩的心。我要把感恩理解为生活中的一种美好，怀着一颗感恩的心面对我的人生，用感恩回馈那些支持和帮助我的人，用感恩传递我的赤诚和感激，用感恩报效祖国，奉献社会！

再次感谢国家和社会对我的帮助。

此致

敬礼！

×××

××××年××月××日

第二节　邀请信与请柬

一、邀请信与请柬的概念、特点与用途

（一）邀请信与请柬的概念

（1）邀请信是为邀请某人、某单位或组织参加有关活动而向被邀请对象发出的请约性书信。邀请信的邀请对象是针对本单位的某项活动而选定的，具有专门针对性。邀请信在商务活动中也称邀请函，是商务活动主办方为了郑重邀请其合作伙伴（投资人、材料供应方、营销渠道商、运输服务合作者、政府部门负责人、新闻媒体朋友等）参加其举行的活动而制发的书面函件。它体现了活动主办方的礼仪愿望、友好盛情，反映了商务活动中的人际社交关系。企业可根据商务活动的目的自行撰写具有企业文化特色的邀请函。

（2）请柬又名请帖，是一种正规的邀请信，是邀请有关宾客参加本单位具体活动的约请性信函，也是一种专门性礼仪文书。因为“柬”通“简”，意为书信，又因请柬往往制作成帖子式，故又称“请帖”。它和邀请信一样，具有专门针对性。

（二）邀请信与请柬的特点

邀请信和请柬具有如下特点。

1. 礼仪性

邀请信和请柬是为邀请被邀请者而制作的，必须注意礼仪性，包括合适的礼貌用语、正确的写作格式、恰切的内容表达等。

2. 预约性

邀请被请人参加本单位活动，必须注意预先把邀请目的、内容、注意事项等告知对方，使受请者有时间对邀请做出回应。

3. 简明性

邀请信和请柬都必须以简练的语言向被邀请者表明邀请的意图、内容（包括事项、时间、地点等），做到明白清楚即可，不能有过多的繁文缛节。

（三）邀请信和请柬的用途

邀请信和请柬的使用场合略有不同，具体如下。

（1）邀请信适用于一般性事务活动，而请柬多用于比较庄重的场合。

（2）邀请信的文字一般比请柬要多。

（3）请柬的格式与邀请信相比严谨而固定。

实际上，在具体类别选用上，两者没有严格的区分。

二、邀请信与请柬的格式要求

________单位（领导、朋友等）：

感谢您一直以来对本公司（或本人）的关心和支持，使公司业务得以蓬勃发展，现公司已迁至________（某地），诚邀请贵单位（或领导、朋友）在________（时间、地点）参观公司新址，并赴本公司的庆典午宴。

落款：（单位、时间）

尊敬的________：

您好！

____________________单位将于__________年________月________日在________________地，举办__________________活动，特邀您参加，谢谢。

__________________单位

__________年________月________日

三、邀请信与请柬的写法

（一）邀请信与请柬的写作格式

邀请信一般由称呼语、正文、结尾语、落款等四部分组成。商务活动邀请函还可包括个性化的活动主题标语。

1. 称呼语

称呼语又叫谓语，是对受邀请者的称呼，如“（×××单位）”“×××（先生/女士）”等，有时对具体某人的称呼单加“尊敬的”词语表示敬意。

2. 正文

正文部分用于陈述邀请内容，包括邀请目的、性质、时间、地点等有关事项。撰写正文的主要目的是告知对方参加什么活动、邀请的时间、活动的安排及注意事项等。有时为确定邀请是否成功，还要请对方就是否应邀给予回复，如“如能光临，敬请提前告知，谢谢”等。

3. 结尾语

结尾语多使用礼貌性的敬语，表达邀请者的诚意与期盼，如“敬请光临指导”“恭候您的光临”等。

4. 落款

落款处要写明邀请者与日期。如为单位，要加盖印章，是个人性质的邀请要署姓名。日期为发出邀请的日期。请柬与邀请信的写作格式基本一致，但是，请柬都有封面，而邀请信则不一定有封面。请柬的封面需要按照邀请内容制作，一般多用喜庆之意的红、紫色做底，正中位置写“请柬”二字，以示庄重与恭敬之意。另外，有些邀请信与请柬在信尾还有附启语，用来交代注意事项，包括到达邀请地的交通路径、联系人与联系电话、衣着饰物等要求。

（二）举例分析邀请函的成文结构

网聚财富主角×××网络技术有限公司年终客户答谢会

邀请函

尊敬的×××先生/女士：

过往的一年，我们用心搭建平台，您是我们关注和支持的财富主角。

新年即将来临，我们倾情实现网商大家庭的快乐相聚。为了感谢您一年来对×××网络技术有限公司的大力支持，我们特于2019年1月10日14：00在青岛丽晶大酒店一楼丽晶殿举办2018年度×××网络技术有限公司客户答谢会，届时将有精彩的节目和丰厚的奖品等待着您，期待您的光临！

让我们同叙友谊，共话未来，迎接来年更多的财富，更多的快乐！

1. 主题标语——“网聚财富主角”

活动主题标语可以体现举办方特有的企业文化特色。“网聚财富主角”独具创意，非常巧妙地将“网”——×××网络技术有限公司与“网商”——“财富主角”用一个充满动感的“聚”字紧密地联结起来，既传达了×××网络技术有限公司与尊贵的“客户”之间密切的合作关系，也传达了×××网络技术有限公司对客户的真诚敬意。若将“聚”和“财”连读，“聚财”又通俗、直率地表达了合作双方的合作愿望，可谓“以言表意”“以言传情”，也恰到好处地暗合了双方通过网络平台实现利益共赢的心理。

2. 称呼语——尊敬的×××先生/女士

邀请函的称呼语使用“统称”，并在统称前加敬语。

3. 正文

邀请函的正文是指商务礼仪活动主办方正式告知被邀请方举办礼仪活动的缘由、目的、事项及要求，写明礼仪活动的日程安排、时间、地点，并对被邀请方发出得体、诚挚的邀请。

正文结尾一般要写常用的邀请惯用语，如“敬请光临”“欢迎光临”。

例文中，正文分为三个自然段。其中第二段写明了2018年年度客户答谢会举办的缘由、时间、地点、活动安排。

第一段开头语——“过往的一年，我们用心搭建平台，您是我们关注和支持的财富主角。”和第三段结束语——“让我们同叙友谊，共话未来，迎接来年更多的财富，更多的快乐!”，既反映了主办方对合作历史的回顾，即与“网商”精诚合作，真诚为客户服务的经营宗旨，又表达了对未来的美好展望，×××网络技术有限公司愿与网商共同迎接财富，共享快乐。

这两句话独立成段，简要精炼，语义连贯，首尾照应，符合礼仪文书的行文要求，可谓是事务与礼仪的完美结合。

四、邀请信与请柬的写作要求

邀请信与请柬的写作要特别注意以下几方面的要求。

（一）敬语得体

称呼语和结尾语等使用敬语处，一定要根据具体邀请对象运用恰当的词语，如对于重要单位、身份特殊、地位尊贵等不同邀请对象，选用针对性词语，有时要在称呼语后加“台启”“敬启”等，或在“阁下/先生”“女士/小姐”等前加“尊敬的”，行文中称呼对方要用“您”“贵方/单位”等，用以表达对受邀请对象的敬意。结尾语也要礼貌性地致意对方，如“敬请光临”“恭候您的到来”“特此邀请”等，再次表达邀请者的诚意。

（二）内容简明

邀请信只要把邀请的主要内容和有关事项写明白即可，简练而明白是为了使受邀者能清楚地知道邀请者的意图及有关要求，内容一般包括写作惯用格式、邀请者、活动安排、时间、地点、有关注意事项等。特别是请柬，受篇幅所限，更需要以简练的语言表达出邀请内容事项，不仅内容要简明，格式也要如此。

（三）时机恰切

发出邀请前，要选择合适的时间发出，要给受邀请者应邀准备的时间。邀请信和请柬，最好由本单位或本人亲自交与被邀请者，这样不仅可以表达诚意，还可以了解应邀者是否应邀的意向。

第三节　慰问信、贺信

一、慰问信

（一）慰问信的概念、特点与用途

1. 慰问信的概念

慰问信是有关单位、组织、团体或个人因某事项而向对方表示慰问的信函。慰问信多用于平级单位、组织、团体与对方之间表示慰问的场合，有时在单位、组织或团体向个人表达安慰时使用，不用于下级向上级表示慰问。

2. 慰问信的特点

一般认为慰问信的特点主要表现在内容方面，即内容表达的针对性、问候性和鼓励性。

（1）从针对性上看，慰问信要因事、因时、因人而异，不同的事件、时间、人员要有针对性地分别给予不同的问候、安慰、祝愿、同情、支持与鼓励等。

（2）从问候性上看，慰问信必须向被慰问者表达问好、安慰、关切、关爱等意愿，传达真情与热诚，使被慰问者获得精神安抚与慰藉。

（3）从鼓励性上说，慰问信不仅要使对方能感觉到安慰和温暖，而且有时要表达出希望对方化悲痛为力量，或肯定被慰问者已经取得的成绩，希望其再接再厉，继续开创新的业绩等意思。

3. 慰问信的用途

（1）对方遭受不幸事件或重大损失，如自然灾害、个人不幸、人为事故等，需要向有关单位或当事人等表示问候、关心、同情和安抚等。

（2）在重要的节庆到来之际，采用慰问信形式向对方表示慰问和关心。

4. 慰问信的分类

慰问信一般有以下三类。

（1）节日慰问，如在新年、春节、国庆等传统节日，一些单位、组织等往往要向下属友好单位表示祝愿和问好等。

（2）灾难慰问，如在某个国家或地区遭受自然灾害或重大灾难事故时，向该国家或地区及其遇难者表示慰问。

（3）成绩慰问，如在重大国际比赛项目、重大科研项目等取得成绩时，向有关单位或个人表示慰问。

（二）慰问信的写作格式与要求

慰问信一般由标题、抬头、正文、结尾、落款五部分组成。

1. 标题

慰问信的标题通常有以下三种形式。

（1）单独由文种名称组成，如《慰问信》。

（2）由慰问对象和文种名共同组成，如《给离退休同志的慰问信》。

（3）由慰问双方和文种名共同组成，如《教育工委致全体教师的慰问信》。

2. 抬头

慰问信的抬头要顶格写上受文者的名称或姓名称呼。如果是写给个人的，应在姓名之后，加上“同志”“先生”等字样，后加冒号。

3. 正文

慰问信的正文一般由发文目的、慰问缘由或慰问事项等几部分构成。

（1）发文目的。该部分要开宗明义，写清楚发此信的目的是代表何人向何集体表示慰问。如《中共×××市委慰问驻锡部队军烈及转业军人》的开头如下：

“值此××××年新春佳节即将到来之际，中共×××市委、市人大常委会、市人民政府、市政协代表全市人民，真诚地向你们及亲属表示亲切的慰问，并致以崇高的敬意。”

（2）慰问缘由或慰问事项。本部分要概括地叙述对方的先进思想、先进事迹，或战胜困难、舍己为人、不怕牺牲的可贵品德和高尚风格；或者简要叙述对方所遭受的困难和损失，以示发信方对此关切的程度。要表现出发信方的钦佩或同情之情，或者对对方的成绩给予肯定，对对方的美好精神给予赞扬，然后表达向有关单位和人员的慰问之情。

慰问信的正文必须要有针对性地进行写作，对于取得成绩或重大节庆的慰问，一般要表示问候、祝贺、鼓励等意愿，对有关单位与人员给予积极评价，号召或鼓励继续努力等。

对于对方遭遇的重大自然灾害、空难等不幸，要表达给予安慰、关切、祝福等意愿，对对方表示同情、帮助之意等。

正文的针对性要求，是撰写者首先必须考虑的重要问题。在篇幅安排上，慰问信的正文部分还要注意力求短小、文辞简练，不能夸夸其谈。

另外，慰问信使用的语气也很关键，要体现出亲切与诚挚的语气，字里行间，要准确地表达出亲切慰问与良好祝愿之意。

4. 结尾

结尾表示共同的愿望和决心。如“让我们携手并进，为早日实现目标而共同奋斗”，又如“……困难是暂时的，最后的胜利一定属于我们!”等。接着写祝愿的话，如“祝你们取得更大的成绩”“祝节日愉快”等，但“祝”字后面的话应另起一行，空两格写，不得连写在上文末尾。

5. 落款

落款即署名与日期。署名一般有两种方式：一是写单位名称；二是写单位领导人姓名。如署领导人姓名，注意在姓名前加职务。在最后一行写出具体年月日。

[例文三十六：重阳节慰问信]

尊敬的离退休教职工同志们：

金秋十月，丹桂飘香，值此我国传统的敬老节日——重阳佳节来临之际，离退休党总支、工作处谨向全校离退休教职工同志们致以亲切的节日祝贺和崇高的敬意！

你们曾为学校的建设、发展和壮大付出辛勤的劳动并做出无私的奉献，今天学校在推进外延发展的过程中，内涵建设不断加强，推动了办学模式和人才培养的创新，学校在学科发展、专业建设、教学改革、科研工作、师资队伍建设等各个方面都取得了显著成绩。

当前，全校师生正满怀激情、全力以赴，做好迎接教育部本科教学工作水平评估工作，努力为把我校办成具有鲜明特色的城市型综合大学而努力奋斗。

尊敬的离退休教职工，在我们回顾学校发展历史、展望发展前景的时候，我们深知学校今天的成就凝聚着你们昨日的辛勤付出，凝聚着你们今天依然赤诚的深情。你们的热情、智慧、勤劳和奉献，为学校今天的累累硕果奠定了基础；你们的使命感、责任感，为学校精神的传承增添了丰富的内涵和靓丽风采。这是学校宝贵的精神财富，是激发师生承担起历史责任的精神动力。为此，我们真诚地说一声：学校感谢你们！

“莫道桑榆晚，更恋夕阳红”。在欢度老年佳节的时候，我们衷心希望和祝愿您坚定信念、乐观豁达、开阔胸襟、陶冶情操，继续发挥余热，焕发夕阳风采，多做有益于自己身心健康、有益于大学生茁壮成长等方面的工作，为实现学校的发展目标而共同努力。

尊敬的离退休教职工，衷心祝愿你们节日愉快、身体健康、合家欢乐、万事如意！

（资料来源：www. fwdq. com）

二、贺信

（一）贺信的概念

贺信是指行政机关、企事业单位、社会团体或个人向其他集体单位或个人取得的成就、获得某种职位、组织的成立、纪念日期表示祝贺的一种专用书信，是表彰、赞扬、庆贺对方在某个方面所做贡献的一种常用形式，它还兼有表示慰问和赞扬的功能。它是从古代祝词中演变而来的，它既可以宣读，也可以通过邮寄送达对方。

（二）贺信的特点

贺信的特点有以下三方面。

1. 祝贺性

贺信是表示祝贺的礼仪文书，制发目的就是向对方表达本方的祝贺，因此表示祝贺是它最主要的特点。

2. 褒扬性

贺信不仅用于表示祝贺，而且对对方取得的成绩给予正面的赞扬、在重大的节庆表达美好的祝愿，贺信中丝毫不允许贬低对方。

3. 简明性

贺信表达祝贺之意时，往往言简意赅。

（三）贺信与慰问信的区别和联系

（1）贺信主要用于表示美好祝贺和贺喜等；慰问信侧重于表示慰问、安抚、祝愿等意愿，特别是对不幸事件的慰问绝对不能用贺信。

（2）二者在重大节庆日、纪念日，以及在取得巨大成绩时均可使用，此时慰问信中包含祝贺，贺信中带有慰问，此时贺信与慰问信的使用没有绝对界限。

（四）贺信的分类

1. 上级给下级的贺信

贺信可以表达节日祝贺，也可以对工作成绩表示祝贺等。这类贺信，最后都要提出希望和要求。

2. 下级给上级的贺信

这类贺信一般对全局性的工作成绩表示祝贺，此外还要表明下级对完成有关任务的信心和决心。

3. 平级单位之间的贺信

这类贺信，一般就对方单位所取得的工作成就表示祝贺，同时还可以表明向对方学习的谦虚态度，以及保持和发展双方关系的良好愿望。

4. 国家之间的贺信（贺电）

当有外交关系的国家新首脑就职，或者友好国家有重大喜事时，一般要发贺信（贺电），这既是礼节上的需要，同时也是谋求双方共同发展、维护双方共同利益的方式。

5. 个人之间的贺信

这类贺信用于亲朋好友在重要节日、重大喜事中互相祝贺、慰勉、鼓励；或者祝贺某人在工作、学习中取得了好成绩，以分享快乐。

（五）贺信的写作格式

贺信一般由标题、称谓、正文、结尾和落款五部分组成。

1. 标题

贺信的标题通常可以划分为以下三类。

（1）直接以“贺信”做标题，如在第一行正中书写“贺信”二字，有的还在“贺信”或“贺电”的前面加上谁写给谁的内容，或者写明祝贺事由等。个人之间的贺信也可以不写标题。

（2）由发文单位和文书类别构成，如：“教育局贺信”。

（3）由发文单位+受文单位或对象+文书名称构成，如：《习近平致〈求是〉暨〈红旗〉杂志创刊60周年的贺信》。

2. 称谓

顶格写明被祝贺单位或个人的名称或姓名。写给个人的，要在姓名后加上相应的礼仪名称如“同志”。称呼之后要用冒号。

3. 正文

贺信的正文要交代清楚以下几项内容。

第一，结合当前的形势，说明对方取得成绩的大背景，或者某个重要会议召开的历史条件。

第二，概括说明对方都在哪些方面取得了成绩，分析其成功的主观、客观原因。贺寿的贺信，要概括说明对方的贡献及其宝贵品质。总之，这一部分是贺信的中心部分，一定要交代清楚祝贺的原因。

第三，表示热烈的祝贺，要写出自己祝贺的心情，由衷地表达自己真诚的慰问和祝福。要写些鼓励的话，提出希望和共同理想。

4. 结尾

结尾要写上祝愿的话，如“此致敬礼”“祝争取更大的胜利”“祝您健康长寿”等。

5. 落款

落款写明发文的单位或个人的姓名、名称，并署上成文的时间。

（六）贺信写作应注意的事项

（1）贺信要体现的是自己真诚的祝福，是加强彼此联系、增强双方交流的重要手段，所以贺信要写得感情饱满充沛。冷冰冰的陈述、评价是表达不出贺者心愿的。

（2）贺信内容要真实，评价成绩要恰如其分，表示决心要切实可行，不可空发议论，空喊口号。

（3）贺信要求简单短小，不宜长篇大论；语言要求精炼、简洁明快，不堆砌华丽辞藻；篇幅要短小精悍。

[例文三十七：贺信]

×××致《×××》暨《×××》杂志创刊60周年的贺信

在党中央机关刊《×××》暨《×××》创刊60周年之际，我代表党中央，向杂志社全体工作人员表示热烈的祝贺！

《×××》杂志是党中央指导全党全国工作的重要思想理论阵地。长期以来，同志们坚持党刊姓党、政治家办刊原则，积极宣传阐释党的基本理论、基本路线、基本方略，深入宣传阐释党中央重大决策部署，及时宣传党的最新理论成果，在党的理论研究和宣传方面做出了艰辛探索和不懈努力，为推动马克思主义中国化、时代化、大众化，用新时代中国特色社会主义思想武装全党、教育人民、指导实践做出了重要贡献。

希望同志们深入贯彻落实党的十九大精神，高扬党的理论旗帜，增强“四个意识”，坚定“四个自信”，自觉在思想上、政治上、行动上同党中央保持高度一致，牢牢把握正确政治方向和舆论导向，坚持理论联系实际，锐意进取，改革创新，不断提高理论宣传水平，更好服务党和国家工作大局，为巩固马克思主义在意识形态领域的指导地位、巩固全党全国各族人民团结奋斗的共同思想基础做出新的更大的贡献！

×××

××××年××月××日

第四节　求职信、自荐信

一、求职信

（一）求职信的概念、特点与用途

求职信是谋求职位的人向某一用人单位举荐自我并求取一份工作的专用信函。求职信是用于求取职位的，是一种广义的申请信，往往是由个人写给用人单位的，因此，也是一种虽由私人信函发展而来却又不具私密性的信函。现在，它广泛应用于高校毕业生和社会求职人员为寻找工作而发出求职信息的场合，具有普遍性和重要性的特点。

求职信的特点与用途是联系在一起的。从普遍性上说，在信息化时代，无论是电子邮件发出的求职信，还是打印或手写的求职信，通过发出求职信的方式寻找工作已经成为今天大多数求职者的首选；从重要性上说，作为寻找工作发出求职信息的一种方式，求职信写作的质量高低往往决定着求取职位的成败。因此，在事务文书学习中，求职信往往具有很实际的应用价值。

(二) 求职信的写作格式

求职信一般由标题、称呼、正文和落款等四部分组成。

1. 标题

求职信标题应以直接使用“求职信”为宜，不必做其他修饰。

2. 称呼

称呼也叫称谓，应使用比较规范的用语。对于单位领导或负责人以称其职务为宜，最好不要直接使用对方姓名或不规范的简称作称谓，否则会显得不尊重对方，如对×××人力资源处长简称“×××人处”，就很不礼貌。

3. 正文

正文部分一般由引言、主体和结尾三部分内容组成。

（1）引言。引言用于说明求职原因，或者交代职位信息来源。说明求职原因，如大学即将毕业求职，下岗后求职；交代职位信息来源，如通过报纸、网络等渠道获得职位招聘信息等。

（2）主体。主体主要介绍自己对某工作职位的认识，简述自己具备的素质与能力，讲明自己的特长与满足该职位的条件，有时还要加一句在获得该职位后的打算等。本部分一般不必详细写，因为求职信往往附有简历、证书等材料，把自己的求职意向叙述明白即可。

（3）结尾。结尾一般交代求职信附录的有关资料，并含蓄委婉地表达希望得到回复和面试机会的请求。

4. 落款

落款处要写求职者姓名，一般还要附注联系电话、邮箱地址等联系方式。

(三) 求职信的写作要求

求职信的写作一般要注意以下几点。

1. 内容具体

对所求职位的认识，对该单位的了解，为什么要求职，自身拥有哪些素质和能力等，都要写具体，写清楚，其目的在于使用人单位对你的求职意向、专业素质和基本能力等有一个整体印象，做出基本考察。

2. 文辞有礼

求职信的“求”虽然不是乞求，但也是有求于人的“请求”，所以，在文辞表达上要做到礼貌周全，包括称呼语的使用、文辞的谦恭、致敬语的选择等各方面，都一定要慎重。而且，为了打动对方，最好行文中间要注意“以情动人”，用自己的真诚去打动用人者。这些都需要文辞有礼，言语真诚。

3. 结构有度

一般来说，求职信多是三段式结构，具体如下。

（1）引言部分用一小段落简要说明求职原因。

（2）主体部分则主要叙述求职者对职位的认识以及自身具备的适合该职位的素质和能力，多采用一大段进行叙述。

（3）结尾往往非常简洁。

这样的结构是一种对称型的文章格式，求职信大多以此为例，不可头重脚轻或尾大不掉，结构失衡。

二、自荐信

（一）自荐信的概念、特点与用途

1. 自荐信的概念、用途

自荐信是自我推销采用的一种形式，是求职者向有关单位、部门或单位、组织等领导者推荐自己适合担任某项工作或从事某种活动，以便对方接受自己的一种专用信件，也可用于求职业者希望获得从事某种工作、承担某一任务的机会。

自荐信最重要的在于它与履历表起着不同作用，许多履历表中的具体内容不应在自荐信中重复。

2. 自荐信的特点

（1）推介性。求职者要在求职信中介绍或说明自己具有哪些求职条件，具备什么样的人才素质，意在向用人单位“推销”介绍自己，以求用人者知悉自己拥有的能力和潜力，从而获得工作机会。

（2）针对性。求职信的针对性有两方面含义：一是求职者自身要明确自己的求职意向，针对自己的特长与专业优势等提出具体的工作需求；二是求职者撰写求职信必须针对用人单位的人才需求而写，不可毫无目的地乱发求职信。有针对性的求职信，获得成功的可能才比较大。

（3）真实性。求职信允许在一定程度上“美化”求职者，但具体材料必须真实。没有的证书、虚假的成绩、伪造的简历，最终是要败露的，所以，求职信必须以真实情况为基础，这样才有可能取得用人单位的信任，进而获得工作机会。

3. 自荐信与求职信的区别

自荐信与求职信基本一致，一般认为它们的区别在于两方面：一是求职信表达的求职意向更迫切，而自荐信则在于推销自己；二是求职信往往是针对具体的求职目标而写的，而自荐信则是为试探性地寻找职位而写的。但在具体使用中，二者并没有严格区分。

（二）自荐信的写作要求

自荐信的首段要抓住招聘经理的注意力，说明你为何寄履历表，你对公司有兴趣并想担任他们空缺的职位。

1. 说明个人的基本情况和用人消息的来源

首先，在正文中简明扼要地介绍自己，重点是介绍自己与应聘岗位有关的学历、经历、成就等，让招聘单位对你一开始就产生兴趣，但详细的个人简历应作为附录。

其次，说明用人消息的来源。

2. 说明胜任某项工作的条件

告诉别人你能为招聘单位做些什么，这是自荐的核心部分，主要是向对方说明你的知识、经验和专业技能，要突出适合于所求职业的特长和个性，不落俗套，达到吸引和打动对方的目的。

3. 介绍自己的潜能

向对方介绍自己曾经担任过的各种社会工作及取得的成绩，表明自己有管理方面的才能，有发展、培养的前途，应强调你的才能和经验将会有益于公司的发展。尽可能地少用人称代词“我”，要让人感到你想表达的是“我怎样才能帮你”。

4. 申请具体的工作岗位

用人单位往往为多个岗位招聘人才，因此要写清楚你所要应聘的工作岗位。如果不知道对方需要什么样的人才，可以说明自己希望申请哪一类工作岗位。要求担任公司空缺时，要说得越具体越好，不要只说工作职位，还应谈谈这个职位的要求。

5. 附上有关材料或文件

由于自荐信的限制，有关材料要随求职信一起寄给招聘单位，大致包括毕业证书、学位证书、职称证、身份证、获奖证书、户籍等复印件，以及学校的推荐信、个人履历表、发表的文章、科研成果等。

6. 自荐信的结尾要表明你的下一步计划

计划不要让招聘者来决定，要自己采取行动，告诉招聘者怎样才能与你联络，打电话或者发邮件，最后写明自己的联系电话、邮箱地址等。

（三）自荐信的写作格式

自荐信是毕业生向用人单位自我推荐的书面材料，是毕业生所有求职材料中至为关键的支柱性文件，其写作质量的好坏直接关系到毕业生择业的成功与否，因此，自荐信被称为毕业生求职的“敲门砖”。

自荐信的重点在于“荐”，在构思上一定要围绕“为何荐”“凭何荐”“怎么荐”的思路安排，其一般由标题、称呼、正文、附件和落款五部分组成。

1. 标题

标题是自荐信的标志和称谓，要求醒目、简洁、庄重，要用较大字体在用纸上方标注“自荐信”三个字，显得大方、美观。

2. 称呼

称呼是对主送单位或收件人的呼语。如用人单位明确，可直接写上单位名称，领导名字前可用“尊敬的”加以修饰，后以领导职务或统称“领导”落笔；如单位不明确，则用统称“尊敬的贵单位（公司或学校）领导”领起，最好不要直接冠以最高领导职务，这样容易引起第一读者的反感，反而难达目的。

3. 正文

正文是自荐信的核心，开头语应表示向对方的问候及致意。主体部分一般包括简介、自荐目的、条件展示、愿望决心和结语五部分内容。

（1）简介是自我概要的说明，包括自荐人姓名、性别、民族、年龄、籍贯、政治面貌、文化程度、校系专业、家庭住址、任职情况等要素，要针对自荐目的进行简单说明，无须冗长烦琐。

（2）自荐目的要写清信息来源，求职意向、承担工作目标等项目，要写得明确具体，但要把握分寸、简明扼要，既不能要求过高又不能模棱两可，以免给人以自负或自卑的不良印象。

（3）条件展示是自荐信的关键内容，主要应写清自己的才能和特长。要针对所求工作的应知应会去写，充分展示求职的条件，从基本条件和特殊条件两个方面解决“凭什么求职”的问题。

基本条件应写清政治表现和学习经历两方面内容。

政治表现要从活动和绩效方面写实，如党校学习、参加活动、敬业态度、奉献精神、合作意识等方面，并佐以获奖和资格证书。

学习经历要写清主、辅修专业课程及成绩状况，对于英语、计算机和普通话等级的情况也须一一说明，对于为人处世、组织管理、社会调查、实习设计及论文答辩等方面的情况也要略加提及，有特殊技能的也要加以强调，如操作实践、文体书画、写作口才等特长，以展示自己的能力，突出个性特征。

（4）愿望决心部分要表示加盟对方组织的热切愿望，展望单位的美好前景，期望得到认可和接纳，自然恳切，不卑不亢。

（5）结语一般在正文之后按书信格式写上祝语或“此致敬礼”“恭候佳音”之类语句。

4. 附件

附件主要包括个人简历、证书及文章复制件，需要附录说明的材料，也可作为附件一一列出。

5. 落款

落款处要写上“自荐人×××”的字样，并标注规范体公元纪年和月日。附件后要说明联系的邮箱、电话号码等。署名处如打印则要留下空白，由求职人亲自签名，以示郑重和敬意。

自荐信写作虽有一定的自由度，但务必要注意文明礼貌、诚朴雅致，特别要注意突出才艺与专长的个体特征，注意展现经验、业绩和成果，精心设计版式，讲求格式美观庄重。

（四）自荐信的书写规范及技巧

（1）对招聘单位名称的准确称呼，这可以立刻拉近你与招聘单位的距离，使招聘单位感受到你的诚意。

（2）说出自己的姓名，当然一开始就要自报姓名，避免让看信的人想：“这到底是谁?”

（3）说明自己获取招聘信息的渠道，比如说“我在×××人才网站上看到贵公司刊登的招聘广告……”等等。

（4）说明自己要应聘的职位，这样好让招聘单位有的放矢地关注你适合的那个职位的特征。

（5）陈述自己的大致情况，显然这是不可缺少的，但无须太啰唆。

（6）明确自己有能力、有兴趣、有信心胜任，若要别人肯定你，你就要首先肯定你自己，而且是丝毫不加掩饰地明确肯定你自己。

（7）恰当地赞美招聘单位，最好能根据一些具体情况来进行赞美，如了解的情况太少，就可以说：“我认为贵公司十分重视人才。”

（8）诚恳表明希望获得面试的机会，写求职信的唯一目的就是获得面试的机会，主动说出要求获得面试的机会，总比不说要好。

（9）信的结尾要表明“希望能为贵公司效力”，体现出自己为该公司服务的强烈愿望。

（10）落款、日期，当然是要有的。

（11）当然，要让你的联系电话无处不在。

（12）最后需要注意的是，以上所有内容必须在一页纸内写完。

（五）自荐信的写作要求

1. 格式要规范

自荐信是信件，写作时要按照信件的格式安排写作，不可写成一般文章式样。在称呼语、致敬语、落款等处，使用的词语要合乎信件要求。另外，作为信件，写信人与收信人是平等的，语气上讲究礼貌，但不可过分谦卑，体现出礼貌即可。

2. 内容有重点

自荐信的目的在于推荐自己或“推销”自己，因此，重点在于突出自身拥有的“卖点”，包括主要经历中的成绩、取得的成就、获得的证书、主要成果与个人拥有的素质、品质、能力等，这些都是写作中应该重点突出的内容，用以显示自身的“价值”。但是，注意不要细节化，叙述出主要内容即可。

3. 真实不做假

自荐信的内容虽然不负法律责任，但是对自荐人自身信用影响却很重要。在信息畅通时代，个人的信息很容易被检索，一旦被发现有弄虚作假，后果将很严重。这不仅使自荐人信用受损，而且，即使到手的工作也会丢掉。

（六）涉外自荐信的写作注意事项

很多人会向国外单位求职，涉外的自荐信注意以下几点。

第一，信的右上角或者左上角要留出三行，写家庭地址、国家、城市、邮政编码和日期。

第二，左对齐的下三行写在日期的下面，称呼的上面。此处写的是详细地址，包括国家、城市和邮政编码。

第三，称呼的后面要用冒号而不用逗号，写称呼时要用正式的语气。

第四，要用具体的称呼（例如不要写“给有关负责人”）。设法知道谁将收到你的信，如果有必要，打电话询问公司。如果你还是不能确定具体的名字，就称呼“招聘经理”“人事部经理”或者就称“经理”。

第五，每段之间必须空一行，没有必要首行缩进。

第六，你可以用着重号和黑体字来组织自荐信并强调其内容，使文章易读，但要慎用。

第七，结尾时应在姓名上方写上祝福的话，然后下面是印刷体的全名。在自荐信中，名字与结尾之间一定要保留足够的空间。

[例文三十八：求职自荐信]

您好：

首先感谢您在百忙之中垂阅我的自荐信，为一位满腔热情的大学生开启一扇希望之门，给我一个迈向成功的机会。

我是×××大学管理学院市场营销专业××××级的一名学生，在大学四年里，我已经学会了一定的销售专业知识，在校期间主要学习助理营销师、市场营销学、国际市场营销、物流管理、渠道管理、海关商品学、零售学、营销策划与调研、企业战略管理、消费行为学、网络营销、客户关系管理、公共关系、现代促销学、商务谈判、国际贸易、商务礼仪、广告学、西方经济学、管理学，等课程，并已考取了助理营销师证。在计算机方面，我已考取全国计算机二级证书，能熟练使用 Word、Excel 等办公软件。同时，我利用课余时间广泛地涉猎了大量书籍，不但充实了自己，也培养了自己多方面的技能。作为一名学市场营销专业的大学生，我热爱我的专业，期待着实际的工作考验。

作为一名初出校门走向社会的学生，我认为我最缺乏的是丰富的社会实践和工作经验，这或许让您犹豫不决，但我有着青年人的热情和赤诚，有着兢兢业业的工作态度和集体合作精神，真心希望贵公司能给我一个机会，我愿与贵公司同甘共苦，共创未来！“长风破浪会有时，直挂云帆济沧海”，在机遇与挑战并存的新世纪，我有信心凭自己的能力为贵公司的事业出力，希望贵公司可以成为那个可以实现自我价值的大舞台，也希望为我自己赢得一片天空。

过去并不代表未来，勤奋才是真实的内涵，在求学之路中养成积极乐观，进取的品质和满腔的热情，使我有信心能很快胜任自己的本职工作，并且在实际中不断学习，不断完善自己。我坚信真诚加勤奋可以创造奇迹。

千里马因伯乐而驰骋，我需要您的赏识和认可，如果您能给我一个机会，我会更加严格要求自己，以全新的面貌迎接辉煌的明天。

随信附上我的个人求职简历，再次感谢您在百忙之中一阅，并衷心祝愿贵单位蓬勃发展，蒸蒸日上！静候您的佳音！

此致

敬礼！

×××

××××年××月××日

第八章
公关礼仪文书写作

礼仪文书是为达到礼仪目的或在礼仪场合使用的文书。礼仪文书包括贺卡、请柬、名片、祝贺信、慰问信、感谢信、喜报、祝酒词、祝寿词、礼笺、对联等，本章的礼仪文书指的是礼仪方面的外交文书和对外文书。由于国家公务员面向应届毕业生公开招考，大学生直接进入国家部委、省级机关工作，在各自的岗位上承上启下、沟通内外，日常从事着秘书各方面工作，所以很多时候需要代领导行使管理职能、开展公关礼仪活动，这时常用到相关应用文种，其中，发贺函和致贺电是最常用的祝贺方式，致祝词表示祝贺，等等。秘书代领导立言，自然承担起公关礼仪文书的写作责任。

公关礼仪文书有共同的语言特点：感情性、口语性、适度性。

祝词、欢迎词、欢送词和答谢词要传递的是庆贺、欢迎、惜别、感谢等情感，所以具有强烈的情感色彩；它们都是用于表述的应用性文书，应该注意书面语和口语的使用，使之既富有情趣又自然得体；一般说来，礼仪讲话稿的篇幅都不宜太长，但是如果场面非常隆重，太过简短也会显得不够礼貌。

第一节　对外电报与贺电、名片

一、对外电报与贺电

（一）对外电报与贺电的概念

对外电报是开始外事活动的重要内容之一，是外事业务的重要组成部分，它用于国与国之间的信息传递、问题意见交换，涉及的内容范围很广，包括贺电、致敬电、感谢电等对外电报。

贺函和贺电是最常用的祝贺方式。

国家领导人、外交部长、驻外使节一般采用外交函件、外交电报或以正式照会的方式发送贺函、贺电。

领导人的贺电可通过有关驻外使馆转递，也可以通过电报局或经电传直接拍发。

其他部门或群众团体负责人可直接发送对外函件或对外电报。

（二）对外电报与贺电的写作格式

（1）对外电报一般由标题、上款、正文和下款四部分组成。

第一，标题，一般由四个因素组成。一是发电人，包括发电人的国家、发电人职务等；二是事由；三是收电人；四是文体，即“电报”或“电”。

第二，上款，写收电人的地址、收电人职务、收电人姓名以及对收电人的尊称。

第三，正文，写该电交涉的问题、传达的信息以及联系的事宜等。

第四，下款，写发电人的签署，包括发电人国家名称、职务、姓名以及发电时间、发电地点。

（2）贺电一般由收报人住址姓名、收报地点、电报内容、附项四部分组成。拍发礼仪电报，要用电信局印制的礼仪电报纸按栏、格写。

第一，收报人住址姓名，先写住址（马路、街道、门牌号码），再写单位名称或个人姓名。

第二，收报地点，填写省、市、县名，大城市可略写省名。

第三，电报内容，先写祝贺的话，再写发报人地址姓名或发报单位地址名称。发报时间在电报中反映，电文中可省略。

第四，附项，包括发报人签名或盖章、住址、电话。

（三）贺电的内容

贺电一般由标题、称呼、正文、结尾、落款五部分组成。

1. 标题

贺电的标题，可直接由文种名构成，即在第一行正中写“贺电”二字。有的贺电标题也可由文种名和发电双方名称共同构成，如“国务院致中国体操队的贺电”。有的还用副标题，即以发电单位、受电单位和文种作为主标题，而用副标题说明内容。

2. 称呼

称呼要写上收电单位或个人的名称、姓名，是个人的还应在姓名后加上“同志”“先生”或职务名称等称呼，要顶格写，称呼后加冒号。

3. 正文

贺电的正文要根据内容而定，若发给单位或某一地区庆祝活动，宜在表示祝贺的同时，对其做出的各种成绩、取得的巨大成就给以充分肯定，并给以鼓舞，提出希望。一般私人之间的交往，把内容放在祝贺上即可。

4. 结尾

贺电结尾要表达热烈的祝贺和祝福之意，有的也提出希望。

5. 落款

落款即在正文右下方署上发电单位或个人的姓名，并写上发电日期。

（四）贺电的写作要求

贺电的核心内容就是电文稿，一般把电传、电文简称为“文电”。礼仪文书，应当准确、适当地表达出礼仪要求，根据不同的时机和对象，力求把文电写得恰如其分、恰到好处。

有时候，还可根据具体情况写进一定的实质内容，以便使礼仪文书达到更好的效果。文书中涉及的时间、地点和其他有关资料均应经过核对，做到翔实可靠。不应把礼仪文书仅仅视为“应景文章”，简单抄袭套用现成的格式，以致成了“打官腔，不能用”的文书。

二、名片

在礼仪社交场合，除了必须处理和运用好文书电报以外，对名片的使用也应当给以重视。名片之所以在现代社会中得到广泛的应用，因为它使用起来简便、灵活、雅俗均可，能适应现代社会人际交往十分频繁的需要。

名片现在已远远不只是相互通报姓名的工具，它可以用来表示祝贺、感谢、介绍、辞行、慰问、馈赠以至吊唁等多种礼节。为了表示不同的礼节，可以在名片左下角用小写字母写上法文的含义；也可以在名片上，用通用的文字写上简短的字句。

几种国际上通用的法文缩写如下。

（1）敬贺（p. f. ）。

（2）谨唁（p. c. ）。

（3）谨谢（p. r. ）。

（4）介绍（p. p. ）。

（5）辞行（p. p. c. ）。

（6）恭贺新年（p. f. n. a.）。

（7）谨赠，不用缩写字母，而是在姓名上方写上 Avec ses compliments（或者用英文 With the compliments of ...）。

现在人们日益讲究名片的印制。当然，印制精美、考究的名片，会给人留下好印象；而印制朴素大方的名片，只要运用得当，仍会获得人们的重视和尊重。

[例文三十九：贺电]

××（城市名称）

××国××市市长×××先生

值此贵市与我市建立友好城市××周年之际，我谨代表××市人民向××市人民表示热烈的祝贺。

…………

中华人民共和国××市市长×××

××××年××月××日于××

第二节　祝词、贺词、答谢词

一、祝词

（一）祝词的概念、用途与特点

1. 祝词的概念、用途

祝词也称祝辞，或称致词，泛指在吉庆、宴会等欢快和谐的场所，由主宾各方当场发表的表示祝贺、欢迎或答谢的一种礼仪文辞。

一般是在庆祝活动或宴会开始前进行，先由主办方致辞，参与方随后发表演讲致辞。在社会活动中，为欢庆佳节、迎送宾客或举办其他隆重庆典，往往由领导人向公众表示节日祝贺，或者由主客双方分别向对方表示欢迎、祝贺、答谢等，因此，祝词被认为是公关礼仪性应用文。

祝词应用的范围广泛，举办国际、国内各种场合的集会、宴会、喜庆活动等，都经常用祝词来表达衷心的祝愿与欣喜之情。

2. 祝词的特点

祝词的特点主要有四个方面，一是祝贺性，二是喜庆性，三是礼仪性，四是简要性。

（1）祝贺性是祝词的根本特点，强调的是祝词在具体使用中发挥的主要作用。

（2）喜庆性也称吉庆性，指祝词在比较欢快的场合发表，为的是增添喜庆气氛。

（3）礼仪性是指祝词的形式特点。在喜庆的活动，如工程开工庆典、重要节日及其他社会活动中，为表示良好的庆祝或愿望，主办方致欢迎辞、欢送辞，来客致感谢辞等，体现的都是一种礼节性的仪式。

（4）简要性是指祝词往往比较简明扼要，很少有长篇大论式的发言，往往言辞体现出祝贺、吉庆之意即可。

（二）祝词的类别

根据内容不同，祝词可以划分为祝事业、祝酒、祝寿、祝婚、祝节日等类型。

（1）事业祝词，一般多用于重大会议或赛事开幕、建设开工、酒店开业、展览剪彩以及其他纪念活动等，多是祝愿顺利进行、圆满成功等。

（2）酒会祝词，多用于大型招待会、宴会、酒会上等，由祝酒者传达美好愿望。

（3）寿诞祝词，一般是向祝寿对象表示良好的祝愿，如健康长寿、幸福安康等。

（4）婚礼祝词，一般是祝愿新婚夫妇白头偕老、幸福美满等。

（三）祝词的写作格式

祝词一般由标题、称呼、正文、结束语四部分组成。

1. 标题

在首行居中写标题，字体稍大。祝酒词可写“（姓名）（职务）的祝酒词”或“在欢迎宴会上的祝酒词”；祝寿词可写“给×××的祝寿词”等；祝事业可写“给的祝词”或“在×××典礼（会）上的祝词”。

标题一般有以下两种写法。

（1）直接使用“祝词”二字。

（2）由讲话人、发表场所与祝词共同构成，如《×××在×××宴会上的祝词》等。

2. 称呼

在第一行顶格写称呼。如何称呼，视祝贺对象的不同身份而定。

称呼语一般在标题之下第一行（也可空两行）顶格书写，以示致敬。往往采用泛称，如“尊敬的各位来宾，亲朋好友们”“尊敬的各位女士，各位先生”等，需要根据具体场合选择使用。对具体单位的称呼，直接称呼单位名称即可。称呼语要按照习惯上的先后顺序写，使用时要注意选择有亲切感的词语。

3. 正文

正文要按不同类型的祝词内容来写，会议祝词突出祝贺会议的内容，事业祝词突出祝贺事业的内容，社交性祝词突出祝寿、祝新婚等内容，祝酒词突出祝愿友好交往的情谊加深等内容。一般都要写明问候或祝贺的缘由，介绍有关成就、贡献、事业发展等情况，以及有关的意义、作用、影响，表明自己的态度，等等。正文是祝词的核心，一般包括致辞者简介、问候与祝贺、意义评述等几部分内容。

（1）致辞者简介，一般是说明致词人身份，如“首先，我代表×××公司”“受×××委托”等，介绍说明致词人的身份。

（2）问候与祝贺，一般是向受祝贺的单位或有关人员表示祝贺、问候等，如“向今天参加会议的来宾表示衷心的感谢”等。

（3）意义评价，往往先说明致辞理由或原因，对本次活动、会议、取得的成就等进行评价，指出意义所在等。

最后，根据需要，一般要再次表示祝愿、希望、祝贺，也可提出希望或给予鼓励，如“最后，我真诚地祝愿×××”。正文部分内容根据需要可灵活安排，针对不同的祝贺场所与内容，设计出相应的祝贺内容，必要时可以临场发挥。

4. 结束语

结束语写明庄重的、敬重的、热烈的祝贺话语。在正文结束后，往往用一句祝愿语结束全文，如“最后，我祝大家在新的一年里幸福安康!”等。很多时候，结束语被放置在正文结尾，此时，就无须另写结束语。

（四）祝词的写作注意事项

（1）情感的表达。祝词所表达的情感多是欢快如意、吉祥和谐、喜庆美满，因此，应该结合场面气氛以热情洋溢的行文，表达出祝贺、祝福等情感。

（2）文辞的选用。在文辞选用上，应区分场所，一般要注意庄重文雅，以体现出对被祝者的真诚。但是，在婚宴的祝词中，不时穿插些诙谐语言，反而可以活跃气氛。

二、贺词

（一）贺词的概念、用途与特点

1. 贺词的概念、用途

贺词是对重要节庆、重大成绩等表示庆贺的应用性礼仪文书，一般多是对取得的成绩、重大节日、生活中的喜庆事件等表示祝贺，用以传达致祝者对所贺事件或有关人员的祝贺与同喜之情。

2. 贺词的特点

（1）贺词往往是面对被祝贺者发表的，如国家主席的新年贺词，就是在电视上面对全国观众发表的。在不能当面向被祝贺者表达时，可以采用贺电或贺信的方式来传达祝贺之词。

（2）贺词所贺对象一般是已经完成或即将完成之事，此时用贺词是表示庆祝与贺喜，如祝贺新年到来，举办寿诞纪念会、庆功会，荣升任职，等等。

（3）贺词一般篇幅短小，言辞富有鼓舞性与感染力，具有礼仪性语言风格。

（二）贺词、祝词的关系

（1）贺词与祝词的使用场合基本一致，表达的情感也基本相同，因此，祝词与贺词有时被合称为祝贺词。它们的共同之处就是二者都是指用于向被祝贺的人或事表示祝贺的言辞或文辞，在行文上都富于强烈的感情色彩，都有具体喜庆场合的针对性。故此，祝词和贺词在很多祝贺场合可以通用，如新年祝词也可以用新年贺词（或献词），祝寿词也可以说贺寿词，祝新婚的祝词也可使用贺词，等等。

（2）贺词与祝词的含义并不完全相同，二者有一定区别。如祝词所祝对象为尚未成功或未实现之事，是表示事前祝愿，强调希望达到目的或实现祝愿；贺词所贺对象一般是已经完成或即将完成之事，是表示事成的庆祝与贺喜。

（三）贺词的写作格式

贺词一般由标题、称呼、正文、结尾四部分组成。

1. 标题

一般是由祝贺内容和贺词名称构成，如《新年贺词》，也可以采用文章式样标题，如《不忘初心　拥抱未来》。

2. 称呼

称呼是写对被祝贺单位或人员的名称或姓名，如“×××有限责任公司”“中国体育代表团的全体运动员们”；或者是泛指，如“同志们、朋友们，各民族兄弟姐妹们”等。

3. 正文

正文一般首先要交代所贺之事，并对此表示祝贺。然后，围绕所贺之事展开陈述、议论与评价，阐明本次活动取得的成绩，节日、庆典等的重要意义。如果是生日贺词，则需要对被贺人的经历进行正面评价与赞扬，突出其贡献或人生价值等。本部分内容要写充分，为了表达需要，要不吝笔墨。

4. 结尾

结尾处一般再次表达美好的愿望、祝福与祝贺。贺词的写作要求一般要掌握两方面，一是充分表达祝贺之意，二是以正面赞扬为主。贺词就是祝贺之词，是就重大节日、喜庆事件、典礼落成等事项表示祝贺的礼仪文书。要求写作贺词时，以饱满的热情，对所贺之事或人表达出热情洋溢的祝贺。以正面赞扬为主，是贺词是基本立场，也许所贺之事或人存在些许不如意处，如体育代表团获得了巨大成绩却又有失误等，但是，写作贺词时需要正面肯定成绩，以正面赞扬为主，不必对缺点进行评点。

[例文四十：新年贺词]

各位朋友们：

不知不觉一整个××××年变成了我们美丽的回忆。在这南国的冬日，我也将和大家一起，迎来××××年。在这里，我向我的老师们、家人们、朋友们、同学们，致以新年的祝福！

××××年，是很温暖的一年。我们留下了大学四年最美的句点，也流下了这四年里，最感动的眼泪。我们有的朋友选调到了大美新疆坚守祖国的梦想；有的朋友，走上了手术台，救死扶伤；有的朋友前往深圳自主创业；有的朋友出国留学深造；有的朋友已经组建了家庭，幸福安康。很感谢网络的媒介，使我们保持着联系，能时常关注着你们惬意的生活，我为你们点赞。

××××年，也是最忙碌的一年。我们曾为寻找合适的实习单位而奔波在各大城市的街头，一纸普通的简历，也曾遭遇到了许多碰壁；5月，我们忙碌着毕业论文和毕业设计，为交上大学最后一份满意的答卷，我们曾通宵达旦；6月，我们又相继奔波在了各大单位的面试官桌前，有时迷茫，有时酸楚，有时却也带着甜美。告别学生时代，才发现，世界很大，而我们，还很渺小。也还有太多事儿，值得我们去做，等着我们去做。

××××年，我和我改造的大学宿舍，很荣幸接受了教育新闻网的采访。多家央、省、市媒体也对这件正能量的事情进行了后续报道，让我更加坚定了对摄影这份事业的信念。

开弓没有回头箭！10月，我回到了×××科技大学周边，成立×××工作室，以摄影为主，继续做自己最喜欢的事情，有关时尚，有关艺术。有人说我不舍大学这种氛围，而我觉得，我是用四年的时间，爱上了这份高校生活的节奏。

××××年，也有些许遗憾。毕业以后，才发现，还有很多书本可以阅读；马航失联，让我们倍加珍惜身边的亲人朋友；《后会无期》让我们看懂，昔日的朋友，会各奔东西，渐渐走远；等等。让我们慢慢读懂，人生无常，但坚定自己的选择，不懈努力，一定可以海阔凭鱼跃，天高任鸟飞！

新年的钟声即将敲响，我们乘着这股越来越好的趋势，拍一拍身上的尘土，大胆向前。未来，我们也可能相继成家立业，跨过山和大海，看到世界秀美。请不要忘记家中的父母，身边的朋友和敬爱的师长！

××××年，我愿与肝胆人共事，于无字处读书！

感谢有你！

（资料来源：https：//www. unjs. com）

三、答谢词

（一）答谢词的概念、用途与特点

答谢词是宾客对主人或主人对宾客发表的内容表示感谢之情的礼仪性应用文书。在大会、招待会等大型酒会或宴会场合，为表达对主办方招待、对宾客出席等的感谢，需要使用答谢词的形式发表演讲，传达感情。

一般情况下，在主办方或主人发表欢迎词后，宾客代表随即致答谢词，对主办方的接待和关照表示感谢，礼仪性地表示“礼尚往来”。

答谢词的特点主要有以下三个。

（1）针对性。答谢词是针对欢迎词而发表的、表示感谢之情的文辞，如果对方没有发表欢迎词，一般不宜发表答谢词。

（2）礼仪性。礼仪性是指答谢词不仅是对欢迎词的礼仪回应，而且还要真诚地向对方传达出对主办方、有关单位与领导、工作人员等的感谢与感激之情，礼数要周全，这也是礼仪性的具体体现。

（3）灵活性。答谢词要根据具体场合灵活表达，不可照搬文稿，要根据对方的欢迎词灵活地表达本方的致谢之意。

（二）答谢词的写作格式

答谢词一般由标题、正文和落款三部分组成。

1. 标题

标题可以直接用“答谢词”做标题，也可以在“答谢词”前加上具体内容，如“×××在×××会上的答谢词”等。

2. 正文

正文包括称呼语、主体、结尾等内容。

（1）称呼语是对对方的称呼。

（2）主体部分要写出答谢的原因，一般是先对对方的款待、关照、邀请、帮助等表示感谢，然后叙述所给予的帮助、接待、邀请等具体事项以及对此的高度评价。

（3）结尾处表示再次致谢。

3. 落款

落款署名答谢单位或人员名称或姓名，并写上日期。

（三）答谢词的写作要求

1. 态度诚恳

态度诚恳是向对方显示本方的真诚感谢之意，不要使对方感觉虚假。

2. 立场明确

立场明确是要明确地向对方传达出本方对本次活动、本次接待、本次会议等的基本认识，但是，切不可生硬直白，应注意礼仪辞令的灵活运用。

[例文四十一：在接受救灾粮仪式上的答谢词]

亲爱的×××领导，远道而来的客人们：

今天，我们怀着无比激动、无比振奋的心情，在这里迎接×××红十字会给我们县师生捐赠救灾粮的亲人。

今年7月以来，我国遭受了百年未遇的大旱灾。7、8、9三个月，烈日炎炎，滴雨不下，池塘干涸，溪河断流，田地龟裂，禾苗枯死，真是赤地千里！

虽经我们奋力抗灾，但自然灾害的肆虐，使10多万人饮水困难，30多万亩田颗粒无收。我们县的中小学生，就有1万多名因受灾辍学，还有几万名同学、教师靠着亲属的接济度日。然而，党和政府没有忘记我们，兄弟县市的乡亲没有忘记我们，省市领导多次亲临，视察灾情，组织救援，市县国家干部职工争相解囊，捐粮捐钱。今天，我们又接到了你们无私捐助的大批救灾粮食。一方有难，八方支援；团结互助，无私奉献。只有在今天优越的社会主义制度下，只有在我们伟大的社会主义中国才能办到！

谢谢你们，远方的亲人！我们全县中小学生、全县人民，一定从你们的援助中吸取力量，奋发图强，重建家园；努力学习，奋勇登攀，以崭新的成绩，来报答党和人民的关怀，报答你们的深情厚谊！

（资源来源：https：//wenda. so. com）

第三节　欢迎词、欢送词

一、欢迎词

（一）欢迎词的概念、用途与特点

1. 欢迎词的概念、用途

欢迎词是主人或主办方向前来参加活动、会议、宴会等的宾客表达热烈欢迎之情的致辞。在重要会议、大型宴会、酒会、重大活动等开始时，对来宾和受邀单位的到来，主办方往往要致辞表示热烈欢迎，并表示感谢。这些场合会使用欢迎词

2. 欢迎词的特点

（1）用语精炼，欢迎词的表达必须做到用语精炼，无论是叙述还是议论，都只能是长话短说，点到为止

（2）内容简要。欢迎词是为了向来宾表达欢迎与感谢之意，不必牵涉其他内容。

（二）欢迎词的写作格式

欢迎词一般由标题、正文、结尾三部分组成。

1. 标题

欢迎词的标题一般要标明“欢迎词”，或者采用文章式标题，如《在

2017 级新生欢迎会上的讲话》。

2. 正文

正文部分由称呼、主体等构成。

（1）称呼语是对被欢迎对象的直接称呼，可以使用来宾单位或泛称。特殊场合，如外交宴会、有贵宾时，还要根据具体情况使用称呼语，对外宾要遵从国际惯例称呼。

（2）主体部分首先要向莅临者表示欢迎与感谢，然后陈述此次活动的意义，以及来宾参与的重要作用，或表示对未来合作的希望。

3. 结尾

结尾应再次向来宾单位或人员等表示祝愿与感谢，如“感谢光临，谢谢大家”“让我们共同举杯，为美好的明天干杯”等。

（三）欢迎词的写作要求

（1）注意欢庆氛围的营造，写作时就要注意情感节奏的把握，何时叙述、何时抒情，都要在文辞上得到体现。这就要求写作时注意词语的选用，注意布局谋篇上的设计，做到张弛有度。

（2）开展真诚客观的交流，要求欢迎词必须有真实内容，包括对对方的了解、对双方关系的认识、对未来发展的预测等。欢迎词不是虚词繁语，它需要以具体实在的内容做文辞的支撑。

二、欢送词

（一）欢送词的概念、用途与特点

1. 欢送词的概念、用途

欢送词是主办方在会议或活动结束、受邀单位或来宾离开时所发表的表示欢送的文辞。

欢送词与欢迎词相对，来有欢迎，去有欢送，这是社交往来中应遵循的礼节。

2. 欢送词的特点

（1）抒情性，抒情性是欢送词的主要特点，无论是对人员的欢送，还是对单位的欢送，都要表达依依惜别之情，有时甚至是表达难舍难分的别离之情，欢送之“欢”几乎为别离之悲代替。所以，抒情性在欢送词中更突出，这一点是欢迎词中所难以达到的。

（2）具体性，具体性是指欢送词不是千篇一律的礼仪性应用文辞，而是针对具体场合而写作的专用文书。写作欢送词时需要对欢送对象参加活动的过程、主要经历等基本情况有所了解，这样的欢送词才能做到内容具体，才能使抒发的情感更真切感人。

（二）欢送词的写作格式

欢送词一般由标题、称呼、正文、结尾四部分组成。

1. 标题

欢送词可以直接使用“欢送词”做标题，也可以用文章式题目做标题，如《×××在欢送×××会上的讲话》等。

2. 称呼

称呼是对欢送对象的称谓，一般多采用泛称，如“同志们、朋友们”“现场的各位朋友们”等。

3. 正文

正文首先是交代欢送的背景、场合与欢送对象，然后回顾与被欢送者的共同交流或了解，阐述宾客来访对本方产生的影响与意义，突出双方的感情融洽，抒发依依惜别之情，表达对对方的美好祝愿等情感。

4. 结尾

结尾用语再次向被欢送对象表达感谢与祝愿，往往以简短的话语结束全文。如“最后，请允许我再次向贵方表示衷心的感谢，祝你们一路顺风”“让我们携手共进，为创造美好的未来而共同奋斗”等。

（三）欢送词的写作要求

1. 要注意与欢迎词的照应

欢送词不仅是一种礼仪性的情感表达，更带有对本次活动中来宾活动的概括总结与评价的性质，应参照欢迎词撰写，根据欢迎词了解有关被欢送对象的基本情况，包括单位、人员、活动安排等，这样在写作时就可以有针对性。

2. 要体现具体活动内容

写作时必须对来宾在本次活动期间的基本情况进行总结，这样的欢送词才更具体。如果是对长期活动的概括总结，更需要找出具有代表性的事件来作为写作的重点，对影响较大的事件进行重点叙述等。

[例文四十二：欢迎词]

尊敬的各位来宾、各位同仁、各位家属、女士们、先生们：

大家晚上好！

古人云：有朋自远方来，不亦乐乎？今天，我们欢聚一堂，共庆丰收的喜悦！首先我谨代表×××公司全体同仁，向参加年会的各位来宾表示衷心的感谢与热烈的欢迎！正是因为你们的大力支持和帮助，才会有×××的今天；向敢争敢拼、锐意进取的全体同仁，以及长期在幕后为×××的发展事业默默奉献的所有家属致以崇高的敬意和由衷的感谢!!

正是因为你们的辛勤付出和无私奉献，×××之船才得以乘风破浪，一路前行。年逢寅虎群情奋，岁别丑牛大地春。在春节来临之际，借此机会给大家拜个早年，祝愿各位身体健康、家庭幸福、万事如意、虎年吉祥!!

岁月如歌，跋涉似舞。×××设计装饰自××××年创立以来，始终以“客户至上”为导向，注重管理、专注施工，抓质量、保品质，视设计为灵魂、质量为生命，首推“自助式装潢”，不断完善客户服务制度，短短几年，×××这匹“家装黑马”狂飙凸显，并在××市家装市场上出类拔萃！

×××能一跃成为“一流家装和行业典范”的核心竞争力在于以下几点。

第一，倾力打造“标杆工程”，制定和规范工艺流程，大幅度提升家装工程质量。

第二，给予“物超所值的品质保证”，完善的客服体系，售前、售中、售后一体化协调管理系统让客户享受到品质保障的福祉。

第三，提供“量身定制的个性化服务”。

第四，推出“一站式购齐”服务，全程代理，退补自由，送货到位，省时、省心、省钱，

第五，主张“一双鞋、二句话、三块布、四不准、五年保修”的独特饰后服务理念。

“千淘万漉虽辛苦，吹尽黄沙始到金”。一次次可贵的历练，×××收获的不仅仅是良好的信誉，也熔炼出×××锐意进取、追求完美，广交朋友、共谋发展的制胜理念。

目前，×××拥有专业精良的团队，科学严谨的管理体系、严格规范的工程质量标准，科学完善的环保工艺作业流程，新颖的设计、优质的材料、透明的价格，成为××市中高端装饰市场的知名品牌，创造出80%回头业务的行业奇迹，并获得了××市装饰装修行业协会常务理事单位、××市规范服务达标企

业、××市绿色家居环保施工推荐单位、××市家装行业社会公众满意度测评达标企业、××市室内设计大赛优秀奖、××周刊理事会常务理事单位、××网监督品牌企业等多项殊荣。

风雨九载，绘就一幅幸赢美好画卷。饮水思源，感谢在座给×××的一路扶持和鼎力相助！所以我们将恪守承诺：为客户提供最佳品质的产品和服务，为员工的个人发展提供良好的平台，用我们的真诚赢得您的信赖！

岁与时驰，又是新年，变易的岁月里，不变的，是我们的雄心。××××年，×××在持续稳健壮大的同时更加坚定品质诉求，整合各方资源，集结自身优势，提升品质及服务，全力打造“中国家装行业第一诚信品牌”！因此希望×××同仁能够上下一心，群策群力，认真做到以下几点。

首先，必须明确自身所肩负的使命，制定明确的目标，拥有坚强意志，面对任何困难，决不动摇。

其次，要表现出强烈的积极性，充分发挥团队的战斗力，保持旺盛的士气与活力。

最后，要围绕“定目标、做计划、定规划、明责权”四大管理要素，不断强化组织观念、计划协调观念与系统运作观念。我们只有珍惜时代所赋予的机遇、珍惜这个行业蓬勃发展的动力、珍惜××公司××××年的成绩和提供的平台，才会在新的一年里为×××、为自己再创佳绩！

九载风雨身后事，策马扬鞭向前看。展望未来，困难与希望相伴，挑战与机遇并存。我们将紧紧抓住千帆竞渡的盛世良机，顺应市场经济发展的大潮，以海纳百川的气魄，风雨同舟，一路前行，创造更加辉煌的明天！“山高人为峰”，让我们在新的一年里勇攀高峰！

最后，衷心祝愿各位朋友、同仁和家属们一切顺利、身体健康、合家幸福！祝愿××的明天更加美好！

谢谢！

[例文四十三：欢送词]

尊敬的女士们、先生们：

首先，我代表×××，对你们访问的圆满成功表示热烈的祝贺。

明天，你们就要离开×××了，在即将分别的时刻，我们的心情依依不舍。大家相处的时间是短暂的，但我们之间的友好情谊是长久的。我国有句古语：“来日方长，后会有期。”我们欢迎各位女士、先生在方便的时候再次来×××做客，相信我们的友好合作会日益加强。

祝大家一路顺风，万事如意！

（资料来源：fanwen. chazidian. com）

第四节　讲话稿写作

一、讲话稿的含义

讲话稿是指党政机关、企事业单位或民间团体的负责人在正式场合宣读的文稿。

讲话稿既不是发言稿，也不是演讲稿，三者有相通的地方，但在定义时有区别。各级单位的领导在会上或其他正式场合发言称为“讲话”，以普通员工身份在会议上的发言称为“发言”，专题活动中激情勃发、声情并茂的发言称为“演讲”。

二、领导讲话稿概述

从广义上讲，领导讲话稿包括前面所介绍的开幕词、闭幕词，是指各级领导人在各种重要会议上或其他场合进行带有鼓动性、指示性或指导性讲话时所用的文稿。

从狭义上讲，领导讲话稿指领导人在会议上口头发表的、带有一定指示性或指导性的讲话时所用的文稿。

本节主要从狭义的角度介绍领导讲话稿的写法。

领导讲话稿不同于演讲或一般性发言主要在于不仅讲话人的身份限于领导人，讲话的内容也总是具有一定指示性、指导性、总结性或号召性，而且所发表的意见体现着领导机关的意图和旨意。

讲话的领导人，可以是本单位领导，也可以是上级机关领导，还可以是从其他单位邀请的领导。在某些场合，领导即兴讲话，不需要讲话稿；但在正式场合，为了提高讲话质量，需要事先拟写好讲话稿或讲话提纲。由于领导公务繁忙，一般需由秘书人员代拟讲话稿。所以，掌握领导讲话稿的写作方法，是每个秘书人员应具备的一项基本技能。

三、领导讲话稿的分类

从广义的角度分类，领导讲话稿适用范围广泛，种类较多。

（一）根据不同的场合、对象和用途，可以分为以下三类

1. 会议类讲话稿

会议讲话稿指领导人在各种会议上宣读的讲话稿。从讲话的内容上看，又可分为综合性会议讲话稿和专题性会议讲话稿。如开幕词、闭幕词，工作会议讲话稿，专题报告会报告，庆功会、表彰会讲话稿，等等。

2. 宣传类讲话稿

宣传类讲话稿，如通过广播发表的讲话，通过电视发表的讲话，通过报纸发表的书面讲话，等等。

3. 礼仪类讲话稿

礼仪类讲话稿，如领导致辞，签约仪式上的讲话稿，接见、会见讲话稿，文艺演出、文艺界联欢前的讲话稿，等等。

（二）根据讲话方向，可以分为以下三类

1. 下行讲话稿

下行讲话稿即对下级的讲话。

2. 平行讲话稿

平行讲话稿即那些礼仪性的讲话，向兄弟单位介绍情况和经验的讲话，在邀请会、协作会上的讲话，等等。

3. 上行讲话稿

上行讲话稿即某一级领导向上级领导汇报工作的发言，这对上级来说不能算领导讲话，但对本级秘书来说，需要起草准备的就是“领导讲话稿”。

（三）根据讲话稿的严肃性、规范性程度，可以分为以下两类

1. 正式讲话稿

正式讲话稿，如党代会、人代会的报告等。

2. 非正式讲话稿

非正式讲话稿即一般讲话稿。有些领导讲话稿不像大会工作报告那样有着鲜明的集体意识性，它可以有领导个人的观点，有随意性；甚至有些领导

也不用文稿，直接在大会上演说，由别人记录下来才形成文稿。

（四）根据讲话的内容，可以分为以下三类

1. 宣传鼓动性讲话稿

宣传鼓动性讲话稿多用于誓师会、动员会、庆祝大会、成立大会、运动会开幕式、群众集会等大会上，侧重于思想的宣传和精神的鼓舞。

2. 分析指导性讲话稿

在领导布置中心工作、研究某一问题或统一与会者思想的会议上，运用较多的是分析指导性讲话。

3. 总结评论性讲话稿

在总结会、表彰会、办公会、经验交流会、大会闭幕式上多用总结评论性讲话稿，侧重于总结评论。

领导讲话稿还可以因不同的角度有多种分类，怎样分类并不重要，重要的是要针对不同场合、不同讲话内容的内在需求，把握住它们的基本风格和特点。

四、讲话稿的特点

（一）条理性

讲话条理分明，才能清晰地传递多层信息。一篇讲话稿，讲了几个问题，说了几件事情，表达了几种感情，每一段落必须分明。一个问题扯到另一件事情，无边无际，会使听众不知所云。因此，先讲什么后讲什么，需条理分明。

（二）要点性

讲话稿应突出要点，努力做到精准、概括。讲话者要善于把主要的观点、情感简洁地表达出来，听众只要记住了言简意赅的中心词，就能领会讲话精神。

（三）情感性

讲话的目的往往在于吸引人们参加某一活动或某一会议，以加强情感联系，从而利于开展各种工作。因此，讲话稿，需要带有情感吸引力，写作中不仅要注意修饰手法，还要关注自我的真挚感情，与听者休戚相关，引起共鸣。

（四）口语化

讲话稿是讲给别人听的，意思要透进听者的耳里心里，必须要采用通俗易懂、明白流畅的口头语来表达；句子宜短不宜长，中心语的限制宜少不宜多，既利于宣读，也方便听懂。

五、领导讲话稿的写作要求

（一）主旨鲜明，重点突出

领导讲话，往往有许多人听，听了以后或许还要进一步学习并传达相关精神，所以，领导讲话稿一定要做到主旨鲜明、重点突出，针对什么问题，表明什么观点，拥护什么方针，传达什么政策，批评什么错误，提出什么要求，都要集中明确。

为了做到这一点，讲话稿的写作要注意围绕一个中心话题展开，要注意抓住要点讲话，避免面面俱到。同时，讲话要突出重点，对重点问题要展开讲，举例说明，这样才易让听者了解和掌握。

（二）思路清晰，简洁生动

如果领导讲话时，听众心不在焉，或窃窃私语，或左顾右盼，或昏昏欲睡，那么这样的讲话根本达不到预期的目的。造成这种情况的原因可能是内容空洞、思路混杂，领导讲活的脉络混乱，也可能是语言枯燥、表达生硬，引不起听众的兴趣。因此，写领导讲话稿的要注意思路清晰、脉络分明，使人听来有条有理、层次清楚，同时也要注意生动，有些讲话稿缺乏对观点、语言的提炼，或缺乏对问题的深入研究、具体分析，使人听后容易感到没有解决什么问题，或听得疲乏，毫无兴趣。再有，写领导讲话稿时要注意语言简洁，切莫啰哩啰唆，拖泥带水、长篇大论，这样会让听众把握不住领导讲话的精神。

（三）契合实际，有针对性

领导讲话要针对实际问题，或联系实际工作分析问题，或解决实际问题，听众才能集中注意力，才能真正领会领导讲话精神，才能对工作起到指导作用。如果领导讲话空话、套话太多，并且泛泛而谈，就无法起到实际作用，也无法使听众接受。所以，领导讲话要契合实际，要注重与听众的交流。撰写讲话稿时也要心中有听众，甚至要预测听众可能出现的反应，选写能引起听众共鸣的话题。

六、领导讲话稿的写作格式

讲话稿没有固定格式，可根据讲话的内容、场合、目的灵活安排讲话稿结构。

（一）标题、署名与日期

1. 标题

领导讲话稿的标题有以下两种写法。

（1）简式标题，也叫直接标题法，直接写明什么人、什么时间、在什么场合下的讲话。一般由主讲话人的姓名、职务、事由和文种构成，如《×××省长在全省教育工作会议上的讲话》；也有在标题中省略讲话人姓名、职务的，如《在×××会议上的讲话》。

（2）复式标题，也叫新闻标题法。复式标题由一个主标题和一个副标题组成。主标题一般用来概括讲话的主旨或主要内容，副标题则与简式标题的构成形式相同，如《进一步学习和发扬×××精神——在×××诞辰 110 周年纪念大会上的讲话》《科学的春天——在全国科学大会闭幕式上的讲话》。

2. 署名与日期

将讲话领导的姓名、讲话当天的日期分两行写在标题下方中央，并在日期处加括号。若讲话的领导姓名已在标题中出现，此处可省略。

（二）正文

1. 称谓和引言

（1）讲话稿都有称呼语。称呼是礼仪的需要，也是引起听众注意的需要。合乎礼仪的称呼，不仅体现出对听者的尊重，也是讲话者与听众沟通情感的手段。一般的称呼有："各位来宾""各位领导""各位代表""同志们""女士们、先生们""朋友们"等。

领导讲话稿称谓的写法与开幕词一样，要根据与会人员的称谓而定。如"同志们"（党的会议常用）、"各位代表"（代表大会常用）、"各位专家学者"（学术会议常用）、"女士们、先生们"（国际性会议常用），均要求庄重、严肃、得体。

（2）引言的形式要根据会议的性质决定。

在传达精神、布置工作的会议上的讲话，较多以开门见山提出中心话题的方式撰写引言。

上级领导出席下属某部门或系统会议时的讲话，较多采用慰问或祝贺的方式撰写引言。

庆祝大会较多采用场面描述、谈感受的方式撰写引言。

2. 主体

主体是讲话稿的核心、主干部分，要围绕讲话的目的和意图展开，中心要明确、内容要丰富，既言之有序，又言之有文。

如何领会文件、指示、会议精神？可以通过分析形势和明确任务，提出搞好工作的几点意见；可以结合本单位情况，提出贯彻上级指示的意见；可以对前面其他领导人的讲话作补充讲话；也可以围绕会议的中心议题，结合分管的工作，谈几点看法；等等。要注意主题明确、内容充实、层次清楚、表达流畅、文字准确。

（三）结尾

结尾用以总结全篇、照应开头、发出号召，或者征询对讲话内容的意见或建议，或者对讲话的中心内容做归纳，或者回答解决问题的办法，布置今后的任务，发出号召等。

领导讲话稿，必须有一个结尾，以给人自然收束之感。有些讲话稿是自然结束，结尾水到渠成；有些讲话稿不是自然结束，就需要专门交代，使用模式化的结束语，号召、呼吁大家努力，或者对大家的专心聆听表示谢意。这样就使讲话稿画上了一个圆满的句号，符合听众的心理习惯。

结尾语言要富有感情，带有祝颂或号召色彩，以起到振奋精神、鼓舞斗志的作用。一般可用“预祝大会圆满成功”　“祝大家心想事成，马到成功”等。

[例文四十四：校长致辞]

人生转变与人生自觉

尊敬的各位家长，各位老师，亲爱的同学们：

今天是××××届同学毕业的日子，是同学们走出大学校门，告别学生时代，开始崭新人生旅程的重要日子。今天有很多家长、校友和老师从全国各地汇聚于此，共同见证同学们人生中的这个重要时刻。在此，我代表你们的母校，向同学们完成学业、顺利毕业表示衷心的祝贺！祝贺你们每个人在×××理工大学里留下了自己独特的身影和耀眼的光芒，母校因此为你们骄傲！

记得四年前，也就是××××年的金秋时节，你们是我作为大学校长迎来的第一批学生，当时我以“大学的天空”为题给你们上了进入大学的第一课，让你们认识大学，在大学里自我塑造、自我升华，做一个真正的理工人。经过四年的奋斗岁月，在大学智慧灯塔的照耀下，在精神的殿堂和知识的熔炉里，你们树立了崇尚真理的价值追求，铸就了厚德博学的书生气质。这种书生气质对你们弥足珍贵，将引领你们走向卓越人生。

在我看来，这种书生气质就是体现在你们身上的内在品质和书生之气，它是一股真理之气，正如我国传统“君子”所追求的“亦余心之所善兮，虽九死其尤未悔”，以及“朝闻道，夕死可矣”这样一种追求真理的精神；它是一股担当之气，以天下为己任，不惧风险，勇于担当，始终站在时代变革的前列；它是一股创新之气，如初春，如朝日，如百卉之萌动，如利刃之新发于硎，求新，求异，求变，敢为天下先。

这种书生气质是你们青春的印记，是你们梦想的标志，是你们大学的珍藏，是造就你们卓越人生的巨大财富。

亲爱的同学们，你们即将从“大学的天空”走向“社会的天空”，从“大学生活”走向“社会人生”，去完成你们人生的重要转变和升华。但是，你们要清醒地认识到，这样的转变和升华并不是一帆风顺的，复杂的社会现实和生活洪流会把你们冲刷成千姿百态。

你们身上的“书生气质”，会因为各种原因而偏离其固有的轨道，也许会因为因循守旧而变成“书呆子气”，也许会因为随波逐流而变成“世俗气”，也许会因为自负偏执而变成“江湖气”，从而最终被时代抛弃。因此，认识和把握好你们身上的这种“书生气质”，守住你们的内在品质，对你们顺利完成人生的转变与升华极其重要。我衷心地希望你们珍惜它，保护它，留住它。留住了它，就留住了你们书生的内在品质；留住了它，就留住了你们身上的青春梦想、道德情操和大学精神；留住了它，就留住了你们作为一个时代青年、一个知识分子、一个理工人的人生自觉。

坚守青春自觉，留住书生之气，就留住了时代青年的青春梦想。书生之气是飞扬在你们身上的青春梦想，如东升之旭日，有蓬勃之态，有光耀之势，有生化万物之气。这种青春之志，这种青春之气，这种青春之梦，将使你们站在人生的高处，高者成势，也将造就你们强大的人生势能。正如×××总书记今年“五四”在北京大学考察时所说：“青年是标志时代最灵敏的晴雨表，时代的责任赋予青年，时代的荣誉属于青年。”有“气”才有“势”，这就是我们所说的“气势”。这种由“气”到“势”的转化，这种由“书生之气”到“人生趋势”的转化，必然造就你们的美好人生，这是一种青春自觉，也是一种人生自觉。

坚守道德自觉，留住书生之气，就留住了知识分子的道德情操。书生之气是凝结在知识分子身上那种亘古不变的道德情操。有“气”才有“节”，有什么样的“志气”，才有什么样的“节操”，这就是我们所说的“气节”。我国宋代伟大的爱国主义者文天祥在他的《正气歌》里把这种关系说得更为清楚：“天地有正气，杂然赋流形”“于人曰浩然，沛乎塞苍冥”“时穷节乃见，一一垂丹青”。文天祥最终以自己的生命成就了知识分子的那份道德情操，践行了知识分子的那种家国精神，诠释了知识分子的那股书生之气，这是一种道德自觉，也是一种人生自觉。

坚守精神自觉，留住书生之气，就留住了理工人所传承的大学精神。书生之气所体现的是母校的大学精神，是追求卓越的人生境界。母校精神转化成你们今后的人生追求，可以归结为三句话，也是我在各种场合经常讲的三句话。一是“最好的你们就是最好的大学”。你们每一点进步都是母校的进步，你们每一份成就都是母校的成就，你们每一次自我完善都是母校的自我完善，因此，最好的你们将造就最好的母校。二是“以智慧引领人生，以卓越引领社会”。你们的卓越人生，不仅将造就卓越的母校，也将造就卓越的国家和民族，实现中华民族伟大复兴的“中国梦”，这正是我们大学精神的归宿。三是“心所至，无所不至”。遵循心灵的指引，激发想象的活力，到达创造的极限，心所至，无所不至，这是作为一个理工人的精神境界。有“气”才有“质”，有什么样的“人生之气”就有什么样的“人生本质”，这就是我们所说的“气质”。因此，以大学精神为核心的书生之气，必然会造就你们追求卓越的人生本质，这是一种精神自觉，也是一种人生自觉。

亲爱的同学们，今天我以“人生转变与人生自觉”为题作为我对你们的临别赠言，就是期待你们在人生的重要转变时刻，能够坚守青春自觉、道德自觉、精神自觉，保持书生气势、书生气节、书生气质，成就你们的卓越人生。马克思大学毕业论文序言中写道“不惧神威，不畏闪电，也不怕天空的惊雷”，毛泽东青年时所振臂高呼“天下者，我们的天下，国家者，我们的国家，我们不说，谁说，我们不干，谁干”，这样一些充满书生之气的豪言壮语，曾激励了无数人前赴后继、献身于一个伟大目标和卓越追求，从而完成了他们人生的伟大转变和升华。

亲爱的同学们，我衷心地希望你们从走出大学校门的那一刻开始，始终保持那么一股书生之气，那么一股真理之气、担当之气、创新之气，不要辜负热爱你们的家人，不要辜负你们心底那个梦想，不要辜负你们的母校。

亲爱的同学们，你们的青春和母校所造就的这种书生之气，这种卓越追求，是你们人生的巨大财富，无论今后遭遇多大的人生困难，希望你们都要从中汲取力量，希望你们都要从中寻求支撑。我相信，正是这样的一种坚守，正是这样的一种拥有，你们的前途才将永远光明！

再见了，亲爱的同学们！再见了，新一代理工人！母校永远是你们人生的驿站，母校永远是你们心灵的家园，母校永远是你们坚强的后盾！祝你们一帆风顺、鹏程万里！

（资料来源：https：//www. diyifanwen. com）